베르베르 문명

서구중심주의에 가려진
이슬람과 아프리카의 재발견

베르베르 문명

서구중심주의에 가려진
이슬람과 아프리카의 재발견

임기대 지음

한길사

Berber Civilization: Rediscovering of Islam and Africa hidden by Westerncentrism

By Lim Gidae

Published by Hangilsa Publishing Co. Ltd., Korea, 2021

▲ 오레스 지역 베르베르 마을
▼ 베르베르 마을 내부
알제리에서 산악부를 지나 고평원지대에 이르면 오레스(Aurès) 지역이 펼쳐진다.
마그레브 지역을 이슬람화하는 데 가장 크게 공헌한 샤우이(Chaoui)족이 거주한다.
샤우이족은 이슬람을 적극적으로 받아들이며 베르베르 문화 보존이 잘 이루어지지 않았지만,
전통 축제 같은 행사를 통해 그 명맥을 비교적 잘 이어나가고 있다.

▲ 샤우이족 집안
▼ 카페에 앉아 있는 샤우이족 남성
'샤우이'(Chaoui)는 '세금 내는 사람'이라는 의미로 아랍인이 사용한 용어다.
의미에서도 암시하듯 아랍에 가장 빨리 동화하고자 했던 베르베르족의 일파다.
알제리 전체 인구의 9퍼센트 정도를 차지한다.

사하라의 오아시스
협곡에 있는 음자브(M'zab) 지역의 베르베르인인 모자비트족은 주로 오아시스에서
염소를 사육했으며 상대적으로 양이 다른 지역에 비해 귀한 동물이다.

▲ 카빌족 여성 전통의상
▼ 카빌족 대학생
알제리 북부 해안부에 위치한 베자이아(Bejaïa)를 중심으로 한 카빌리에는 카빌족이 있다.
카빌족은 해안부와 인접한 산악지대(티지-우주 Tizi-Ouzou)와 겹쳐 있는 곳에서도
거주하며, 프랑스 내에도 약 200만 명의 카빌족이 있는 것으로 추산된다.

카빌리 해안지대(소카빌리)
카빌족은 티지-우주를 중심으로 하는 대카빌리(산악지대)인지,
혹은 베자이아를 중심으로 하는 소카빌리(해안지대)인지에 따라 구분된다.
최근에는 프랑스 파리 동북부 지역이나 북부 방리외(Banlieu, 파리 인근 지역)
지대에 카빌족 거주지가 형성되어가고 있다.

▲ 모자비트족 부족장
▼ 모자비트족 거주지 시장 전경

음자브 지역의 베르베르인, 모자비트족은 척박한 사하라에서 가장 이상적인 삶과 공동체의 안전을 보장하는 공간을 계획하고 구축했다. 그들의 부족 중심 도시 건설은 오늘날 기후 변화시대에 인류에게 중요한 귀감이 되고 있다.
열악한 공간에서 어떻게 공동의 생활을 영위해나가는지를 보이는 이들의 도시는 1982년에는 세계문화유산(UNESCO)에 등재되기도 했다.

▲ 모로코의 카스바, 쉐프샤우엔(Chefchaouen)
▼ 알제리의 카스바 골목

카스바는 '요새' 혹은 '성채'라는 뜻이다. 쉐프샤우엔은 모로코 북서부에
위치해 있으며, 파란색 건물들의 아름다움으로 유명한 곳이다.
아래 사진은 알제리의 수도 알제에 있다.

리팽(Rifain, 리프족)

해안부와 산악지대가 겹쳐 있는 모로코 북부에는 리프족이 주로 살고 있다. 리프족은 험준한 리프산맥을 무대로 생활하고 있지만, 나도르(Nador)나 테투안(Tetuan)과 같이 지중해와 인접한 도시에도 있다. 이들은 스페인어와 문화에 익숙하며, 모로코 내에서 최근까지 가장 독자적인 목소리를 내는 곳이기도 하다. 유럽에 가깝고 지중해에 인접해 있지만 경제 상황이 좋지 않아 반정부 투쟁이 일상적으로 발생하고 있다.

마그레브의 올리브 재배
올리브나무는 마그레브 지역의 어느 곳을 가든 장관을 이룬다. 그 광대함이
실로 엄청나다. 주로 평지보다 구릉지대에서 더 많이 재배하기 때문에
사막을 제외한 마그레브의 어떤 지역에서든 쉽게 볼 수 있다.

▲ 베르베르인들의 디저트
지역을 대표하는 각종 다과와 차, 견과류, 과일 등을 내놓는다. 전반적으로 매우 달다.

▼ 메슈이(Méchoui, 양고기 구이)
마그레브 지역에서 가장 많이 먹는 고기는 단연 양고기다. 무슬림 베르베르인에게
양고기는 아브라함의 희생의 의미를 담고 있다. 양고기를 먹는 방식으로는
통째로 구워 먹는 메슈이(Méchoui)가 대표적이다.

▲ **꾸스꾸스(Cous Cous)**

마그레브 지역의 대표 메뉴다. 베르베르어로는 '섹수'(Seksu)라고도 한다. 귀리나 조를 밑에 깔고 그 위에 양고기, 닭고기, 심지어 튀니지 동부 해안가에서는 생선을 넣은 뒤 각종 채소를 올려서 만든 스튜 요리의 일종이다. 지역마다 재료 첨가가 상이해 꾸스꾸스를 동일한 하나의 음식으로 볼 수는 없다.

▼ **타진(Tajine)**

베르베르인의 스튜 요리지만, 오늘날에는 모로코 베르베르인의 주식이 되었다. 9세기 아랍어 모음집 『천일야화』에 나타나면서 유명해졌다고 한다. '타진'은 삼각 모자 같은 뚜껑과 흙으로 빚은 토기 냄비 이름에서 유래했는데, 이는 고대 옥시탕 프로방스어(Occitant provence)에서 어원을 발견할 수 있다.

▲ 프랑스 파리의 베르베르 식당
▼ 파리 베르베르연구소 건물 외관

베르베르 '디아스포라'(Diaspora)를 논하지 않고 그들의 정체성을 말할 수 없다. 디아스포라라는 용어는 본래 이산(離散)을 의미하는 그리스어다. 팔레스타인 땅을 떠나 세계 각지에 거주하는 이산 유대인과 그 공동체를 가리키는 말이었지만, 오늘날 디아스포라는 조금 더 확대된 의미를 담고 있다. 유대인은 물론 그리스인, 아프리카인, 베르베르인, 베트남인 등 원인과 성격에 따라 다양하게 나타난다.

‘이마지겐’(Imazighen).

이 말의 어원은 ‘자유로운 사람’ ‘고귀한 사람’이라는 뜻이며,

베르베르인은 스스로를 이 단어로 규정하고 있다.

21세기 가치의 온상

책을 내면서

서양의 '근대'는 인류의 과학 기술 발전에 기여했다. 그렇지만 이러한 '근대'의 바탕에는 식민주의(Colonialism)가 있었으며, 근대 자유주의 사상이 발견한 가치 또한 식민주의와 충돌하지 않는 한에서만 유효한 것은 아닌지를 질문해본다.

프랑스대혁명이 내건 인류의 보편적 가치라는 자유·평등·박애는 무엇이고 누구를 위한 것인가. 제2차 세계대전 이후 프랑스가 전후 독일의 사과와 배상을 얻어내며 유럽연합(EU)을 견인해가는 성과를 거두었다고 하지만, 그들 간의 사과와 승전국 간의 잔치는 아니었을까? 역으로 그들이 지배한 식민지배 국가들을 들여다보길 바란다.

북아프리카는 흔히 '마그레브'(Maghreb)라고도 불리는 지역이다. 아랍어로 '해가 지는 지역'을 의미하며, 아랍어 '알-마그립'(Al-Maghrib)에서 유래한다. 현지인들은 이 용어가 아랍인이 오면서부터 일상화되었다고 말하지만, 오늘날의 알제리 동부와 튀니지 일대, 리비아 서쪽 지대를 지칭한 중세 '이프리키야'(Ifriquia)와 구분하기 위해서도 사용해왔다.[1] '마그레브'는 지리적인 의미도 내포하는데, 아프리카의 텅 빈 사하라와 지중해에 고립되어 있는 이 지역을 '서쪽의 섬'(아랍어로 'Djazirat al-maghrib)으로 지칭했다고 한다.[2] 이 모든 용어상의 혼동을 피하기 위해 우리는 현재 일반적으로 사용하고 있는 '마그레브'라는 용어로 북아프리카 지역을 통칭하고자 한다.

마그레브 지역 연구를 하는 입장에서 서구의 근대적 가치가 21세기에 유효할 수 있는지를 늘 생각해왔다. 이 문제는 마그레브 위아래에 위치한 지중해와 아프리카를 연구하면서도 늘 의문이었다. 그렇다고 서구가 제시한 가치가 모두 무효 내지 허구라는 것은 아니다. 여전히 그들의 가치가 일정 부분 필요한 면이 있다. 하지만 서구의 가치를 수용하면서 동시에 비판적으로 바라보아야 할 몇몇 지점을 '베르베르'를 통해 생각해보고자 한다.

여느 지중해권 지역과 마찬가지로 마그레브 지역은 다양한 문화가 '교차'하고 '혼성'되어왔으며, 오늘날 세계화의 문제를 공유하고 있는 곳이다. 베르베르인은 아프리카로 구분되는 이 지역에 살고 있다. 우리는 이들을 북아프리카 지역 거주민으로 설명한다. 실상 그들이 동북아시아나 동·서유럽, 남아메리카 등과 같이 조금

---

[1] 이 용어에 대한 기원과 의미는 임기대, 「시칠리아 이슬람화와 '이프리키야' (Ifriquia) 베르베르인의 역할에 관한 연구」, 『비교문화연구』 63집, 2021b, 139-171쪽을 참조할 것.
[2] 공일주·전완경, 『북아프리카사』, 대한교과서, 1998, 18-19쪽.

더 세분화된 구역에 분포한다 할지라도 '북아프리카'라는 지역을 크게 벗어나서 논의되지는 않는다. 하지만 이런 식의 분류는 북아프리카 지역을 '이슬람을 믿는 아프리카', 흔히 말하는 'MENA' (Middle East and North Africa, 중동 및 북아프리카)[3]의 범주에 속하는 지역으로만 이해하게 할 뿐이다. 로마와 아랍·이슬람 이전부터 이 지역에 존재했고, 문화적으로 가장 큰 축을 형성하고 있는 베르베르의 흔적을 충분히 설명하지 못하는 것은 이 때문이다.

베르베르인은 아랍·이슬람적 특성을 띠면서 동시에 지중해적 정체성을 보인다. 여기에다 아프리카인의 여러 토착적인 성격까지 공유하고 있다. 이베리아반도의 무어인[4]과 그 후예들이 '레콩키스타'(Reconquista, 국토회복운동) 이후 마그레브 지역에 안달루시아 문화를 일구었던 것 또한 중요한 요소이며 지금도 그 역사적 숨결은 곳곳에 살아 있다. 이런 여러 가지 맥락에서 베르베르인은 다양한 이민족과 교차와 혼성, 순환의 역사를 일구어왔다고 할 수 있다. 오늘날 알제리와 모로코, 리비아 같은 몇몇 국가들은 이런 자신들의 지역적 정체성을 인정하고 새로운 위상을 확보해가고 있지만, 이 점에 대한 인식은 여전히 충분하지 않다.

---

3) 전 세계적으로 이는 표준화된 용어지만 이 용어는 그 자체로 중동도 아프리카도 아닌 제3의 지대에 마그레브를 위치해놓은 격이다. 문화·경제적으로 아프리카연합(AU)의 핵심적인 국가이면서도 중동 지역으로 분류된 것은 이 지역의 정치적 위상과 식민지배의 흔적이 여전히 작용하고 있기 때문일 것이다.
4) '아랍·베르베르' 혼성 민족을 의미하지만, 스페인과 모로코, 모리타니 등에서 의미하는 내용은 약간씩 다르다.

마그레브 지역은 아랍어를 공용어로 사용하고 있다. 프랑스어가 상용어인 알제리와 모로코는 베르베르 문화가 가장 광범위하게 펴져 있고, 현재는 아랍어와 더불어 베르베르어 또한 공용어(official language)의 위상을 갖고 있다. 리비아, 니제르, 말리 등에도 베르베르 문화는 지역의 정체성을 이루는 중요한 요소다. 베르베르 일파인 투아레그(Touareg)족뿐만 아니라 튀니지와 같이 아랍화된 국가도 '아랍의 봄'(Arab Spring)[5] 이후 베르베르 정체성에 대한 다양한 해석을 내놓으며 사회 속에서 베르베르 존재의 폭을 넓혀가고 있다. 프랑스와 벨기에 같은 일부 유럽 국가들은 이민자를 통해 마그레브 문화를 직접 접하며, 유럽의 '디아스포라'(Diaspora) 문화를 꽃피우고 있다.

역사 이래로 베르베르(Berber, ⵔⵓⵎⵗⵖⵢ ⵔⵖⵊ)[6] 문화는 마그레브 지역민의 문화적 정체성을 형성하는 데 중요한 역할을 했다. 때로는 로마와 더불어 지중해 문화의 한 축을 형성하기도 했고, 이슬람과 더불어서는 아프리카 대상로(隊商路)를 개척하고 주도했다. 이베리아반도와 시칠리아섬이 이슬람화되는 과정에서도 베르베르인을 빼놓을 수 없다. 과거 사하라 대상(隊商, caravan)과 지중해 상인을

---

5) 2010년 12월 튀니지에서 생계난을 호소한 한 젊은이의 죽음으로 폭발된 대규모 민중 시위를 일컫는다. 이후 인접 국가 리비아, 이집트, 중동의 시리아와 예멘으로 확산하며 철권통치를 펼쳐온 독재자들을 하야시켰다.

6) '베르베르'라는 명칭을 서구인 혹은 아랍인들이 붙였다는 점을 감안한다면 베르베르가 아닌 '아마지그'(Amazigh)라고 부르는 것이 타당할 것이다. 이 책에서는 편의상 우리에게 익숙한 '베르베르'라는 용어를 사용하고자 한다. 그 어원적 특징에 대한 상세한 내용은 이 책 36쪽 이하를 참조할 것.

연결한 건 다름 아닌 베르베르인이었으며, 유럽의 길목으로 이슬람을 안내한 핵심 세력도 베르베르인이었다. 현대 들어서는 프랑스를 비롯한 유럽 문화 속에서 이들의 활동이 곳곳에서 만개하고 있다. 우리가 익히 아는 패션 디자이너 이브 생 로랑, 작가 알베르 카뮈, 축구 선수 지네딘 지단, 배우 이자벨 아자니, 가수 에디트 피아프 등은 직간접적으로 베르베르인과 연관을 맺고 있다.

마그레브 지역에서 이슬람 문화는 특이점을 형성해 아프리카와 유럽의 이슬람 확산에 중요한 기여를 했다. '레콩키스타'를 전후해서 마그레브 지역에 안달루시아 문화를 전파한 것 또한 베르베르인의 공이 크다.[7] 21세기에 들어섰지만 프랑스를 위시한 유럽에서 마그레브 출신 이민자 베르베르인은 여전히 거대 '디아스포라'를 형성하며, 자신들의 문화를 유럽에서 새롭게 펼쳐가고 있다. 자신들이 보고 경험한 서구 문화를 마그레브 지역으로 들여와 새롭게 접목시키며 지역의 색채를 더해나가고 있다. 마그레브 지역이 다른 이슬람권 지역과 달라 보이는 것은 이러한 이유들 때문이다. 거대 문명은 아니지만 마그레브 지역에서 안달루시아 문화를 비롯한 지역 문화가 어떻게 순환하는지를 보여준다.[8]

이렇듯 마그레브 지역은 역사적 과정에서 독특한 정체성을 보이

---

7) 이들은 모로코와 알제리 서부에 대거 자리를 잡고 지역의 왕조에 안달루시아 문화를 전파했다. 자세한 내용은 임기대, 「안달루시아와 마그레브에서 베르베르 부족 '바누 이프렌'(Banu Ifren)에 관한 연구」, 비교문화연구 57집, 2019를 참조할 것.

8) 윤용수, 『지중해 문명교류학』, 이담북스, 2017, 31쪽.

며, 이들 중심에는 당연히 베르베르인이 있었다. 과거부터 지금까지 베르베르인은 식민지배로 인해 프랑스와 밀접한 관계를 맺고 있다. 현재 베르베르어 사용자는 프랑스 전체 인구 가운데 약 200만 명을 차지한다. 이 수치는 모국어 화자로서의 사용자 수치다.[9] 프랑스 내 마그레브 이민자[10] 수는 프랑스 전체 인구 가운데 약 600만 명을 상회한다. 이민자 후손과 무슬림이 꾸준히 증가한다는 사실을 고려한다면 실제로는 그 수가 더 많을 것이다. 그러니 마그레브 지역과 '베르베르'를 이해하지 못하고 프랑스 사회의 다문화를 정확히 파악할 수는 없다. 그만큼 외래문화인 베르베르 문화, 나아가 마그레브 문화가 프랑스 문화와 혼합되어 독특한 문화를 형성하고 있다. 게다가 역으로 프랑스 내 이민자 문화가 마그레브 지역 전통문화를 발전시키는 효과 또한 가져다주고 있다. 이런 식으로 지역 문화를 서로 주고받는 관계 속에서 그 문화는 매우 역동적이고 창의적인 문화가 될 수 있을 것이다.

베르베르인의 주 무대인 마그레브 지역은 다양하고 이질적인 문화가 겹쳐 있으면서, 프랑스를 비롯한 유럽 문화와 특별한 관련을 맺는다. 역사적으로 베르베르 문화는 지중해 문화와 안달루시아 문화, 시칠리아 문화와도 중요한 관계를 맺었다. 베르베르인과 그들 문화는 사하라 이남의 아프리카와 구분되는 지점에서 다양한 역할

---

9) *ALGÉRIE-FOCUS*, 「Le Berbère: deuxième langue parlée en France」, 2013. 7. 24.
10) 여기에서 프랑스 내 마그레브 출신 이민자는 주로 모로코, 알제리, 튀니지를 일컫는다. 프랑스 식민지배의 역사와 부합하는 내용이다.

을 했으며, 지중해 문화가 어떻게 아프리카로 확산해갔는지도 보여주었다. 이런 지역 토착민인 베르베르인을 우리는 지리적 단위의 아프리카, 혹은 종교적 단위의 무슬림 공간으로만 인식했고, 이런 관점은 그들이 일군 문화적 전통과 유산을 간과하게 했다. 이 지역을 아랍인 혹은 아랍·이슬람권 지역으로만 규정한다는 것은 서구인이 근대 이래로 행했던 '중심주의'(Centrism)적 세계관과 크게 다를 바가 없어 보인다. 이슬람을 믿는 지역이지만 중동의 이슬람과 차이는 없을까?

이 책에서는 베르베르인에 대한 난해한 이야기에 앞서 베르베르인과 그들의 문화에 대해 얘기하고자 한다. 다각도에서 베르베르인을 이해하기 위해 우리는 다양한 영역에서 각기 다른 형태의 베르베르인의 모습, 그들의 영토와 언어, 예술 등을 살펴볼 것이다. 단순히 지리적으로 아프리카이기 때문에, 종교적으로 이슬람의 땅이기 때문에라는 이유로 마그레브 지역을 단편적으로 이해한다면 이 지역이 가진 특수성과 다양성을 이해할 수 없다. 편협한 관점과 연구방식에서 벗어나 베르베르인의 마그레브 지역을 새롭게 보려는 인식 전환이 필요하다.

이는 지역 연구를 중심부를 통한 이해에서 벗어나 지역 내의 문명과 문화가 어떻게 동일 지역 혹은 다른 지역의 문화 등과 '교차와 혼성'하고 '대립과 공존'하며, 더 나아가 '순환적' 과정을 만들어가는지를 보려는 것이다. 이는 '동일성'의 사유와 연구방식으로 지역 문화를 보는 한계와 그로 인한 문제를 극복하기 위한 시도가 될 것이다. '중심'에서 벗어나 베르베르라는 '주변' 혹은 '소수'를 보면서 '규정된 무엇'으로가 아닌, 다양성의 관점으로 베르베르의 마그레브 지역을 이해하고자 한다. 그동안 주변화된 영역인 베르베르 문화를 복원시키는 일은 지중해 문화와 아프리카 문화를 새롭게 조망해볼 수 있는 기회가 될 것이다. 동시에 탈근대적 담론의 과정으로 베르베르, 나아가 마그레브 지역을 새롭게 볼 수 있을 것이다.

1
베르베르(Berber),
무엇을 생각할 수 있는가?

"베르베르 투아레그족은 기본적으로 모계사회를 이루며

이 또한 부계사회 중심의 아랍 문화와 대비된다."

근대부터 세계를 바라보는 지배적인 기제로 작동한 '서구중심주의'(Eurocentrism) 시각은 지중해의 마그레브 지역을 논의의 '주변부'로 취급하며 다양한 형태의 편견을 갖게 했다. 특히나 이 지역에 엄연히 지중해가 존재함에도 불구하고 지중해 문명을 말할 때 거의 언급되지 않았다. 우리에게 지중해는 유럽의 지중해, 기독교의 지중해로만 인식되어왔다. 마그레브에서 기독교와 이슬람교가 오랫동안 공존했고, 아프리카와 유럽, 아시아가 상호교차의 문명을 형성했으며, 로마 시대 이후에도 수많은 문명이 거쳐간 지역임에도 말이다. 지금도 이 지역을 방문해보면 로마 문명의 흔적을 곳곳에서 쉽게 발견할 수 있다. 그러나 로마 문명의 흔적은 이 지역이 기독교 역사에서 로마 기독교와 대치되었다는 점에서 서구사회에서 그리 주목받지 못했다.

또 다른 쟁점의 한 축은 이 지역이 아랍의 침략 이후 아랍화되었다는 논쟁이다. 이 지역 국가들 대부분은 학자에 따라서 때론 '아랍 문화권' 혹은 '이슬람 문화권', 즉 '아랍·이슬람 문화권'이라는 범주에 포함된다.[1] 그래서인지 이 지역에 존재했던 문화의 복수성에 주목하기보다 주로 '아랍·이슬람'으로만 이해하려는 시각이 팽배했다. 그러나 베르베르인은 정치, 사회, 문화, 경제 분야에서 소수자의 입장이지만 중요한 '특이점'을 형성하며 지역 문화 발전에 기여해왔다. 단순히 베르베르라는 사실을 넘어 그들의 역사는 지중해, 프랑스, 이슬람 문화와 관계 맺는 방식이 각기 다르고, 그들이 사용하는 언어 또한 지역별로 다양하게 나타난다. 이런 모습은 그동안 마그레브 지역에서 배제와 금기의 대상이었지만, 세계 정세의 변화와 더불어 잠재해 있던 토착 요소들이 표면 위로 솟구쳐 오르기 시작했다. 그 중심에 이 지역의 정치·사회적 문제를 빼놓을 수 없다.

1. 정치로 보는 '베르베르'

마그레브 지역의 정치·사회적 문제는 늘 중요한 변수가 되어 사회 곳곳의 불안 요소로 작동한다. 2011년 리비아 가다피 정권의 몰락과 2013년 이후 끊이지 않는 말리 내전 등은 베르베르의 일파인 투아레그족이 사하라 일대에 흩어져 지역 분쟁을 야기하도록 했다.

---

[1] '아랍'이라는 단어에는 여러 의미가 내포될 수 있다. 이슬람교를 믿으며 아랍어를 사용하는 화자, 아라비아반도에 사는 사람 혹은 아랍 제국에 포함되는 사람, 이슬람교를 믿는 모든 사람 등을 '아랍'이라고 부르는데 그 명확한 구분이 모호하다. 마그레브 현지에는 서구와의 차이—서구에 대한 반감이 국제적인 문제로 드러나는 경우를 의미한다—속에서 이슬람교를 믿는 모든 사람을 '아랍'이라는 범주에 포함시키는 사람이 많아 보인다.

이 지역이 아프리카 내에서 여전히 최고의 갈등 지역이라는 것을 고려했을 때 부족 간의 문제는 소홀히 할 수 없는 중요한 문제다. 지중해 바다 쪽과 산악지대 베르베르인은 자신들의 정체성을 세우려는 시도를 통해 지역 내 불안을 가중시키기도 했다. 코로나19 상황에서도 '히락'(Hirak),[2] 즉 민중운동이 벌어지며 마그레브 지역에 또 다른 문화적 정서가 흐르고 있음을 보여준다. 이렇듯 베르베르인은 '소수자'이지만 늘 마그레브 사회에 큰 파장을 일으키면서 존재의 지위를 확보해가고 있다. 개체로서는 '소수자'의 위치에 있을지라도 마그레브 지역의 지배 질서를 바꾸며 새로운 문화 지형을 바꿔가고 있다는 의미에서 '다수자'의 위상을 만들어나가고 있다는 것이다. 실제로 과거와 비교해 베르베르인의 활동을 보면 결코 지나친 비유는 아닌 듯 보인다.

이렇듯 다수자의 위상을 찾아가는 베르베르인은 소수이지만 정치적 소수자에 머무르려 하지 않는다. 베르베르인은 자신들이 속해 있는 장소의 문화적 특징에 따라 스스로를 자리매김하는 것을 달리하며 지역의 정체성을 이끌어가고 문화적 풍요로움을 더해가고 있다. 이들은 마그레브 지역을 포함한 사하라 일대까지 여러 문화가 공존할 수 있는 바탕을 마련하고 이끌어간다. 언어 사용은 물론, 종교적 행위와 실천, 지역적 분포마저도 다양한 방식으로 표출한다.

---

2) 모로코와 알제리에서 발생한 대규모 민중 시위다. 양국의 베르베르어권 지역에서 시작해 전 국민이 참여하는 시위로 확산했다. 코로나19로 주춤할 것으로 보였지만 시위는 2021년 현재도 진행 중이다.

이 지역을 '아랍·이슬람'이라는 틀로만 이해하려는 시각은 바로 이와 같은 풍부한 사례와 표상을 볼 수 없게 하며, 지역 내에 존재하는 다양한 문화적 특징과 현상을 축소시킨다. 이 책에서 투아레그족을 비롯한 다양한 베르베르 부족을 들여다보는 것에 특별히 지면을 할애하는 이유도 여기에 있다.

'중심주의적'(Centrism) 사고는 마그레브 지역과 밀접한 관련을 맺고 있는 프랑스에서조차 마찬가지다. 프랑스에게 마그레브를 포함한 사하라 지역은 과거 식민시대의 경험이다. 베르베르인이 가장 많이 살고 있는 프랑스에서는 '부르카 법안'[3] 통과, 샤를리 에브도(Charlie Hebdo) 테러, 파리와 니스 테러 등이 마그레브 지역 출신자들과의 문제에서 늘 논쟁의 한복판에 있다. 니스 테러만이 튀니지 출신이고,[4] 나머지 테러는 알제리 출신 이민자라는 사실은 해당 국가에서 주요 논쟁의 대상이다. 어쨌든 프랑스에서 여러 테러가 발생하면서 마그레브 지역은 정치적으로 테러 경계 대상 지역 혹은 덜 문명화된 지역이라는 낙인이 찍히게 되었다. 가뜩이나 이민자들

---

3) 2011년 3월 '부르카 법안' 통과는 무슬림 여성들의 인권을 보장하고 공동체의 화합을 위한 것이라고 한다. 이슬람 문화권에서 일상적으로 착용하고 있지만 최근 프랑스를 비롯한 유럽에서는 남성 지배 문화의 상징으로 현대 유럽과는 어울리지 않고, 자칫 정교분리 원칙은 물론, 프랑스적 가치가 훼손되는 것에 대한 경계를 나타내고 있다고 한다(박단, 2013).

4) 니스 테러는 프랑스에서 가장 중요한 경축일인 프랑스대혁명 기념일에 휴양지 니스(Nice)에서 발생했다. 무함마드 바우-헬이라는 튀니지 남성은 2016년 7월 14일 프랑스대혁명 기념일에 트럭으로 86명의 사망자, 458명의 부상자를 냈다. 이후 니스에서 프랑스 대혁명 행사가 3년 동안 개최되지 않을 정도로 여러 후유증을 남겼다.

로 몸살을 앓고 있는 프랑스에서 이들이 일으키는 여러 형태의 소란스러움은 프랑스인에게 편견을 갖게 했다. 이런 편견 속에서 많은 프랑스인들이 베르베르인을 '혼란스럽게 하는 이민자 집단'[5] '알카에다나 이슬람 국가(IS)와도 같은 이슬람 극단주의' 등과 동일시하는 경향을 보이기도 한다. 라이시테(Laïcité)[6] 전통을 고수하는 프랑스의 입장에서 베르베르인에게까지 반감을 갖는 것이 이상한 일은 아닐 수 있다.

　'소수자'이자 '주변부'에 있던 베르베르인이 최근 전면에 등장하기 시작하면서 마그레브를 비롯한 사하라-사헬[7] 지대의 특이성까지 새롭게 봐야 할 필요가 생겼다. 기존의 '중심부'인 아랍·이슬람에서 '주변부'인 베르베르, 그 와중에 '교차와 혼성'에 따라 지역마다 각기 다르게 지역 변화를 도모하는 양상들이 하나둘 드러나고 있기 때문이다. 베르베르 문화의 회복, 베르베르어의 활성화, 사하라-사헬 지대의 난민과 내전 주동, 베르베르 이민자나 예술가, 베

---

5) 서두에서 밝혔듯이 프랑스의 경우 마그레브 출신 이민자 수가 전체 인구의 약 10퍼센트 정도에 달한다. 프랑스 이외에도 벨기에, 영국, 스페인, 이탈리아, 독일, 네덜란드 등에 마그레브 이민자들이 살고 있고, 이는 향후 유럽연합의 가장 큰 문제로 작용할 것이라는 시각도 있다(조명진, 2012).
6) 드레퓌스 사건부터 이어온 프랑스 내 인종 차별 논란은 이후 여러 번의 법 개정을 거듭해 라이시테(Laïcité, 세속주의)를 명시했다. 1958년 개정된 프랑스 헌법 1조는 첫 문장부터 정교분리를 적시하고 있다. 사적 영역에서는 종교 자유를 보장하나 공적 영역에서는 종교적 색채를 띠는 일을 금한다는 의미.
7) '사헬'(Sahel) 지대는 북쪽으로는 이슬람, 남쪽으로는 기독교로 아프리카를 나누는 지역이다. 말리, 모리타니, 부르키나파소, 니제르, 차드, 코트디부아르, 기니, 베냉 등의 프랑스어권 10개국이 있다. 이 지역은 '위도 10도'에 해당하는 지역으로 일부 국가를 제외하곤 무슬림이 많다.

르베르 경제인의 활동 등, 마그레브 지역을 거론할 때 빼놓을 수 없는 베르베르인은 여전히 이 지역에서 중요한 주체다.

2. '베르베르'라는 용어는 타자화된 언표

2010년 이후 지중해의 마그레브 지역과 사하라-사헬 지대에 걸친 베르베르인 거주 지역에서 여러 면의 변화가 일고 있다. 이 지역이 크게 주목받고 있는 이유 가운데 하나는 앞서 언급했듯이 그간 드러나지 않았던 토착문화, 즉 베르베르 문화가 정치, 사회, 문화 전면에 등장했기 때문이다. 2020년 코로나19 이전까지 모로코와 알제리에서 광범위하게 진행된 '히락'(Hirak), 즉 민중운동은 베르베르인의 정체성 움직임과 무관하지 않다.

리비아의 가다피(Muammar al-Gaddafi, 1942-2011) 정권 몰락과 이후 국가 재건 과정에서 부족 간 헤게모니가 충돌했다. 사하라 및 서아프리카에서 활약 중인 알무라비툰(al-Murābiṭūn)[8]이나 이슬람무슬림지지그룹(GSIM, Groupe de soutien à l'islam et aux musulmans)[9]을 비롯한 테러 집단, 심지어 중앙아프리카 내전에서

8) 알무라비툰은 사하라 일대에서 활약한 알제리 출신의 모크타르 벨목타르(Mokhtar Belmohktar)가 창설한 단체로, 알카에다 마그레브 지부(AQIM)와 연계되어 있다. 테러 집단에 대한 보다 구체적인 내용은 임기대(2016)를 참조할 것.

9) 투아레그 부족 출신의 이야드 아그 갈리(Iyad ag Ghali, 1953 -)가 지도자로 활동하고 있으며, 2017년 창설되었다. 그는 이포가스(Ifhogas) 가문 출신으로 사하라-사헬 지대 테러를 진두지휘하고 있다.

활동하고 있는 테러 집단까지도 베르베르인과 직간접적인 연관을 맺고 있기 때문이다. 지역의 분쟁과 관련된 문제에서 주축이 되고 있는 베르베르인의 모습이 목도되고 있는 것이다. 이런 문제는 오랜 역사 과정에서 소외된 베르베르인이 자신을 위협하는 환경으로부터 생존하기 위한 전략일 수도 있으며, 지역과 국가, 부족과 국가, 부족과 부족 간 대립 등의 과정에서 다양하게 표출된다. 이를 의식해 베르베르인을 달래기 위한 언어와 문화 관련 정책이 모로코와 알제리에서 마련되기도 했다.

모로코는 2011년 7월 국왕의 헌법 개정으로 베르베르어를 공용어로 지정했다. 국왕 모하메드 6세의 전략적인 선택이었다고 해도 베르베르어의 공용어 지정은 당시에는 매우 파격적이었다. 선왕인 하산 2세(Hassan II, 1929-99)와는 달리 1999년 집권한 모하메드 6세(Mohammed VI, 1963 -)는 강압적인 정치보다 포용 정책을 하려고 애썼다. 그의 정치적 포용은 베르베르인을 배려하는 정책을 펼친 데서 특히 두드러진다. 알제리 또한 베르베르어의 공용어 지위 요구가 꾸준히 있어왔으며, 헌법 개정을 통해 2016년 공용어로 지정되었다.[10] 알제리는 언어 정책을 비롯해 문화 관련 사안에서 베르베르인의 정서를 달래고자 각별히 노력한 국가다. 알제리 내

---

10) 모로코의 경우 2011년 7월 헌법 개정을 통해 국왕이 직접 베르베르어와 문화를 아랍어와 동일시하려고 했으며, 왕립아마지그문화원(Institut royal de la culture amazigh)을 설치해 베르베르인을 포용하려는 정책을 취하고 있다. 알제리의 경우 독립 후부터 1980년대 '베르베르의 봄'에서 촉발된 문화적 독자성 요구로 2016년 헌법 개정을 통해 베르베르어를 국가 공용어의 지위에 올려놓았다.

베르베르인, 특별히 카빌리(Kabylie)[11] 지역의 저항이 거셌기에 이들을 위한 정책적인 조치가 필요해 보였다.

2018년 알제리에서는 베르베르인의 최대 축제인 '엔나예르' (Yennayer)가 국가 공식 축일이 되었다.[12] 모로코가 베르베르 관련 정책에서 앞서간 듯했지만, 실질적인 정책과 사용 측면에서 알제리의 정책은 훨씬 진일보한 정책이다. 알제리 역사상 종교 축일 이외의 행사가 국가적 축일이 된 경우는 엔나예르가 처음이다. 알제리의 카빌리나 모로코의 리프(Rif)[13] 지역 반정부 시위 등에서도 베르베르 깃발이 등장하는 일은 자연스러운 일이 되었다. 이렇듯 마그레브 지역에서 베르베르의 위상 변화가 다각도로 감지되고 있다.

다문화 사회 프랑스를 이해할 때에도 베르베르인의 프랑스 내 활동은 주목할 만하다. 그만큼 변별된 개체로서 두드러진 활동을 보이며, 마그레브 지역민으로만 귀결시킬 수 없는 독특한 정체성을 형성하고 있다. 수십 개의 베르베르 관련 단체가 파리를 위시한 전 지역에 퍼져 있고 그 움직임이 주목을 끈다. 단체는 베르베르 운동에만 국한하지 않고 프랑스 내 소수자—여성, 난민, 동성애자

---

11) 알제리 수도 알제에서 동쪽으로 약 70킬로미터 지점에 위치한 곳이다. 크게 산악지대와 해안지대로 나뉘어 있으며, 반아랍화의 선봉에 있는 곳이다. 프랑스 내 약 150-200만 명의 카빌족이 있는 것으로 추산된다. 이 지역에 대한 자세한 내용은 5장을 참조할 것.

12) 엔나예르에 대한 내용은 4장에서 상세히 다룰 것이다.

13) 모로코의 북부 지역으로 스페인과 지중해를 두고 마주하고 있다. 반정부 정서가 강하고 모로코 내 베르베르운동을 견인하는 지역 가운데 한 곳이다. 이 지역민은 벨기에와 네덜란드 디아스포라를 형성하고 있다. 이들의 디아스포라 형성 과정은 임기대(2021a)와 5장을 참고할 것.

등—문제와 병행해 운동을 펼치며 프랑스 사회 내 자리를 잡아가고 있다. 이들은 특히 문화예술 영역에서 매우 적극적인 활동을 보인다. 이미 많은 베르베르 문화예술인이 프랑스를 중심으로 유럽에서 활동하고 있다.[14] 사하라의 투아레그족까지 포함한다면 베르베르인은 사하라 이남 아프리카까지 활동 영역을 넓혀가고 있다. 이렇듯 베르베르인은 마그레브 이민자로서 프랑스 내의 소수자 운동을 전개하며 서서히 프랑스 사회에 영향력을 확장해가고, 아프리카 내에서도 활동 폭을 넓혀가고 있다.

마그레브 지역의 '베르베르'를 보기 시작하면서 우리는 이 지역이 생각보다 복잡하고 다양하다는 사실에 직면한다. 그렇다면 우리는 어디서부터 어떻게 베르베르를 이해할 것인가? 우리는 과거부터 현재까지 이 지역민의 흐름을 배열하기에 앞서, 더불어 베르베르가 '무엇'이라고 재단하거나 규정하는 대신에 다른 식의 문제 제기를 하고자 한다. 즉 '베르베르는 어떻게 만들어지게 되었고, 만들어가고 있는가?'를 묻는 데서 출발한다. 이는 규정된 무엇으로가 아니라 끊임없이 만들어지고 생성되는 과정으로서의 존재, 즉 들뢰즈(Gille Deleuze, 1925-95)[15]식 표현으로 '되기'(Becoming)와 동적인

---

14) 베르베르 문화예술에 대한 내용은 6장을 참고할 것.
15) 필자가 주로 언급하는 이론적 내용은 상당 부분 『천개의 고원』(김재인 옮김, 새물결, 2003)에서 비롯된다. 이 책은 질 들뢰즈와 펠릭스 가타리(Félix Guattari)의 공저다. 본고에서는 편의상 들뢰즈로 통일해 표기할 것이다. 두 명의 공저이긴 하지만 전체 이론은 오랜 기간 들뢰즈를 중심으로 형성된 담론이었고, 무엇보다 논의 전개상 실용적이라 판단되기 때문이다.

존재로서 베르베르의 정체성을 보고자 함이다. 이는 주변을 억압하는 중심의 논리, 다수를 지배하는 일자의 논리에서 벗어나 교차와 혼성, 순환의 과정이 벌어지는 지역 문화의 다양성과 역동성을 보려는 시도다. 이러한 점에서 '베르베르'는 영토적인 개념을 포함하기도 하지만, 프랑스에 형성된 베르베르 디아스포라 공동체와 같은 비영토적인 영역까지를 포괄할 수 있으며, 다른 무엇으로도 확장 가능한 영역이 될 수 있을 것이다.

현지에서 베르베르인과 대화를 하다 보면 심심치 않게 이슬람교가 아랍에서 온 '메시지'라는 언표로 지시되고 있음을 확인하게 된다. 그들에게 이슬람교는 단순히 종교를 넘어 '문명'이라는 언표의 다른 이름으로 이해되고 받아들여지고 있다. 필자는 이를 알제리 동부 오레스(Aurès) 지역이나 모로코의 고지대 아틀라스 지역에서 직접 확인해보기도 했다.[16] 다른 베르베르어권 지역에 비해 이곳의 많은 사람들은 "아랍과 베르베르인은 다르지 않고, 또 그 차이가 중요하지 않다"고도 말한다. 반면에 아랍인과 동일시하는 것에 대해 강한 부정을 하는 베르베르인도 많다. "우리는 아랍이 아닌 베르베르인이다"라는 식으로 말이다. 알제리의 카빌리가 대표적인 지역에 해당된다. 심지어 투아레그족처럼 이슬람으로 개종은 했지만 아랍과는 다른 문화를 고수하는 종족도 있고, 음자브(M'zab) ―

---

16) 오레스 지역은 알제리 동부의 튀니지, 리비아와 인접해 있는 지역으로 베르베르인의 여러 종족 가운데 샤우이족이 거주하는 지역이다. 모로코의 고지대 아틀라스의 베르베르어는 슐뢰흐(Chleuh)라 부른다.

베르베르어 사용 기관

▲ 모로코 왕립아마지그문화원(IRCAM, Institut Royal de la Culture Amazigh)
▼ 알제리 물루드맘무리대학교 아마지그어과 현관
물루드 맘무리(Mouloud Mammeri, 1917-89)는 알제리의 작가이자 인류학자, 언어학자다.
베르베르어 사용과 문화적 정체성 운동을 하며 알제리를 비롯한 마그레브 지역 토착문화의
중요성을 일깨웠다. 자신의 고향에 그의 이름을 딴 물루드맘무리대학교는 베르베르어
강의를 체계적으로 교육하는 몇 안 되는 곳이다.

알제리에서 남쪽으로 600킬로미터 정도에 있다—의 모자비트족
(Mozabite)과 같이 다른 방식의 이슬람, 즉 이바디즘(Ibadism)[17]이
라는 독특한 종파를 채택해 베르베르적 정체성을 드러내는 지역도
있다. 튀니지의 제르바(Djerba)섬[18]과 같이 다종교—기독교, 유대
교, 이슬람교, 이슬람 이바디즘 등—가 공존하는 지역으로서의 정
체성은 여타 지역과는 또 다른 모습이다. 이들 모두는 이슬람을 대
하는 방식이나 부족에 따라서 혹은 어떤 언어를 더 사용하는지, 심
지어 산인지 바다인지 사막인지에 따라 자신들의 정체성을 표출하
는 방식이 다르다. 이런 맥락에서 "우리는 아랍이 아닌 베르베르인
이다"라는 발화에 주목해야 하며, 실제 이들 가운데는 아랍어를 구
사하지 못하는 경우도 심심찮게 볼 수 있다.

　베르베르인과 대화를 하다 보면 이렇듯 수많은 언표를 사용해 자
신의 정체성을 드러낸다. 아랍인, 베르베르인, 알제리인, 모로코인,
카빌족, 샤우이족, 모자비트족, 투아레그족, 리팽, 네푸사족, 이마
지겐(Imazighen)[19] 등이 이들이 사용하는 베르베르에 대한 다양한
규정 방식이다. 어떤 한 가지로 자신들의 정체성을 규정하지 않고,

---

17) 마그레브는 물론 베르베르인의 특별한 이슬람 종파 이바디즘에 대해서는 4장에
　　서 집중적으로 조명한다.
18) 마그레브 지역에서 가장 큰 섬이다. 튀니지 동부에 위치해 있다.
19) 여기에서 붙이는 '인' 혹은 '족'은 인구의 크기에 따라 지칭하고 있다. 즉 국가 단
　　위에서는 인(人), 특정 지역민을 가리킬 때는 족(族)으로 칭했다. 이 '족' 단위가
　　여러 개 있을 경우에는 '인'으로 표기했음을 밝힌다. 예를 들어 '베르베르인'이라
　　고 사용한 것은 한 사례다. 이마지겐은 용어 자체에 사람을 포함하는 의미를 담고
　　있기에 고유명사 그대로 사용했다.

자신을 둘러싸고 있는 다양한 배치물에 따라 규정을 달리한다. 그래서 베르베르와 아랍 혹은 무슬림, 신의 메시지와 종교, '노마드'(nomade, 유목민)와 정착민 또는 표박과 정주, 아랍어와 프랑스어 또는 베르베르어, '외발이' 즉 프랑스어를 모르는 사람과 베르베르어를 말하는 사람들, 그리고 아랍어를 모르지만 프랑스어와 베르베르어를 구사할 줄 아는 사람, 혹은 그 반대 상황 등의 모든 배치에 따라 자신들을 둘러싸고 발화되는 용어가 다양하게 나타나는 것이다. 다양한 정체성의 표현은 이런 배치의 결과물이며, 이런 결과물이 지역민의 정체성을 형성하며, 더 나아가 마그레브 지역의 특이성을 형성하게 된다.

그렇다면 '베르베르인'은 어떤 사람인가? 우리는 마그레브 북쪽, 즉 지중해의 해안부와 아프리카의 사하라-사헬 지대에 걸쳐 거주해온 토착민, 서아프리카의 세네갈은 물론 스페인의 카나리아제도에까지 걸쳐 존재하고 있는 이들을 '베르베르인'이라고 하겠다. 물론 이 개념은 일반적으로 베르베르 학자들이 얘기하는 범주다. 베르베르인 스스로는 '베르베르'라는 용어를 그다지 탐탁지 않아 하지만 이 글에서는 마그레브의 토착민을 지칭할 때 사용할 것이다. 지역 거주자들 속에 떠 있는 섬과 같은 존재로서의 소수민족이나 부족이라는 선입견으로부터 벗어나보려는 시도이기도 하면서, 일반화된 개념이 주는 편의상의 차원에서도 사용한다는 점을 밝힌다.

'베르베르'(Berber)라는 용어는 고대 그리스인이 자신들의 문명과 다른 민족에게 사용한 '외국인'이라는 의미의 단어 'βάρβαρος'

에서 유래했다. 이를 아랍인이 아랍어 동사 'barbara'(부르짖다, 윙윙 거리다), 명사 'al-barbarah'(부르짖음, 알아들을 수 없는 언어)로 부르면서 보편화되었다는 것이 흔히 말하는 '베르베르'의 기원이다. 여기서 그리스인이 사용한 '외국인'이라는 용어는 자신들이 알아들을 수 없는 언어를 구사한 사람들, 즉 비(非)그리스인을 지칭한 것인데, 바누 힐랄(Banu Hillal)[20]과 같은 아랍인 또한 같은 맥락에서 이 용어를 사용했을 것으로 추측된다. 그러나 말 그대로 추측이며 서구인과 아랍인의 시각에서 이야기된 것에 따른 것일 뿐이다. 이런 관점은 아랍이 이 지역을 본격적으로 침략한 11세기 중반 이후, 즉 아라비아반도에서 바누 힐랄이 유입된 이후 급속도로 확산되었다. 저항이 심했던 마그레브 지역에서 그들은 아랍 인구를 증가시키는 데 결정적인 역할을 했다. 베르베르 왕조와 이슬람 이바디즘, 그리고 중부 마그레브의 시아파 파티마(Fatimid, 909-973)[21] 왕조가 지배한 당시 바누 힐랄이 종교적인 면에서 기여한 바는 크지 않았다.[22] 하지만 이들의 이동으로 아랍화가 진행되면서 베르베르인은 그들

---

20) 아라비아반도에서 온 아랍의 한 종족으로 이집트의 파티마 왕조가 마그레브 동쪽 지역 ─ 오늘날의 알제리와 튀니지 ─ 을 공격하기 위해 파견했다. 이들은 이후 마그레브 전역으로 퍼지면서 베르베르인의 아랍화에 공헌했다.

21) 파티마 왕조는 오늘날 튀니지의 카이루안(Kairouan)에 입성했지만 이후 카이로로 수도를 이전하면서 왕조의 영향력이 대폭 줄어들었다. 이 책에서 파티마 왕조는 카이로로 수도를 이전한 시기(973-1171)가 아닌 튀니지에 왕조가 머문 시기를 일컫는다.

22) "따라서 힐랄족들은 종교적인 면에서는 아무것도 가져다준 것이 없었다. 그러나 그들은 아라비아반도로부터의 이주를 결코 받아들이지 않았던 이 지역에 아랍 인구를 증가시키는 요인이 되었다"(Rochdy Alili, 2004).

베르베르 문명권 (ⵜ•ⵛ•ⵅⵓ•)

① 모로코 ② 알제리 ③ 튀니지 ④ 리비아 ⑤ 이집트 ⑥ 모리타니 ⑦ 말리 ⑧ 니제르

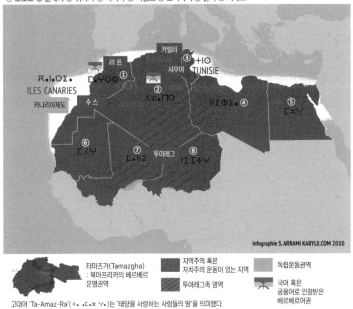

고대어 'Ta-Amaz-Ra'(ⵜ• •ⵛ•ⵅ ⵓ•)는 '태양을 사랑하는 사람들의 땅'을 의미했다.

을 부르는 용어 '섬'(아랍어로 Jazāir, 타마지그어로 ⵀⵝⵝⵗⵙⵢⵙ)처럼 흩어져 살게 되었다(위 그림 참조). 베르베르인은 아랍과 더불어 살거나 저항했다. 아랍 이전에 비해 베르베르인의 응집력은 약화되었고, 파편화된 삶의 방식에도 변화가 생겼다. 이로 인해 베르베르인은 오늘날 거대 마그레브, 사하라 지역, 심지어 일부 사헬 지대에까지 걸쳐 존재하지만 소규모 단위로 흩어져 존재할 뿐이다. 하지만 그렇다고 이들의 정체성이 기저에서 완전히 사라진 것은 아니다.

이렇게 베르베르인은 그 용어가 암시하듯 역사적 정당성부터 서

구적 시선으로 타자화된 관계 속에서 정의되었다. 언어학자 리오 넬 갈랑(Lionel Gallent)도 지적했듯이 '베르베르'라는 용어는 베르베르인조차 사용하지 않는 낯선 이름이 되고 만 것이다(C & Y. Lacoste, 2001, p.77). 그리스인이 부르기 시작한 이 말이 이후 로마 시대와 반달, 비잔틴을 거쳐 자연스럽게 사용되다가 바누 힐랄이 마그레브 지역에 오면서 고착화되었고, 우리는 그런 '베르베르' 용어를 그대로 수용해 사용하고 있는 셈이다. 하지만 베르베르인 스스로는 타자화된 이름으로가 아닌 '이마지겐'(Imazighen)──단수 형은 '아마지그'(Amazigh)──으로 스스로를 지칭한다. 이 말의 어원은 보통 '자유로운 사람' '고귀한 사람'이라는 뜻으로 통용되며, 베르베르인은 스스로를 이 의미로 규정하고 있다. 자신들의 언어는 '타마지그트'(Tamazight)라고 부르는데, 이는 아마지그의 앞뒤에 't'를 붙인 형태로 언어의 성격을 여성성(性)으로 규정하기 위함이다.[23]

베르베르인의 특성을 규명할 때 빠질 수 없는 요소가 언어적 요소다. 당연히 그들이 살고 있는 지역 또한 언어적 특징에 영향을 끼친다. 마그레브 지역의 정치, 경제, 사회를 넘어 언어적 특성을 규명하지 못한다면 지역과 지역민을 올바로 이해할 수 없다. 많은 베르베르 관련 학자들이 우선적으로 언어 연구에 매진하는 것도 그

---

23) 베르베르어의 성·수 일치 과정에서도 동일하게 나타나는 현상이다. 여성형 표기를 위해서는 명사 앞뒤에 일반적으로 't'를 표기한다. 물론 베르베르어가 흩어져 있는 만큼 불규칙 사례가 많다.

런 이유에서다. 실제로 베르베르성을 강하게 주장하는 지역에 가보면 그 지역민이 언어 사용에 얼마나 엄격한지 알 수 있다. 메사우디(D.Messaoudi)[24]와 같은 베르베르어 학자는 베르베르의 기원과 현상황을 언급할 때 언어학적 측면이 정체성을 규명하는 데 가장 우선되어야 하는 영역이라고 말한다.[25] 파편적인 형태로 분산되어 통일성을 찾기 힘들다 할지라도 언어적 특성 연구를 통해 이들 지역의 공통성을 파악할 수 있다는 것이다. 베르베르어 문자와 언어적 특징은 2장에서 보다 구체적으로 다룰 것이다.

이렇게 타자에 의해 규정된 '베르베르'를 구체적으로 이해하기 위해, 우리는 이들이 존재하고 거주하는 지역과 사람, 언어, 지리적 특징 등을 알아야 한다. 이는 베르베르인이 오늘날 '섬'과 같은 형태로 파편화되어 있기 때문이다. 게다가 이들은 거대 디아스포라를 형성해 유럽과 아메리카까지 진출해 있다. '영토성'(Territoriality)과 '비영토성'(Non-Territoriality)을 모두 가지고 있는 것이다. 이 내용은 5장에서 보다 구체적으로 다룰 것인데, 눈에 띄는 것은 '비영토성' 개념이다. '비영토성'은 디아스포라 인구가 마그레브 지역과는 달리 영토에 준거해 영역을 형성하고 있지 않다는 것이다. 프랑

---

24) 메사우디는 다양한 형태의 베르베르어에 근거해 '베르베르'의 기원에 대한 해답을 제시하고 있는데, 그 언어학적 기원과 몇몇 특성에 대해서는 임기대(2015)를 참고할 것.

25) "사람들은 베르베르권 사람이나 베르베르어권 지역에 대해 말한다. 왜냐하면 오늘날 베르베르인을 식별할 수 있는 가장 분명하고 이의제기할 수 없는 기준은 언어이기 때문이다"(임기대, 2015).

스를 위시한 유럽과 아메리카에 형성된 디아스포라가 해당된다. 마치 한민족이 전 세계에 퍼져 있는 모습을 연상하면 된다. 이런 특징 이외에도 베르베르인은 아프리카적 특성도 공유하고 있다. 바로 사하라-사헬 지역에 살고 있는 베르베르인 때문이다. 이들은 '투아레그족'이라 불리며 마그레브의 베르베르인과는 또 다른 점을 보이기도 한다. 이들 모두를 합하면 약 4,000만 명 정도로 추산된다. 베르베르인은 리비아, 알제리, 모로코, 모리타니, 튀니지, 니제르 등에 광범위하게 퍼져 있으며, 어느 면에서도 소홀히 할 수 없는 지역의 문화적 정체성을 드러내고 있다.

3. 다양한 영토 내의 '베르베르'

타자에 의해 규정된 베르베르인, 오랜 아랍화 과정을 거치면서 결국 '섬'과 같은 형태로 마그레브 지역에 분포해 살고 있는 베르베르인. 이들의 거주 영토를 크게 나눠보면 지중해에서 크게 해안지역과 산악지역, 아틀라스산맥과 스텝지역에 걸쳐 있음을 쉽게 알 수 있다. 이 모든 지역은 지중해 문명과 직간접적인 교류를 겪은 곳이다. 그렇다면 이 지역에는 어떤 베르베르 부족이 있는가?

우선 알제리 북부 해안부에 위치한 베자이아(Bejaïa)를 중심으로 한 카빌리에는 카빌족[26]이 있다. 카빌족은 해안부와 인접한 산악지

---

26) 카빌리 지역은 해안지역인 베자이아뿐만 아니라 티지-우주(Tizi-Ouzou)라는 산악도시도 있다. '카빌'은 '부족'이란 의미를 갖고 있다.

대와 겹쳐 있는 곳에서도 거주한다. 해안에서 조금 내륙으로 들어오면 텔 아틀라스(Tell Atlas)산맥이 해안부와 내륙부를 가른다. 해안부와 산악지대가 겹쳐 있는 모로코 북부에는 리팽(Rifain)이 주로 살고 있다. 리팽은 험준한 리프산맥을 무대로 생활하고 있지만, 나도르(Nador)나 테투안(Tetuan)과 같이 지중해와 인접한 도시에도 있다. 간혹 심심치 않게 탕헤르와 라바트의 전통 시장에서도 이들을 볼 수 있다. 이들은 스페인어와 문화에 익숙하고 안달루시아 문화를 공유한다는 특징도 가지고 있다. 모로코 내에서 최근까지도 가장 독자적인 목소리를 내는 곳이기도 하다. 유럽에 가깝고 지중해에 인접해 있지만 경제 상황이 좋지 않아 반정부 투쟁이 일상적으로 발생하고 있다.

모로코 남서쪽으로 가다 보면 슐뢰흐(Chleuh)인 혹은 슐뢰흐어를 사용하는 베르베르인이 있다. 모로코 베르베르인의 상당수를 차지하는 부족으로 주로 아틀라스(Atlas)산맥과 수스(Sousse) 지역에서 농·축산업에 종사한다. 이들이 지중해성(性)에 가까운지, 아프리카성(性)에 가까운지는 논란의 소지가 있을 정도로 까다로운 문제다. 역사적 과정에서 정체성을 결정짓는 요인들이 복잡하게 얽혀 있기 때문이다. 분명한 것은 그들이 서아프리카 지역의 베르베르인과 일부 역사적 기억과 경험을 공유한다는 것이다. 아르간과 올리브, 설탕을 재배해 포르투갈, 네덜란드, 영국 상인에게 판매했고 사하라 횡단 무역로를 통해서는 황금을 교역하는 중심지 가운데 하나였다. 오늘날의 모로코 서남부지역의 아가디르(Agadir)와 마라케시

(Marrakech)가 그 중심에 있었다.

베르베르인의 지중해적 특징은 다음 장에서 보기로 하고 여기에서는 이들의 아프리카성에 대해 살펴보고자 한다. 이 부분은 사하라와 맞닿아 있는 사헬 지대까지를 포함한다.

먼저 알제리에서는 산악부를 지나 고평원지대에 이르면 바트나(Batna)와 켄첼라(Khenchela)를 중심으로 하는 오레스 지역이 광활하게 펼쳐진다. 샤우이(Chaoui)[27]로 불리는 사람들이 이 지역에 살고 있다. 이들은 중세 시대 제나타(Zenata) 베르베르라는 이름으로 안달루시아 점령까지 선봉에 섰던 부족이다.[28] 마그레브 지역을 이슬람화하는 데 가장 크게 공헌한 부족이며, 현재는 가장 아랍화된 곳이기도 하다. 초기 마그레브 지역에는 이들이 건립한 여러 형태의 이슬람 왕조가 있었다. 마그레브 지역 최초의 이슬람 왕조인 수프리즘 왕조(Sufrism, 742-790)를 비롯해, 아랍어 '자발 타리크'(Jabal Tariq, 타리크의 산)에서 유래한 '지브롤터'(Gibralter), 중세 지중해 이슬람 왕조 자이얀 왕조(Zayyanid, 1236-1556) 등이 있다. 이슬람 확산 및 저항과 관련한 여러 인물도 있다. 마그레브 최초의 정복 과정을 진두지휘하고 총독을 역임한 오크바 이븐 나피(Oqba Ibn

---

27) '샤우이'(Chaoui)는 '세금 내는 사람'이라는 의미로 아랍인이 사용한 용어다. 의미에서도 암시하듯 아랍에 가장 빨리 동화하고자 했던 베르베르족의 일파다. 알제리 전체 인구의 9퍼센트 정도를 차지한다.

28) 중세 시대 베르베르의 부족은 제나타(Zenata), 산하자(Sanhadja), 마스무다(Masmouda) 부족이 있었다. 오늘날에는 거의 사용하지 않는 용어들이다. 중세 베르베르 부족의 특징에 대해서는 임기대(2020), Gabriel Camp(2007)를 참조할 것.

오레스 평원
중세 시대 제나타 베르베르로 불린 샤우이족이 살고 있으며, 가장 아랍화된 지역이다.

Nafi, 622-683)를 살해한 베르베르인 카히나(Kahina, 688-703)도 샤우이족 출신이었다(임기대, 2019).

본격적인 사하라사막이 시작되기 전 이른바 암석사막에 자리한 가르다이야(Ghardaïa)를 중심으로 하는 음자브(M'zab) 지역에는 모자비트(Mozabite)라 불리는 베르베르인이 거주한다. 이들 또한 중세 시대 제나타 베르베르인의 일파였지만 이슬람 이바디즘을 신봉하고 음자브 계곡에 거주하며, 오늘날 모자비트라는 이름으로 불리고 있다. 인구는 대략 40만 명(2012년 기준) 정도로 추산되지만 마그레브와 사하라-사헬 지대에 거주하는 인구까지 고려하면 정확한 인구수 파악이 어렵다. 현지인들은 대략 100만 명의 모자비트족이 마그레브 전역에 걸쳐 있다고 한다. 이븐 할둔(Ibn Khaldun, 1969, p.851)에 의하면 '음자브'라는 말은 '결혼하지 않은 사람들'이라는 아랍어 'Al Azzaba'에서 유래했다고 한다. 오레스와 음자브, 이 두 지역은 모두 아랍·이슬람을 지향하면서 동시에 베르베르인이 사는 지역이다. 오레스의 경우 이슬람을 적극적으로 받아들이며 베르베르 문화 보존이 덜 이뤄진 듯하다. 이슬람을 철저히 믿으면서 베르베르 전통을 고수한다는 것이 쉽지 않아 구두 문화가 많이 발달한 편이다. 음자브 지역은 이슬람을 적극 수용하면서도 일반적인 이슬람과 다른 모습을 보인다. 흔히 말하는 이슬람 카와리지파의 일파인 이바디즘(Ibadism)의 본고향을 자처하고 있는 곳이 음자브 지역이다. 그렇다고 이들이 오만의 이바디즘과 자신들을 동일시하고 있는 것 같지는 않다. 특히 오만 이바디즘의 군주제 성격에 모

알제리와 모로코의 베르베르 촌락 모습
▲ 알제리 켄첼라 계곡의 베르베르 샤우이족 마을
▼ 모로코 수스의 베르베르 슐뢰흐족

자비트족은 상당한 거부감을 표한다. 이들은 계급과 차별 없는 평등한 공동체를 지향하며, 그 가치를 공동체 내에 투영하기 위해 노력하고 있다. 이 내용에 대해서는 4장에서 보다 구체적으로 다룰 것이다.

음자브와 오레스, 이 두 지역은 지리적으로 상당히 멀리 떨어져 있지만 지중해 근처의 슈누아(Chenoua) 지역과 같은 문화권을 형성하고 있다. 알제리 수도 알제 서쪽으로 약 70킬로미터, 해발고도 905미터 산악지형인 슈누아는 모로코의 슐뢰흐(Chleuh)와 함께 동일한 베르베르어권으로 밝혀져 많은 인류학자들의 관심을 받고 있다. 알제리 지역인 음자브와 오레스, 슈누아가 모로코의 슐뢰흐와 같은 뿌리라고 할 수 있는 것이다. 하지만 이에 대한 정확한 근거는 없다. 슈누아가 다른 세 지역에 비해 베르베르어를 거의 사용하고 있지 않기에 비교를 할 수 없기 때문이다. 이들 지역 베르베르인의 정체성은 그 성격을 규명하는 일이 매우 복잡하다. 지중해와 아프리카의 중간 지역에서 주변과 많은 교류를 해왔으며, 오랜 시간을 거치며 고유의 문화는 많은 부분 희석되었다. 음자브의 모자비트족과 수스의 슐뢰흐가 그나마 베르베르 전통을 고수하고 있는 편이다. 상대적으로 아랍화가 더 진행된 오레스와 슈누아의 경우 전통축제 같은 행사를 통해 베르베르 문화를 보존하고 있다.

지중해와 고평원지대에 위치하는 이들 지역은 지중해적 성격을 보이는가 혹은 아프리카적 특성을 보이는가의 문제로 종종 거론되곤 한다(임기대, 2020, 2021b). 아프리카 국가의 경계가 인위적으로 나뉘어진 점을 고려할 때, 이들을 특정 국가에 예속시키기는 어렵다. 이 지역이 지중해와 아프리카를 연결하고, 중동의 아랍 문화와 이베리아반도의 안달루시아를 매개하는 데 있어 중요한 역할을 했다는 점에서 그 지역성을 인정받아야 할 것이다. 사하라 대상 무역을 이끌었던 주역이며, 여전히 무역에 일가견이 있는 사람들이 살고 있다. 문명 교류라는 측면에서 중요한 역할을 한 그들은 사하라의 베르베르인인 투아레그족과 또 다른 지점에서 맞닿는다.

4. 투아레그족

투아레그족[29]을 설명할 때는 인종이나 국가를 언급하지 않는다. 주로 어느 국가와 어느 지역에 걸쳐 있다는 것으로 말할 뿐이다. 대신 이들은 독특한 문화와 언어를 가지고 있으며, 투아레그족이 그들 스스로를 지칭할 때 '켈 타마체크'(Kel Tamacheq, 투아레그어를 말하는 사람들) 혹은 '켈 티겔무스트'(Kel Tiggelmoust, 남색 두건을 두른 사람)라고 부르는 데서 그 정체성을 찾을 수 있다(Edmond et Suzannes Bernus, 1983). 이들은 베르베르인 가운데서도 '아프리카성'에 상대적으로 근접해 있다. 투아레그족은 알제리, 리비아, 니제르, 말리, 튀니지까지 광범위하게 걸쳐 있지만(45쪽 그림 참조), 차드와 부르키나파소 등의 사헬 지역 국가에도 극소수 존재한다. 전

---

29) 투아레그(Touareg)라는 말은 '타르기'(Targui)의 단수형이다. 현지인들은 '타르기'라는 표현을 더 일상적으로 사용한다.

체 인구는 약 150만 명을 헤아린다고 하지만 정확하지는 않다. 이들이 오늘날 리비아, 말리, 니제르 등의 지역에서 분쟁의 중심에 있다는 것도 잘 알려진 사실이다. 가다피가 붕괴한 이후 갈 곳 없던 가다피의 용병 투아레그족이 말리와 니제르로 몰려와 리비아 내전과 튀니지의 극단 이슬람 무장 세력에게 무기, 마약 등을 제공해주며 밀매를 통해 자금을 확보하기도 했다. 서아프리카의 밀매 조직과 관련한 투아레그족의 상술과 지역적 특징이 결합해 지역 내의 또 다른 문제를 양산하고 있는 것이다. 그 결과 최근까지도 테러나 분쟁이 많아지면서 사헬 지대가 제2의 아프가니스탄이 되는 것이 아니냐는 우려를 낳고 있다.

오늘날 분쟁의 중심에 있게 된 이들은 베르베르와 상당한 문화적 유사성을 갖고 있다. 투아레그족의 기원에 대해서는 명확하지 않지만, 적어도 분명한 사실은 이들의 문자가 오늘날 베르베르 문자의 모태가 되었다는 것이다(임기대, 2015). 베르베르 문자는 페니키아 유래설을 비롯해 여러 가설이 있지만, 투아레그족은 고대 아마지그어의 방언을 사용했다.[30] 알파벳 또한 오늘날 베르베르어권 화자가 공통으로 사용하는 네오-티피나그(Neo-tifinagh)를 사용하고 있었다. 이런 측면에서 베르베르어의 기원이 페니키아어인지의 문제는 논란의 소지가 있다.

---

30) 이 방언을 리비크어(Libyc)라고 부르며, 고대 베르베르어를 일컫는 용어다. 이 용어는 로마 점령시까지 사용했다(임기대, 2015). 리비크어에 대해서는 2장에서 좀 더 상세히 다룰 것이다.

분명한 점은 베르베르어가 토착문화에 근거한다면 사하라를 중심으로 활동한 투아레그족 언어에서 유래했을 것이라는 점이다. 적어도 페니키아어와는 달리 투아레그족의 문자와 모음을 공유하고 있기에 이런 역사적 연원을 따져보는 것은 타당해 보인다. 지중해의 페니키아 문자에서 유래했다는 베르베르어의 기원은 여전히 쉽게 말할 수 없는 신비스러운 영역에 있지만 베르베르어에 대한 투아레그어의 영향력은 실질적인 사실이며, 이는 지중해가 아닌 아프리카 문명과의 연관성도 있음을 의미한다.

　투아레그족의 문화적 자산은 베르베르의 정체성이 사하라와 사하라 이남 아프리카와도 관련이 있음을 보여준다. 이 점에서 투아레그족은 다른 베르베르인과 또 다른 차이를 보인다. 역사적으로 투아레그족의 아프리카성은 서아프리카를 잇는 말리 왕국의 대상들과의 연관성에서 찾을 수 있다(김상훈, 2011, 93쪽). 유목 생활을 하는 투아레그족은 여러 거점 지역을 지나면서 무역을 했고, 이슬람교를 전파하는 주체가 되기도 했다. 독립 이후에는 개별 국가나 국가의 접경지대에 살면서 통합된 종족이 아닌 집단 간 독자적인 생활을 영위해갔다. 이런 상황에서 때론 이해관계가 상충하기도 했다.

　투아레그족의 부족장 등 상층 계급(마라부트 이상, 표 1 참조)이 무슬림으로서의 실천적인 삶을 살아가려 한 반면, 중하층 계급은 이슬람 교리를 엄격하게 지키지 않았다. 투아레그족의 이슬람 수용은 사하라의 무역권 보장, 즉 경제적 부분과 관련이 있었다. 무역권 보장과 함께 서아프리카에 이슬람을 전파할 수 있었고, 대상으로 유명한 또 다른 베르베르 모자비트족과도 많은 교류를 했다. 투아레그족이 모자비트족을 통해 사하라 이남과 북쪽을 연결한 것이다. 실제 모자비트족이 거주하는 음자브 지역은 여전히 투아레그족이 많이 이동하고 모자비트족 또한 투아레그족의 공간을 넘나들며 교역하고 있다.

모자비트족과 투아레그족은 사하라 무역에 상당한 관심을 보였으며, 지금까지도 그 거래 방식을 유지하고 있다. 모자비트족은 지중해의 또 다른 베르베르 부족과 교류하면서 사하라 이남의 물건을 해안가 베르베르 부족을 통해 지중해의 여러 도시, 심지어 지중해 건너편 유럽 도시로 팔아넘겼다. 실제로 지중해 도시 상가에는 음자브 지역의 모자비트족 상권이 많이 형성되어 있다. 단순 형성이 아닌 상권 장악이라는 표현이 맞을 듯하다.

투아레그족의 이슬람은 지중해의 베르베르인과 신앙생활 방식에서 차이를 보인다. 투아레그족은 사하라와 아프리카 토착신앙에 기반한 신앙 행위가 잔존해 있어 아랍식 문화와는 다른 방식의 이슬람을 믿고 실천한다. 투아레그족의 언어 사용에 아랍어 문자 사용은 상대적으로 떨어지고, 토착문화와 혼합된 언어 혼용을 보인다. 마그레브 지역의 많은 지역이 지역적 특성과 결합된 언어 사용을 보이지만 투아레그족은 토착문화의 이입이 훨씬 많은 편이다. 하지만 이런 모습조차도 지역별 편차가 있음을 유의해야 한다.

투아레그족은 기본적으로 모계사회를 이루며 이 또한 부계사회 중심의 아랍 문화와 대비된다.[31] 일상에서도 이들은 여타 베르베르 지역과 다른 문화적 관습을 보인다. 예를 들어 여성이 히잡을 착용하지 않고 반대로 남성이 남색 두건을 두르는 것은 종교적 전통과는 무관해 보인다. 투아레그족 남성을 가리켜 '켈 티겔무스트'(남색 두건을 두른 사람)라 한다. 남색은 사막의 척박함에서 푸른 물을 상징한다. 축제 날은 남색 두건을, 존중과 배려의 마음을 표시하는 특별한 날에는 흰 두건을 쓰기도 한다.[32]

이슬람을 받아들인 투아레그족임에도 일부일처제는 그들이 고수하는 전통적인 삶의 방식이다. 결혼은 투아레그 사회를 흥미롭게 볼 수 있는 요소다. 주로 낙타와 소를 지참금으로 주며 신랑이 신부 가족에게 직접 전달한다. 결혼을 위해 신랑은 여러 마리의 낙타를 줄 능력이 있어야 하고 가족을 부양할 만큼의 가축을 소유하고 있어야 한다. 특히 낙타는 투아레그족의 각종 행사—출생과 결혼 등의 축제—에서 필수적이며 상당한 재력의 상징이다. 신부 측은 텐트와 텐트 안에 마련해둘 가구를 준비한다. 이혼하는 경우에 텐트와 가구는 부인에게 돌려주는 게 관행이다. 텐트, 즉 '카이마'

---

31) 투아레그족이 모계사회를 이룬다는 것도 사하라–사헬 지대까지 걸쳐 일관된 현상인지는 확실하지 않다. 투아레그족의 혈통이 비교적 잘 보존되어 있는 알제리와 니제르 북부와 말리 북부의 사하라 일대가 모계사회라는 데는 이견이 없어 보인다.

32) 해안가와 산악지대의 베르베르인과 마찬가지로 투아레그족 또한 자신들을 해하지 않는다면 외부인을 극진히 대접하는 것을 최고의 미덕으로 삼는다. 비록 모든 것이 척박한 사막이지만 풍성한 음식을 손님에게 제공하는 것이 그들만의 오랜 전통이다.

(Khaima)라고 부르는 투아레그족의 거주 공간은 유목 생활에 필수
적이며, 상속 재산으로도 집안에서 중요하게 간주하는 물건이다.
여성들은 투아레그족의 직물 기술에 뛰어나며, 카이마를 수리하고
정비하는 작업을 담당한다. 집을 짓고 정비하는 일을 도맡는다는
점에서 여성의 위상이 어느 정도인지 가늠해볼 수 있다. 사하라 일
대를 여행하다 보면 카이마에서 투아레그족이 차를 접대하는 풍경
을 심심찮게 볼 수 있다. 이렇듯 투아레그족을 상징하는 요소로는
차와 낙타, 여성, 카이마 등이 있다.

투아레그족의 결혼 과정에는 형식적 절차가 있다. 여자 집안에서
결혼 상대로 거론되는 남성, 예비 신랑을 초청해 춤추는 축제 시간
을 만든다. 신랑이 나타나면 신부의 취향에 따라 선택이 가능하다.
신부의 마음에 들지 않는다면 거부 의사를 밝힌다.[33] 같이 춤을 추
며 손가락으로 남성의 손바닥에 신호를 보내면 결혼하겠다는 메시
지고, 아무 신호를 보내지 않는다면 결혼 제안을 거절하는 것이다.
여성의 역할과 지위가 이슬람의 가부장적 사회와는 다른 모습이다.
이런 결혼 방식은 투아레그족의 계급 제도(표 1 참조)에 따라 행해
진다. 투아레그족은 같은 혈통이나 친족 간 결혼을 하며, 사촌 간 결
혼도 많이 행한다. 투아레그족의 결혼 풍습만큼 같은 사하라 지역
의 모자비트족 결혼 풍습도 상당히 엄격하고 다양하다. 모자비트족
의 결혼은 아프리카적 특성이 아닌 이슬람 이바디즘의 종교적 엄격

---

33) 투아레그족의 성역할과 계급 서열 구조에 대해서는 Hélène Claudot-Hawad,
2001을 참조할 것.

표 1. 투아레그족의 계급 구조

계급	내용	아프리카와의 연관성
이마제겐 (Imajeghen)	고귀함과 거룩함을 나타내는 귀족	부족장/전사
임라드 (Imrad)	가신 부족	
이네스레멘 (Ineslemen)	주술(마라부트) 부족	주술사. 이슬람 이전부터 존재
이나덴 (Inaden)	흑인 대장장이 혹은 공예 장인. 무기 수리와 제조. 축제 때는 악사 역할도 함	노예와는 확실히 구분된 전문 계층[34]
이라우엘란 (Iraouellan)	과거에 노예가 된 투아레그족	
이크란 (Iklan)	전투나 무역에서 포획한 흑인 노예(단수 akli: 노예를 의미). 부족 간 상호교환 가능. 소유권은 이마제겐과 임라드에 있음	말리, 니제르 남부와 부르키나파소
벨라스 (Bellas)	송가이어권에서 해방된 노예	송가이족
부주 (Bouzous)	하우사어권에서 해방된 노예	나이지리아 최대 종족

성에 근거한다. 이 부분은 3장에서 다룰 것이다.

마그레브 지역의 베르베르인은 일반적으로 부족 사회를 지향한다. 현대 문명하에서도 여전히 부족 사회를 유지할 정도로 가족과

---

34) 투아레그족의 전문 계층은 자신들의 직업에 대단한 자부심을 갖는다. 작업을 하는 순간에는 그 누구와도 눈을 마주치거나 하지 않는 모습에서 그들의 일에 대한 충실성을 엿볼 수 있다.

지역 공동체 간의 결속력은 강력하고 견고하다. 식민지배 과정에서 베르베르인의 전통적 사회관계 혹은 공동체가 많이 파괴되었다고는 하지만 그들의 관습은 존중되어 교육을 통해 전수되고 있다. 특히 투아레그족의 부족성은 비교적 잘 유지되고 있는 편이다. 완전한 아프리카적 특성을 보여준다고 할 수는 없지만, 국가적 정체성을 이루지 않는다는 면에서는 아프리카의 여타 종족과 크게 다를 바가 없다. 투아레그족이 사는 지역에는 여러 종족이 있다. 밤바라족, 송가이족, 플라니족 등이 있는데, 이들이 투아레그족 사회에 살게 된다면 아래의 계급 가운데 하나에 속하게 된다. 투아레그족을 상징하는 문화적 정체성의 두드러진 특성은 계급 사회다. 투아레그족의 계급 구조는 표1에 나와 있다.[35]

투아레그족의 계급 질서 가운데 가장 위 계급에 속하는 이마제겐(Imajeghen)에는 부족장도 있지만 모두 전사에 속한다. 바로 밑의 임라드(Imrad)는 그들을 섬기는 계급이다. '이마제겐'은 지배계층이며, 이들 가운데서 정치적 영향력이 가장 큰 우두머리 가운데 우두머리인 아메노칼(Amenokal)이 선출된다. '이마제겐'은 투아레그족의 전통 풍습에 따라 모계사회에 바탕을 둔 동족혼(同族婚)을 고수한다. 동족혼은 조직의 유대감을 강화하기에 좋은 수단이기 때

---

35) 표는 Hélène Claudot-Hawad(2001)에서 제시한 내용을 토대로 이 책에서 종합해 표로 정리한 것이다. 사하라-사헬 지대에 걸쳐 있는 투아레그족의 분포를 고려한다면 이 계급 구조가 모든 투아레그족에게 똑같이 적용된다고는 볼 수 없을 것이다.

투아레그족 부족장
존중과 배려의 마음을 표시하는 특별한 날에 흰 두건을 쓰기도 한다.

문이다. 투아레그족의 지배계층은 끊임없는 외부 공격에 대비해 늘 전투에 임하고 있어야 한다. 그래서 한 사람의 지도자를 중심으로 철저한 복종 체제를 이루고 있다. '임라드'는 '이마제겐'의 보호하에 생존을 위해 필요한 동물을 방목할 수 있도록 허락받고 업에 종사한다. 이런 서열 구조는 사헬 지대로 가면서 느슨해지는 경향을 보인다. 아마도 시대적인 변화가 한몫했겠지만, 여러 종족과 공존하며 살아야 했기 때문일 것이다.

투아레그족 사회를 지탱하는 계급은 '이크란'이다. 그들은 말리나 니제르, 부르키나파소 일부에서 인구의 약 75퍼센트 이상을 차지할 정도로 그 규모가 크다. 자신이 속해 있는 주인을 따라 늘 이동하며, 생산 활동의 주축 계급으로 경제의 한 축을 형성한다. '이마제겐'은 오늘날 베르베르인 스스로가 칭하는 이마지겐 (Imazighen)과 거의 비슷한 발음이다. 이 말은 '자유로운 사람' 혹은 '고상한 사람'을 일컫는다. 최고의 지도자이기에 그들은 절대로 노동을 하지 않는다. 두건 색깔이 신분 계급을 완전히 드러내는 것은 아니지만, 일반적으로 귀족은 짙은 남색의 두건을 두르며, 목과 머리, 그리고 얼굴 전체를 가린다. 다소 인상이 매섭게 느껴질 수 있지만 매우 부드럽고 수줍음도 많아 일정 시간이 지나지 않으면 대화에 쉽게 응하지 않는 편이다.

투아레그족 사회는 큰 연방이 있고 그 아래 작은 집단이 있다. 연방 집단을 '아티벨'(Attibel)이라 부르며, 이는 여러 개의 작은 집단인 타우시트(Towsit)로 구성된다. 연방집단이 국가 건설을 주창하기도 하지만, '타우시트'의 유대감이 강해 서로 간 소개하는 상황에서 가장 먼저 소속 타우시트를 드러내는 경향을 보인다. 일종의 정체성 표출 방식인 셈이다. 이 또한 대도시에 근접할수록 느슨해지지만, 사막 깊숙한 곳이나 집단 거주지에서 쉽게 관찰되는 투아레그족만의 관습이다.

투아레그족은 전통적으로 차 문화가 발달한 것으로 알려졌지만 이는 19세기 말 혹은 20세기 초가 되어서야 도입된 것이다. 오늘날 투아레그족에게 차는 누군가를 가정에 초대할 경우 반드시 제공해야 하는 것으로 환대의 의미를 담고 있다. 투아레그족은 이슬람을 믿는 방식에도 지역별 차이가 있다. 말리 투아레그족의 경우 세속적인 이슬람이 많은 편이라 이슬람을 강하게 요구하는 극단적인 세력과 대립 관계를 유지한다. 이로 인해 종종 분쟁이 발생하는 것이 이미 말리 사태로 나타났다. 부족 간 이슬람을 믿는 방식의 차이로 인해 투아레그족 내부에서는 물론 타 부족과의 관계 속에서도 나름의 생존 방식을 모색하고는 있지만 여전히 내전에서 헤어나지 못하고 있다. 이를 어떤 사람은 '투아레그족의 고독한 투쟁'(아와드, 2012)이라 부르기도 한다.

이외에도 특이한 요소는 투아레그족의 전통에서 기독교적 요소로 보이는 것이 일부 남아 있다는 점이다. 특히 그들의 전통 수공예품인 목걸이는 종종 멋진 십자가 모양으로 조각되고 장신구로 사용된다. 이는 이슬람 지배 이후에도 타 문화가 공존한 흔적을 보여주는 대표적인 사례다. 또 다른 특징은 남성이든 여성이든 투아레그족의 전통 의상은 일반적으로 입을 드러내지 않는다는 점이다. 이런 모습은 특히 타인과 더불어 있을 때 공통적이다.

오늘날 투아레그족은 과거와 달리 유목민적 삶에서 정주민적 삶으로 급변해가고 있다. 특히 그들이 머무는 지역에 관광업이 발달하자 해당 국가들이 테러 방지 정책의 일환으로 집을 지어주고 일자리를 제공해주면서 투아레그족의 삶에도 변화가 생겼다.[36) 여기에 사헬 지대의 사막화 또한 여러 지역민의 삶을 대폭 변화시켰다. 삼림 파괴와 기후변화의 영향으로 사막화가 가속되고 물 부족과 식량 부족이 일상화되면서 살 만한 곳을 찾아 사람들이 대거 이동했다. 사하라-사헬 지대의 몇몇 도시를 중심으로 인구가 집중되면서 삶의 방식에 변화가 생긴 것이다. 이렇듯 대도시와 아자와드(Azawad, 방목지대) 등에 거주하는 투아레그족은 분명 과거와는 다른 삶의 환경에 놓였다.

시대가 변하면서 사람들의 피부색이 다양해져 투아레그족의 정체를 한눈에 알아볼 수 없는 경우가 많다. 그런 연유로 투아레그족을 피부색의 문제로 논하지는 않는다. 니제르 북부의 켈아이르(Kel Aïr)와 알제리 남부의 켈 호갈(Kel Hoggar) 일대를 제외하고는 현지 흑인과 섞이면서 어두운 피부색을 보인다. 오늘날 투아레그 문화에

---

36) 중앙집권적인 국가 입장에서는 유목 생활을 하는 투아레그족이 썩 반가울 리 없다. 그들의 일부 문화유산을 제외하고는 제도권 안으로 편입시키기를 원하기에 정부는 아파트를 지어주고 모스크를 지어준다. 이는 투아레그족의 정체성을 희석시키고 모계사회를 변화시켜 이슬람 문화권에 유입시키려는 의도다. 특히 알제리의 경우가 그러하다.

는 부계사회의 이슬람과 다른 아프리카 종족 문화가 혼합해가고 있다. 특히 이슬람 문화가 그들에게 유목 문화에서 정착 문화로, 모계사회에서 부계사회로의 전환을 재촉하고 있다. 이슬람교를 국교로 삼는 알제리에서는 이러한 요구가 압력으로 작용하기도 한다. 과거와 같이 대상 활동을 하고 국가 차원의 보호를 받으며 일부일처제와 모계제를 유지하고는 있지만, 투아레그의 전통과 관습은 힘겹게 지탱되고 있다.

투아레그족을 언급할 때 계급 구조를 빼놓을 수 없다. 투아레그족의 계급 구조는 사하라 횡단 무역과도 관련 있으며, 종족 간 쟁탈 과정에서 노예, 전사 등 여러 역할을 하는 계급이 새로이 자리했다. 아프리카 문명 성장에 크게 기여한 말리 왕국(1235-1645)은 사하라 횡단 무역로의 주요 거점이었으며, 서아프리카에도 이슬람을 적극 전파했다. 서아프리카 국가들의 이슬람화는 군사에 의해서가 아니라 지역 대상들에 의해 이루어졌다. 그만큼 대상들은 이슬람 전파에 중요한 역할을 했다.[37] 투아레그족의 노예 계급 '이크란'(Iklan) 또한 여러 부족 대상들과의 교역에서 자연스럽게 형성된 계급이었다. 이나덴(Inaden)이나 벨라스(Bellas)와 같은 계급 또한 마찬가지였다(표 1 참조).

말리 왕국의 지배 기간 동안 서아프리카 흑인은 황금과 상아를

---

37) 말리 왕국 이전에 서아프리카의 가나 왕국이 있었다. 하지만 이슬람으로 개종한 말리 왕국이 부족 중심의 가나 왕국을 점령하고 이슬람으로 개종해나가기는 그리 어려운 일이 아니었다.

가져와 판매했고, 말리 왕국 위의 지중해 인근 지역에서는 소금을 무역했다. 하지만 당시 가장 중요한 무역 상품은 단연 '노예'였다. 서구식민주의 시대 아프리카 노예무역이 악명 높기는 하지만, 노예 제는 이미 오래전부터 아프리카와 중동지역 등에서 성행하고 있었다. 투아레그족의 계급 서열 또한 중세 시대 대상들의 무역을 통해 활성화되었다.

투아레그족의 최고 계급 '이마제겐'이나 '임라드'는 전투나 교역을 통해 노예를 사들이기도 했지만 강제로 끌고 오기도 했다. 특히 전사들은 노예 약탈을 서슴지 않았다. 오늘날 투아레그족에는 노예 계급 '이크란'이 많아졌고, 그 후손은 중요한 사회의 일원이 되었다. 유럽이 자행한 노예무역과 다른 점은 노예도 더불어 사는 공동체의 어엿한 구성원이었다는 점이다. 오늘날 알제리나 니제르의 현지 대부호 가정에서는 여전히 노예들이 '가정부' 혹은 '문지기' 등의 이름으로 존재하고 있지만 일상에서 크게 차별의 흔적을 발견할 수 없을 정도로 공동의 삶 속에 녹아들어 생활한다.

말리 왕국은 대서양 연안에서 니제르강 중류에 있는 나이지리아까지 영토를 넓혀 대제국을 건설했다. 나이지리아의 하우사(Hausa)족[38] 일부가 투아레그족의 일원이 된 것도 이런 연유에서라고 볼

---

38) 하우사족은 주로 나이지리아와 니제르 남부에 사는 거대 종족이다. 이들의 언어는 서아프리카에서 가장 많이 사용되고, 베르베르어와는 같은 함셈어족으로 분류되고 있다. 아랍어의 영향으로 베르베르어 사용자와 비슷한 방식의 언어를 사용한다.

수 있다. 표 1에 있는 부주(Bouzous)와 같은 최하층 계급 또한 지역 이동과 교류에 따라 형성된 계급이다.

말리 왕국이 건설한 대도시 가운데 팀북투(Timbuktu)에 대한 이야기도 빼놓을 수 없다. 팀북투는 마그레브와 서아프리카, 지중해 유럽 일대에서 가장 부유한 도시 가운데 하나였다. 많은 이슬람 사원이 세워지고, 대학도 생기면서 유럽과 중동의 학자와 상인들이 팀북투를 찾았다.

말리 왕국의 만사 무사(Masa Musa, 재위기간 1312-37)는 팀북투가 유명해지는 데 일조한 역대급 인물이다. 그는 영토 확장은 물론 사하라 횡단 무역로를 장악해 말리 왕국의 전성기를 이끌었다. 1324년 엄청난 황금과 대규모 사절단을 이끌고 사우디아라비아 메카를 직접 순례하며 가는 곳곳마다 사용한 황금의 양이 엄청나 지역 경제를 좌지우지했다고 한다. 물론 그가 뿌린 황금은 지역의 이슬람 사원을 짓는 데 사용되었고, 이슬람의 발전에도 상당한 영향을 주었다고 한다. 그런 이 지역이 오늘날 아프리카에서 분쟁 등으로 가장 혼란스러운 지역으로 전락한 것은 역사의 아이러니다. 1990년대부터 국가 건설을 내걸기 시작한 투아레그족이 지역의 역학 구도를 어떻게 변화시켜가는지 오늘날 말리 사태[39]를 보면 조금

---

39) 2012년부터 말리 북부지역에서 투아레그족이 아자와드 공화국을 선포하며 들고일어난 반란이다. 이후 정부군과의 내전, 프랑스의 개입 등으로 정부군-투아레그족-이슬람 테러 집단-프랑스군 등이 복잡하게 얽혀 싸우고 있는 형국이다. 2021년 5월 현재도 정국이 불안정하며 현재 군에 의한 임시정부 각료 등이 억류되어 있다.

더 쉽게 이해할 수 있을 것이다.

팀북투 근처의 가오(Gao)는 말리 왕국이 멸망한 후 송가이 (Songhai, 1464-1591) 제국이 자리 잡은 도시였다. 팀북투 동쪽에 위치한 이 지역 또한 투아레그족이 주 거주지로 사용한 곳이다. 팀북투와 가오는 오늘날 이슬람과 투아레그 종족 간 대립이라는 복잡미묘한 문제에 직면해 있다. 이슬람 극단주의자들이 활개 치는 이 지역은 전통적 삶의 공간에서 아프리카 종족 간의 대립, 무장 이슬람 테러 집단과 정부군 간의 대결 장소로 전락했다. 최근 들어서는 투아레그족 국가 건설을 주창하는 세력부터 각종 이슬람 테러 집단 간의 동맹을 통해 성장한 이슬람무슬림지지그룹(GSIM), 플라니족 중심의 카티바 마시나(Katiba Masina) 등의 테러 집단, 여기에 나이지리아에서 올라오는 보코하람(Boko Haram) 계열의 테러 집단까지 합세하면서 지역을 더 혼란 속으로 몰아넣고 있다.

이렇듯 투아레그족은 사하라 일대는 물론 사헬 지대에서도 상당한 영향력을 행사했다. 이들은 아프리카 문화를 일정 부분 받아들이면서 때로는 갈등을 겪기도 했다. 특히 사헬 지대는 서부 아프리카와 중부 아프리카에 본격적으로 진입하기 전 아프리카 내의 각종 문제들이 복잡하게 얽히며 전 세계가 경험하고 있는 기후 온난화와 사막화, 가난과 불평등 등의 문제가 고스란히 묻어나는 곳이다. 국경선이 무색할 정도로 경계를 넘나드는 마약, 테러, 이민 등의 문제가 난무하며 세계의 대표적인 분쟁 지역으로 꼽히고 있다. 상황이 이렇다 보니 한국 정부 또한 이 지역의 중요성을 인식해 다자간 협

약에 따른 유엔(UN) 결의안을 주도하기도 했다.[40] 이 지점에서 본다면 대한민국도 세계 곳곳의 분쟁 지역에서 주도적 역할을 책임질 국가적 위상을 갖게 된 것은 아닐까. 기후 온난화와 반복되는 내전, 열강의 개입으로 아프리카가 갖고 있는 문제를 해결하기 어려워 보여 오히려 한국과 같이 새롭게 국제 질서를 중재해갈 수 있는 국가의 역할이 중요해지는 것 같다.

투아레그족과 사하라-사헬 지대 문제는 베르베르의 정체성이나 활동 등과 관련해 향후 중요한 변수가 될 것이다. 투아레그족은 물론이고, 지중해 근처에서 위축된 북아프리카 테러 집단의 활동 또한 확산되고 있다. 이 지역의 정세 불안에는 아랍과 투아레그족을 비롯한 여러 베르베르인과 사헬 지대의 플라니족 등이 가담하고 있어 향후 종족 간 세력 대결 양상을 보일 수 있다. 이런 상황은 지역 자체의 문제도 있지만, 무엇보다 리비아와 불가분의 관계가 있다. 2011년 가다피 정권이 붕괴하면서 투아레그족은 자신들이 있던 땅으로 돌아와 민족주의 이념을 내걸며 국가 건설을 주도했다. 당연히 기존의 정부와 대립각을 세울 수밖에 없게 되었고 지역 질서의 역학 관계에 변화를 가져왔다. 게다가 이슬람 테러 집단과 프랑스 등의 외부 세력까지 가세하면서 지역은 더욱 혼란 속으로 빠져들었

---

40) 한국 정부는 '사헬 지역에 대한 지원'(Support to the Sahel Region) 결의안 (2019.12.10)을 상정했고 유엔경제사회이사회(ECOSOC)가 이를 채택했다. 대한민국 주도로 채택한 최초의 ECOSOC 결의는 사헬 지대의 안보 및 인도적 문제 해결을 위한 유엔의 평화안보, 개발 활동을 연계해 지원의 효과성을 높이고자 했다(외교통상부 보도 자료, 2019.12.11).

다. 그 내용을 조금 더 살펴보면 다음과 같다.

1970년대 사헬 지대에 전례 없는 가뭄이 찾아오며 지역민은 농업과 목축업을 할 수 없게 되었다. 가속화되는 사막화로 물 부족과 식량 부족은 일상이 되었다. 삶의 터전을 잃은 투아레그족은 어쩔 수 없이 대규모 이주를 할 수밖에 없었다. 투아레그족뿐만 아니라 이 지역에서 생계를 유지하거나 사헬 지역 이남에서 각종 분쟁과 어려움을 겪는 다른 종족들이 투아레그족 영역까지 올라왔다. 가뜩이나 한정된 공간에서 한정된 먹거리를 놓고 종족 간 신경전을 벌이다 보니 충돌이 발생했다. 마침 리비아의 무함마르 가다피가 자신의 정권 유지를 위해 투아레그족에게 피난처와 숙식, 그리고 일자리까지 제공해, 투아레그족에게 가다피는 충성을 맹세할 만한 은인과도 같은 존재가 되었다.

1980년대 투아레그족은 리비아 군대에 편입되어 차드를 비롯해 중동의 레바논, 팔레스타인 분쟁에 용병으로 참여하기도 했다. 이 시기에 그들은 전투 경험과 자본을 축적할 수 있었으며, 일부는 자국으로 돌아와 투아레그족 자치 정부 수립에 도움을 주기도 했다. 가다피는 리비아 내의 자국민보다 투아레그 용병을 더 신뢰했고, 리비아 군에 투아레그족 출신 용병을 장군으로 기용하기도 했다.[41]

---

41) 가다피에게 중요한 것은 자신의 신변 보호였다. 신변 보호를 해줄 용병을 투아레그족으로 충당했는데, 대표적인 인물로는 리비아 남부 군사령관을 지낸 알리 카나(Ali Kana)를 들 수 있다. 가다피의 아들 카미스가 이끈 특별부대 32사단 역시 수백 명의 투아레그족이 중심을 이루었다.

투아레그족은 가다피가 일으키는 분쟁의 중재자가 되기도 했다. 사하라-사헬 지대 투아레그 반군을 상대하고, 말리나 니제르에서 가다피의 협상을 돕기도 했다. 하지만 이런 투아레그족도 가다피 사후에 여러 갈림길에 들어서야 했다. 리비아 내의 투아레그족은 이미 용병 신분으로 현지인과 결혼을 하는 등, 리비아인으로서 리비아 사회 내에 굳건히 자리 잡고 있었다. 가다피 정권 몰락 이후에도 투아레그족은 함부로 내칠 수 없는 존재였다. 이들은 금과 돈, 무기 등을 상당수 보유하고 있어 리비아 내에서도 상당한 재력가가 되었다. 하지만 투아레그족은 사헬 지대를 거쳐 서아프리카의 해적에게까지 불법으로 무기를 거래하고, 여러 난민이 유입되는 길목에서 각종 밀매에 관여하는 등 지역 질서를 어지럽히는 요인으로 꼽히기도 했다.

리비아에서 흘러온 투아레그족이 가장 깊숙이 관여하면서 문제의 진원지가 된 것은 단연 말리 내전(Conflict in Mali)이다. 무기를 든 투아레그족이 고향 말리로 돌아갈 때 무엇보다 우려된 것은 임가드(Imgad), 타카믈리트(Takamlit), 이포가스(Ifoghas), 이드난(Idnane)과 같은 가문들 간 경쟁이었다. 게다가 이들 가문은 말리 정부와 대응하는 방식도 달랐다. 말리 정부와 적극 협상에 임하는 부족이 있는가 하면, 어떤 부족은 대립과 반목이 잦았다. 투아레그족은 말리 중앙 정부와 협상을 진행하며 자기 뜻대로 되지 않을 경우 내전을 벌이기도 했다. 중앙 정부와의 대립, 가문 간의 경쟁, 타 부족들과의 반목 등으로 지역은 혼란의 구렁 속으로 빠져들었다.

투아레그족의 문화와 전통을 존중하면서도 말리 내전을 보노라면, 부족 간 자행되는 각종 만행에 분노를 금할 수가 없다. 물론 이는 일부 극단 세력의 경우에 해당되지만 그 피해 규모는 작지 않다.

사하라-사헬 지대에서 가장 위험한 문제는 이슬람 극단 무장 세력이며, 이들과 투아레그족의 관계는 매우 긴밀하다. 특히 알제리를 중심으로 활성화된 알카에다 마그레브지부(AQIM)는 투아레그족과 동맹 관계를 맺고 있다. 리비아 출신 투아레그족은 용병의 대가로, 사하라-사헬 지대 투아레그족은 밀매 등으로 다량의 무기와 돈을 갖고 있다. 이들은 AQIM에게 절대적으로 복종하며 알무라비툰, 안사르딘, 이슬람무슬림지지그룹(GSIM), 그랑사하라이슬람 국가(EIGS) 등으로 분화해 동맹을 맺고 사헬 지대의 분쟁을 가속화하고 있다.

끊임없는 이해관계의 차이로 분열과 동맹을 거듭하는 가운데 특히 투아레그족의 이포가스(Ifoghas) 가문은 리비아 이남을 떠도는 용병이나 사헬 지대의 다른 부족에게까지 막대한 영향력을 행사하고 있다. 그들은 돈과 무기로 지역의 세를 규합할 수 있다고 생각한다. 이포가스 가문에게는 리비아 이남의 용병 및 다른 부족들을 어떻게든 '지하드'의 길로 안내하는 것이 중요한 임무 가운데 하나인데, 이를 통해 사하라-사헬 지대에서의 막강한 영향력과 지배권 행사가 보장되기 때문이다.

투아레그족이 AQIM과 동맹 관계를 맺지 않는다 하더라도 지역 패권을 유지하기 위해서는 최소한 AQIM과 대립하지는 않을 것이다. 이미 사하라-사헬 지대에는 마약이나 무기, 코카인, 담배 등의 밀매가 자행되고 있고, 중앙 정부에 맞서 싸울 수 있는 전략적 파트너가 필요하기 때문이다. 투아레그족은 국경에 구애받지 않고 서로를 돕는 강력한 혈연 부족이다.

이렇듯 투아레그족을 비롯한 베르베르인은 지중해든, 사하라 일대든 자신들만의 정체성과 활동 반경을 보이며 지역의 역학관계를 주도해가고 있다. 이런 복잡한 관계와는 달리 투아레그족은 같은 언어와 문화를 공유하는 하나의 집단체를 이룬다. 투아레그족은 마그레브 지역의 또 다른 베르베르인과 동일 문자를 공유하며 베르베르인으로서의 정체성을 공유하고 있다.

그렇다면 여러 베르베르 부족을 규합하는 가장 중요한 요소인 언어는 어떤 특징을 보이고 있을까? 더불어 이들의 문자가 현재의 문자 체계로까지 어떻게 발전을 지속해갈 수 있었을까? 지중해와 사하라-사헬 지대까지에 걸쳐 광범위하게 확산된 언어가 과연 아프리카어인지 혹은 지중해어인지 묻지 않을 수 없다. 이 문제를 보다 구체적으로 살펴보기 위해 다음 장에서는 베르베르인의 문자 세계로 가보고자 한다. 베르베르인은 아랍어나 라틴 계열의 문자와는 확연히 다른 그들만의 문자 체계를 보유하고 있으며, 갈수록 지역에서 그 중요성이 커지고 있다.

생각해볼 문제

1. '베르베르'(Berber)라는 단어를 통해 '서구중심주의' '아랍·이슬람중심주의' 시각을 벗어난 문명의 교류에 대해 생각해보자.

2. 지중해에서부터 사하라, 서아프리카에까지 광범위하게 퍼져 있는 베르베르인의 활동 반경에 대해 생각해보자.

3. 베르베르 부족의 이름과 주요 부족이 있는 국가, 국가 내에서 베르베르인의 위상에 대해 생각해보자.

4. 투아레그족은 지중해와 사하라 이남 아프리카 사이에 끼어 있는 부족이다. 이들의 종교관을 비롯한 문화적 정체성은 상당히 독특하다. 이들의 정체성과 다른 지역의 부족에 대해 생각해보자.

5. 아프리카는 워낙 내전과 분쟁이 많은 곳이다. 투아레그족이 활동하는 사하라-사헬 지역은 이런 분쟁의 중심에 있다. 이 지역의 분쟁과 종족 문제에 대해 조금 더 면밀히 살펴보자.

참고문헌

공일주·전완경, 『북아프리카사』, 대한교과서, 1998.

김상훈, 『외우지 않고 통으로 이해하는 통아프리카사』, 다산북스, 2011.

박단, 『프랑스공화국과 이방인들』, 서강대학교출판부, 2013.

아와드, 「투아레그족의 고독한 투쟁」, 『르몽드 디플로마티크』, 2012. 5. 14.

윤용수, 『지중해 문명교류학』, 이담, 2017.

임기대, 「카빌어의 문법적 구조에 나타난 언어 사용의 특성에 관한 연구: 명

사 개념을 중심으로」, 『프랑스학연구』, 제72집, 2015, 425-450쪽.

───, 「'알무라비툰'을 통해 본 마그레브 테러 집단 간 대결 양상에 관한

연구」, 『지중해지역연구』18, 2016, 29-60쪽.

───, 「안달루시아와 마그레브에서 베르베르 부족 '바누 이프렌'(Banu

Ifren)에 관한 연구」, 『비교문화연구』57집, 2019, 339-367쪽.

───, 「중부지중해 지역의 '산하자' 베르베르족의 정체성에 관한 연구」,

『한국프랑스학논집』112, 2020, 191-221쪽.

───, 「모로코와 벨기에의 베르베르 '디아스포라'와 '베르베르-되기'에

관한 연구」, 『한국프랑스학논집』114, 2021a, 215-242쪽.

───, 「시칠리아 이슬람화와 '이프리키야'(Ifriquia) 베르베르인의 역할에

관한 연구」, 『비교문화연구』63집, 2021b, 139-171쪽.

조명진, 『유로피안 판도라』, 안티쿠스, 2012.

질 들뢰즈·펠릭스 가타리, 김재인 옮김, 『천 개의 고원』, 새물결, 2003.

Edmond et Suzannes Bernus, *Qui sont les touaregs*, Paris: L'Harmattan, 1983.

Camille & Yves Lacoste, *Maghreb, peuples et civilisations*, Paris: La Découverte, 2001.

Gabiel Camp, *Les Berbères: Mémoire et Identité*, Arles: Actes Sud, 2007.

Hélène Claudot‑Hawad, *Éperonner le monde: Nomadisme, cosmos et politiques chez les Touaregs*, Aix‑en‑Provence: Édisud, 2001.

Rochdy Alili, "L'histoire de l'Islam au Maghreb", *Maghreb, peuples et civilisations*, Paris: La Découverte, 2004.

•• ⟩⟩⟩ ⟨⟨⟨ ••

2
베르베르어 사용과
네오-티피나그(Neo-Tifinagh)

"베르베르 방언의 이름은 모두 't'로 시작된다는 점이 흥미로운데,
베르베르어의 여성형은 남성형에 't'를 덧붙여 표기하기 때문이다."

흔히 베르베르어는 북아프리카 일대에서 쓰이는 아프로아시아틱어족(Afro-Asiatic Language Family)의 한 어군으로 일컫는다(권명식, 2011). 언어학적 분류상으로는 그렇지만 실제 베르베르어의 세계는 단순 어군으로 분류할 수 없을 만큼 복잡하게 얽혀 있다. 파편화된 베르베르인과 더불어 그 역사를 같이하고 있으며 '마그레브'라는 지역의 특수성 또한 지역민의 독특한 언어 사용과 밀접한 관련을 맺게 했다.

베르베르어 화자는 대개 3개 이상의 언어를 사용한다. 흔히 '다르자'(Dardja)라고 부르는 현지 아랍어와 프랑스어, 베르베르어가 대표적이다. 이들은 베르베르어를 사용하다가도 아랍어와 프랑스어 사용 시 필요한 관용구나 어휘, 문장을 섞어 사용하는 경우가 많다.[1] 언어학에서 말하는 이러한 '코드-스위칭'(code-switching) 방

---

1) 그렇다고 베르베르어권 지역 모두에 이런 언어 사용 현상이 나타나지는 않는다. 베르베르어권에서도 프랑스어 혹은 아랍어를 모르는 사람이 많고, 반대로 프랑스어와 아랍어를 구사하지만 베르베르어를 구사하지 못하는 사람도 있다. 물론 이런

식의 언어 사용은 현지인과 친밀해지는 데 상당히 유용하다. 아무리 프랑스어를 잘한다 해도, 아무리 아랍어를 잘한다 해도 이들의 언어 사용 관행인 '코드-스위칭'을 적재적소에 사용할 수 있는지의 여부가 그 사람을 대하는 베르베르인의 태도를 결정짓기 때문이다. 국내 아프리카 언어 연구자인 권명식(2011, 130쪽)은 이런 현상이 마그레브를 비롯한 아프리카 대부분의 대도심 지역에서 흔히 볼 수 있는 자연스러운 현상이라고 강조하고 있다. '코드-스위칭'은 아프리카 지역뿐만 아니라 식민지배의 경험이 있는 지역에서 자주 나타난다. 중남미 지역이나 심지어 유럽의 다언어 국가에서도 쉽게 발견할 수 있다.

이번 장에서는 여러 복잡한 문법적인 특징[2] 등을 제외하고 베르베르인의 정체성을 담고 있는 문자, 즉 티피나그(Tifinagh) 문자, 더불어 베르베르 일파인 카빌족의 '코드-스위칭'에 대해 소개함으로써 이들의 다양한 모습을 소개하고자 한다. 먼저 베르베르어가 마그레브 지역에서 어떻게 자리 잡아갔는지를 살펴보아야 할 것 같다.

경우는 일반적이지 않으며 극히 예외적인 현상이다(임기대, 2015a, 2015b).
2) 앞에서도 언급했듯이 베르베르인은 마그레브 전 지역에서 파편화된 형태로 분포해 있다. 그 탓에 지역별로 문법 체계가 상이해 획일적인 방식으로 설명하기 어렵다.

1. 베르베르어의 존재론

마그레브 지역에서 베르베르어가 오늘날과 같이 주목받고 활성화된 적은 일찍이 없어 보인다. 특히 알제리와 모로코를 비롯해 리비아, 말리, 니제르, 더불어 튀니지 일부에서 사용되고 있는 베르베르어는 더 이상 금기된 문자도, 박해받는 언어도 아니다. 그 정도로 마그레브 지역의 베르베르어는 일상적으로 광범위하게 사용되는 추세다. 2016년 모로코와 2019년 알제리에서 발생한 민중 시위 '히락'(Hirak)에서는 시위 주동자가 베르베르인인지의 여부와 관계없이 베르베르 깃발이 늘 등장했다(임기대, 2020). 마그레브 영토 내에서도 그렇지만 디아스포라가 많은 유럽 등지에서도 베르베르 깃발을 보는 일은 더 이상 낯선 풍경이 아니다. 깃발에는 알파벳 'Z'를 의미하는 베르베르 문자가 표시되어 있다. 이렇듯 베르베르 문자는 자신들의 존재를 드러내는 용도로서도 사용되고 있다.

오늘날 마그레브 지역에서 사용하고 있는 문자는 네오-티피나그(Neo-tifinagh)라고 불린다. 기존의 사하라 일대를 위시한 마그레브 지역에서 사용되었던 티피나그 문자의 현대판 문자 체계를 일컫는다. 모로코는 2003년부터 네오-티피나그 문자를 도입했고, 이를 바탕으로 2011년에 정부가 베르베르어를 공용어(official language)로 지정하면서 포괄적인 문자 사용이 시작됐다. 알제리는 다소 늦은 2016년에 공용어로 지정했지만 모로코에 비해 적은 화자 수와 늦은 공용어 지정에도 일상의 영역은 물론 공공기관에서의 문자 사

알파벳 'Z'를 의미하는 베르베르 문자가 적힌 깃발

▲ 일반 가정집 밖의 베르베르 깃발

▼ 베르베르 깃발을 들고 있는 청년

용 빈도는 더 높다. 알제리의 정책적인 배려도 있었지만 단기간에 이루어진 변화라는 게 놀라울 정도다.[3)]

향후 리비아, 말리, 니제르 등과 같이 베르베르어의 국어(national language) 지정 국가는 물론 이민자가 많은 프랑스 등의 유럽에서도 그 사용 폭은 더 증가할 것으로 예상된다. 북아프리카 현지에서는 베르베르어를 아랍어 문자로 병기할 것인지, 혹은 라틴 알파벳으로 병기할 것인지를 두고 논쟁을 벌이곤 한다. 여전히 카빌리 지역은 티피나그 문자보다 알파벳 사용을 훨씬 선호하는 경향을 보이고, 알제리의 베르베르어권 지역 표지판——간판, 상점, 도로명 등——은 라틴 알파벳을 혼용해 사용하는 경우가 많다. 모로코와 알제리는 티피나그 문자가 가장 많이 사용되는 국가임에도 지역별로 사용 모습이 각양각색이다. 한편 중립적이고 독자적인 네오-티피나그 문자 사용을 더 확산시키자는 주장이 있다. 이는 아랍과의 극단적 대결을 가급적 피하면서 베르베르어와 베르베르 문화를 확산시키려는 온건주의자들의 주장과 맥을 같이 한다. 모로코와 알제리의 경우 정치적인 차원에서도 네오-티피나그 문자 사용은 그리 나쁜 선택이 아니다.

베르베르어가 교육 기관에 등장한 것은 프랑스의 식민지배 시

---

3) 필자의 경험상 10-20년 전 베르베르어와 베르베르인에 대한 이야기를 현지인과 한다는 것은 쉬운 일이 아니었지만, 최근에는 아주 일상적인 현상이 되고 있다. 물론 여전히 아랍 우선주의에 귀착해 반감을 갖고 있는 현지인도 존재하지만 변화는 수십 년 전에 비하면 상당히 커 보인다.

베르베르 정당 사무실 간판
▲ 위에서부터 순서대로 베르베르어(알파벳 표기), 아랍어, 프랑스어다.
▼ 아래 간판은 네오-티피나그 문자로 정당 이름을 표기했다.

절로 거슬러 올라간다. 1870년 알제대학교에서 시작한 베르베르어 교육은 프랑스의 내부 분열정책의 일환으로 카빌리 전역에 확대되었다. 최초의 베르베르어 문법서는 1893년 프랑스인과의 소통을 위해 아돌프 아노토(Adolphe Hanoteau, 1814-78) 장군이 직접 발행했다. 그 이전에도 프랑스어·베르베르어 사전 『알제리 지역의 카빌족이 쓰고 말하는 방언』(*Dialecte écrit et parlé par les Kabyles de la région d'Alger*, 1844)이 이미 발간된 바 있을 정도로 프랑스는 체계적인 과정을 통해 피식민지배 지역의 베르베르인과 베르베르어에 관심을 가졌다(임기대, 2009, 453쪽).

마그레브 지역에서 베르베르어 교육을 가장 먼저 시작한 곳은 알제리다. 1912년에서야 식민지배를 받기 시작한 모로코에 비해 80년을 앞선 1830년부터 식민지배를 받았으니 일견 타당해 보인다. 프랑스는 알제리를 프랑스의 '도'(道)로 확정한 1880년대 이후부터 공공장소에서 베르베르어 사용을 조장했고, 이를 통해 아랍어를 억압하고 자국어인 프랑스어의 위상을 강화했다. 베르베르인, 특히 카빌족이 적극적으로 프랑스어를 배웠고, 아랍인도 일을 하거나 글을 쓰기 위해 혹은 행정업무를 익히기 위해서는 프랑스어를 배워야만 했다. 프랑스의 의도된 식민정책으로 알제리 내 언어 간 분할 서막은 이렇게 시작되었다. 독립 이후 알제리가 제아무리 아랍화 정책(다음 표 1 참조)을 통해 프랑스어로부터 벗어나려 해도 오랫동안 언어 사용을 강요당한 체제가 쉽게 무너질 것 같지는 않다.

프랑스는 가톨릭 선교회를 통해 카빌리 전역에서 교육 및 선교 활동을 했다. 프랑스 선교사의 활동은 카빌리가 오늘날까지 기독교적 정체성을 일부 유지하는 데 영향을 주었다. 프랑스는 이 지역이 로마 시대부터 기독교를 믿던 지역임을 누구보다 잘 알고 있었다. 실제로 카빌리 지역은 베르베르 종족 가운데서도 조금 다른 정체성을 보인다. 역사적 과정에서 이 지역은 중세 시대 베르베르 부족인 산하자(Sanhadja) 베르베르와 그 기원을 같이한다. 산하자 베르베르족은 주로 서아프리카 지역의 베르베르인으로, 중부지중해의 카빌리 지역이 이들과 같은 혈통을 가진다는 것이 약간 의아스러울 수 있지만 현지 베르베르인들은 이런 가설에 대부분 동의하고 있다. 이 지점에서 카빌족은 해안가의 다른 베르베르 종족과는 결을 달리한다. 게다가 카빌족은 기독교의 아리우스파(Arius)나 도나투스(Donatus)파를 신봉했고 토착문화에 길들어 있어 아랍과 유착 관계에 있지도 않았다.

이런 지역적 특성을 프랑스 식민정부가 파악하고 있었는지는 확실하지 않지만, 공교롭게도 이 지역에 프랑스 선교사들이 많이 들어간 것은 우연의 역사가 아닐 수 없다. 카빌족은 신부나 수녀를 통해 교육받고 우수 인재로 선발되어 프랑스에서 공부할 기회도 가졌다. 1868년과 1869년에 선교 기관인 뻬르 블랑(Pères Blancs, 흰색 사제)과 쉐르 블랑쉬(Soeurs Blanches, 흰색 수녀)가 설립되었다.[4] 이 두

---

[4] 이들은 로마 가톨릭 산하의 아프리카 선교단이다. 1867년 설립되어 아랍인과 아프리카인의 개종을 위해 심혈을 기울였다. 베르베르어권은 주로 카빌리와 사하라

기관의 신부와 수녀들은 어린아이들을 끌어들이기 위해 카빌어와 샤우이어로 기독교 역사와 가톨릭 문화를 강의하기 시작했다. 선교 교육자들은 아이들이 쉽게 마음을 열 수 있도록 사탕이나 약간의 돈을 주기도 했다. 특히 쉐르 블랑쉬는 어린 여자아이들을 교육시킴으로써 부모들의 호감을 샀고 프랑스 문화를 전파하는 데 상당한 공헌을 했다.

프랑스는 부족한 노동력을 메우기 위해 카빌리 지역민들을 데려 갔다.[5] 프랑스에 유학한 최초의 사람이 카빌족 노동 이민자였을 정도로 카빌리와 프랑스의 관계는 매우 밀접했다. 마르세유로 이주한 최초의 노동자는 비누 공장과 올리브 공장에서 일했으며, 이들 대 다수가 카빌족이었다. 오늘날 마르세유에 알제리 이주민, 특히 카빌족이 가장 많은 것은 우연이 아니다. 카빌족의 노동을 위한 이주에도 선교사들의 공헌을 간과할 수 없을 것 같다(6장 참조).

프랑스 교육을 받은 카빌족은 이후 프랑스의 인권, 평등 사상에 눈을 뜨게 된다. 그들은 친(親)프랑스 인사가 되기도 했지만 동시에 자신들에게 주입된 프랑스 사상을 독립운동의 자양분으로 삼았다. 친프랑스 카빌족도 다수 있었지만, 그 어느 지역보다 격렬하게 독립운동이 이뤄지기도 했다.

독립운동 세력 간에는 아랍적 정체성을 내세우는 세력과 마그레브 지역 전체를 대변하며 베르베르적 정체성을 찾으려는 세력이 대

일대의 투아레그족을 위한 선교에 목적을 두었다.
5) 이들의 선교 과정에 대해서는 Camille Risler, 2004를 참조할 것.

립했다.[6] 이는 독립 이후의 패권 경쟁과도 밀접한 관련이 있었고, 결국 베르베르 정체성을 주장한 세력이 권력에서 배제되는 결과를 낳았다.

독립 이후 내부에서 또 다른 갈등의 불씨가 파생된 것이다. 알제리는 독립 이후 강력한 아랍화 정책을 견지해가면서 프랑스어와 프랑스문화를 일소하려 했고, 베르베르어와 베르베르 문화를 배척했다. 마그레브 지역에서 베르베르 정체성 찾기 운동이 활발해진 것은 알제리 베르베르인의 아랍에 대한 반감이 컸기 때문이다. 알제리 베르베르인은 베르베르의 존재를 자각하며 마그레브에서의 베르베르 정체성 운동을 주도했다. 독립 이전부터 진행되어온 운동 과정을 정리하면 표1과 같다.

알제리의 독립 이후 아랍화 정책의 첫째 목적은 프랑스어와 문화의 일소였다.[7] 프랑스에 대한 반감으로 '아랍'을 강조한 것이지만 소수문화인 베르베르어 또한 배제 대상이 되었다. 알제대학교의 베르베르어 강좌가 폐지되고 베르베르어권 지역에서 아랍어와 아랍 문화에 대한 강요가 암묵적으로 진행되었다. 마침내 카빌리를 중심으로 베르베르 정체성 찾기 운동이 일기 시작했다. 1980년 베르베르운동이 발생하며, 국가적 소요 사태를 맞이하는 일이 발생했

---

6) 특히 여러 독립운동가 가운데 메살리 하즈(Messali Hadj, 1898-1974)는 독립 조건으로 단일 국가가 아닌 마그레브 전체를 포함하는 강력한 국가 건설을 주장해 다른 아랍민족주의자들에게 배척당하기도 했다(Pierre Vermeren, 2010, p.247).
7) 독립 이후 알제리의 아랍·이슬람화 정책에 대한 구체적인 내용에 대해서는 임기대(2010)를 참조할 것.

표 1. 독립 이전의 베르베르 정체성 찾기 운동[8]

연도	내용	비고
1858	프랑스 식민지배 기간 동안 프랑스인 하노또 장군(A. Hanoteau, 1814-97)이 최초의 카빌어 문법서 출간. 부자레아 고등사범학교에서 베르베르어 학위도 수여	
1912	알제리 문인, 지식인, 여성으로 구성된 '젊은 알제리인'(Young Algerian) 결성. 주로 프랑스어를 배운 사람들이 대다수임	
1926	1926년 파리에서 '북아프리카의 별'(Etoile Nord-Africaine, ENA) 결성. 알제리 최초의 민족주의 운동 단체로 베르베르 정체성이 언급되면서 내부 갈등으로 확산	민중당(PPA, 1937)의 전신
1938	아마르 이마슈(Amar Imache)가 ENA 내부에서 정의하고 있는 알제리 민족운동에 대해 베르베르 정체성을 강조하며 문제 제기	프랑스 공산당의 영향을 받음
1948 -49	PPA-MTLD[9] 내부에서 베르베르주의의 위기가 대두되고, 베르베르주의를 비판하는 운동가 위주로 민족주의 운동이 정해짐. 이들은 모든 사안은 아랍·이슬람적 가치에 따라 판단되고 결정되어야 한다고 봄	내부 분열 시작
1948 -50	프랑스에서 주로 활동한 PPA-MTLD 와해됨	
1954	알제리 독립전쟁이 시작되고, 베르베르성에 대한 주장은 제기하기 어려운 상황으로 전락. 민족주의와 아랍우선주의 부활	민족해방군이 주도

다. 이때부터 베르베르어는 카빌리는 물론 마그레브 지역의 베르베르 정체성 찾기 운동의 중심에 있게 된다.

---

8) 표 1은 임기대(2009, 2010)에서 제시한 내용과 표를 재정리한 것이다.
9) 알제리 민중당(Parti du Peuple Algérien)과 민주 자유의 승리를 위한 운동(Mouvement pour le Triomphe des Libertés Démocratiques)의 약자다.

1988년 다당제가 실시되면서 알제리 내 베르베르 문화운동이 본격화되었다. 베르베르 문화운동협회(MCB)가 결성되어 베르베르어와 문화를 보호해줄 것을 요구했으며, 당시 결성된 사회주의힘(FFS), 문화민주연합당(RCD) 등의 정당이 베르베르인과 연합해 힘을 실어주었다. 1991년 카빌리의 티지-우주(Tizi-Ouzou) 대학교에 베르베르어문화학과가 설립되었으며, 알제리 내전기인 1995년에는 아마지기테고등위원회(HCA, Haut Commissariat à l' Amazighté)가 설립 허가를 얻어 베르베르어 도입과 활성화 방안을 촉진했다. 하지만 1998년 베르베르의 영웅인 가수 루네스 마투브 (Lounès Matoub, 1956-98)가 암살되면서 카빌리는 급격히 소요 지역으로 전락했다. 반정부 시위가 격화되었고 아랍과 베르베르인 간의 대립이 극에 달해 국가적 분열 상황을 맞이하고 말았다. 결국 당시 집권 3년 차였던 부테플리카 대통령은 2001년 치러질 재선을 겨냥하며 베르베르어를 국어로 인정하지 않을 수 없었다.[10]

이런 상황에서 인접 국가 모로코 또한 베르베르 문제를 간과할 수 없었다. 모로코는 이미 베르베르인이 많은 북부 지역에서 군부 쿠데타를 경험했다. 1971년의 모로코 군부의 쿠데타 시도는 지나간 과거사가 되었지만,[11] 모하메드 6세는 해외 출장 등으로 지도자

---

10) 굳이 이 상황이 아니라도 알제리의 경우 '국민화합정책'의 일환으로 이미 반정부 인사들을 정부에서 수용하고 있었다. 베르베르 인사들도 부테플리카 입장에서는 국민 화합이란 명분하에 수용했다(임기대, 2016a).

11) 하산 2세를 저격하고 왕정을 전복시키려 한 군부의 쿠데타다. 한때 국왕을 체포하면서 왕정을 장악하는 듯했으나 왕정군의 반격으로 반군을 진압했다. 182명의

가 자리를 비울 때 여전히 쿠데타가 많이 일어난다는 사실을 잘 알고 있었다. 모로코 왕실은 쿠데타에 대한 두려움 때문에 군부를 끝없이 감시해왔다. 알제리에서 부테플리카 대통령이 집권하면서 '대국민화합' 정책을 추구하자, 모하메드 6세 국왕은 2003년 베르베르어를 국어로 지정했다. 이후 네오-티피나그를 공식 문자로 인정했다. 알제리가 과격한 투쟁을 통해 베르베르어의 위상을 새롭게 만들어간 데 비해 모로코는 다소 정략적인 선택이었다.

2011년에는 7월 헌법 개정을 통해 베르베르어를 아랍어와 더불어 공용어의 반열에 올려놓았다. 알제리에서는 다소 늦은 2016년에야 베르베르어를 공용어의 반열에 올려놓았다. 이제 알제리에서도 "베르베르어는 국어이자 공용어다"라고 헌법 제3조 2항에 명시해놓은 것이다. 오늘날 알제리에서는 과거의 알제리와 확연히 다를 정도로 베르베르어가 일상적으로 쓰인다. 베르베르인이 사용하는 문자 또한 곳곳에서 쉽게 볼 수 있다. 2018년 알제리는 기독교의 신년, 이슬람교에서 중시하는 선지자 마호메트의 탄생일(Al Mawlid)과 더불어 '엔나예르'를 공식 축일로 지정함으로써 알제리 사회에 획기적인 변화를 불러일으키고 있다. 현지 사람들은 마그레브 지역의 문화적 변동을 일으킬 중대 사건으로 꼽기도 한다.

그렇다면 이와 같은 기나긴 투쟁과 수용의 과정을 거친 베르베르

고위 인사 및 반란군이 사망하고 수백 명이 부상당한 사건으로 기록된다. 이후 하산 2세의 독재 정치는 더욱 가속화되는 계기가 되었다(André Pautard et Madeleine Axelrad, 2006)

어의 문자는 어떤 것일까? 베르베르어 문자는 그들의 정체성을 표출해줄 수 있을까? 현재로서 확답을 내릴 수는 없지만 지속적인 확산세를 보이고 있음은 부정할 수 없다는 게 현지를 수십 년 동안 보아온 필자의 생각이다. 베르베르인의 문자는 결국 마그레브 지역 정체성의 변화를 가져올 것이며, 그런 상황에서 베르베르어와 문자의 존재적 가치는 더 주목받을 것이다.

2. 베르베르 문자의 다양한 형태들

언어학적으로 베르베르어는 다른 언어와는 달리 어족(語族) 관계가 명확히 설명되지 않는다. 단지 베르베르어권이 이집트에서 대서양, 마그레브 지역에서 사하라 이남 아프리카까지에 퍼져 있는 어군을 통칭하며, 일반적으로 함셈어군[12]에 속한다고 분류하고 있을 뿐이다. 그것은 역사 이래로 베르베르가 고대 '리비크'(Lybic), 즉 오늘날의 이집트와 리비아, 그리고 유대인과의 연관성을 갖고 있다는 가설 때문이다. 실제로 베르베르와 관련한 내용은 유대교와 이집트의 역사에서도 종종 등장하곤 한다. 이집트의 파라오에 맞서고 기원전 715년에는 오늘날의 이스라엘 땅을 침입하기도 했다는 기록이 성경에도 명시되어 있다. 이 부분과 관련해서는 5장에서 조

---

12) 아프로-아시아틱어족에 속하는 함셈어군은 일반적으로 고대 이집트어, 쿠쉬어, 셈어, 차드어 등이 속하지만, 베르베르어만이 유일한 문자 체계를 갖고 있다 (Haddadou, M.Q, 1990, p.10).

금 더 구체적으로 살펴본다.

언어학자들은 베르베르어가 하나이지만 다수의 언어로 갈라진 상태라고 한다. 이는 베르베르어의 성격을 단적으로 말해주는 것이며, 동시에 베르베르어의 성격을 규명하고 통일시키기가 쉽지 않음을 의미하기도 한다. 지리적으로 워낙 드넓게 퍼져 있고 사막 등의 지형으로 인해 격리된 곳이 많다 보니 다양한 기후 조건과 생활방식의 차이가 고착된 상태로 언어에 영향을 미쳤다. 역사적 과정 속에서 그 차이는 누적되었고, 오늘날 근대국가 체계에서 이들을 갈라놓은 식민지배의 유산은 베르베르어의 정체성을 한층 더 혼란스럽게 만들었다. 서구식으로 베르베르어 연구를 하다 보니 설명 방식 또한 서구의 것을 답습해 베르베르어가 가급적 서구 쪽과 흡사하다는 점을 부각시키려는 노력도 있었기 때문이다. 이 모든 것을 고려할 때, 베르베르어는 그 기원에 대한 정확한 설명이나 언어적 통일성을 찾기 매우 힘들다(임기대, 2013).

베르베르어 연구가 난해한 또 다른 이유는 다른 아프리카 언어와 마찬가지로 구어체적 전통이 강하기 때문이다. 게다가 부족 단위의 결속력까지 강하다 보니 인접한 지역을 제외하고는 방언 간 소통이 오랫동안 단절된 것도 언어의 기원과 통일성을 찾기 힘들게 한다. 그래서인지 베르베르어권이라 분류되는 지역에서 베르베르어의 명칭이 각기 다르게 나타난다.

예를 들어, 모로코 북부 리프족의 경우 지리적으로 리프산맥에 위치해 있기 때문에 '리프어'라고 부르는 대신 인종적 특징에 따른

'타리피트'(tarifit),[13] 알제리 사하라 북쪽의 음자브(M'Zab) 지역 베르베르인을 가리켜 모자비트인이라 부르며, 이들의 언어를 가리켜 '틈자부트'(Tumẓabt)라고 부른다. 그렇지만 오늘날 모로코 미들 아틀라스산맥의 언어는 '타마지그트'(tamazight), 카빌리는 '카빌' 혹은 '타크바일리트'(taqbaylit), 모로코 수스 등의 남부는 '타셀히트'(tachelhit), 말리나 니제르는 '타마체크'(tamacheq)라는 명칭을 별도로 사용하고 있다. 이외에도 여러 소수 방언이 있다. 예를 들어 니제르 타마체크의 계열어인 테트세레트어(tetseret)와 같은 방언이 사하라 전 지역에 여러 개 존재한다. 이 모든 방언의 이름은 모두 't'로 시작된다는 점이 흥미로운데, 베르베르어의 여성형은 남성형에 't'를 덧붙여 표기하기 때문이다. 문법상 몇몇 변이형이 존재하지만, 모두 언어를 여성성으로 규정한다는 점에서 어느 정도 통일성의 예시가 될 수 있다(임기대, 2017).

이렇듯 베르베르어 연구에서는 다양한 방언들을 인정하면서 그 방언들 전체에 내재된 공통된 자질을 '유추'(analysis)해야 한다. 이런 유추 과정을 통해 언어학자들은 베르베르인이 고대 이래로 하나의 문자 체계, 즉 오늘날 마그레브 지역에서 가장 오래된 명칭일 수 있는 '리비크어'(Libyc)를 사용했다는 결론에 도달했다.

베르베르어와 마찬가지의 자음 체계를 갖고 있는 리비크어는 페니키아어에서 파생되거나 사하라의 투아레그족이 오늘날 사용

---

13) 더 정확히 말하면 '타마지그트 타리피트'(Tamazight tarifit)라 불리며, 모로코를 비롯한 프랑스 내 모로코 공동체에 20-30퍼센트 정도의 사용자가 있다.

하고 있는 문자 '티피나그'의 조어(祖語)인 '리비코-베르베르어' (Libyco-Berber)에서 파생된 것으로 알려져 있다. 리비크어는 구두 어 전통을 갖고 있기 때문에 문헌으로는 남아 있지 않고 비문으로 만 기록되어 유적지 등에서 발굴되고 있다. 특히 지중해 인접 지역 에서 많이 발굴되어서 많은 전문가들은 리비크어가 페니키아 알 파벳[14] 문자에서 파생되었다고 보려는 경향이 있다. 인종학자 장 세르비에(Jean Servier, 2017, p.34)는 첫 번째 리비크어의 비문이 1631년 오늘날의 튀니지 두가(Dougga)[15]에서 발견되었다고 한다.

많은 언어학자들은 두 언어 간의 유사성에서 베르베르어의 기원 을 찾고 있다. 특히 리비크어가 페니키아어에서 파생되었을 거라고 암시하는 연구가 많은데, 그렇게 보는 데에는 다음의 이유가 있다 (Haddadou, M.Q., 1990, p.23).

첫째, 페니키아의 22개 문자가 모두 자음이었던 것과 마찬가지 로 고대 리비크 문자 또한 자음으로만 이루어졌다. 줄리아 크리스 테바(1941-)[16]는 자신의 저서에서 "지중해 연안──그리스, 사이 프러스, 몰타, 사르데냐, 북아프리카──은 페니키아의 식민지였으 며, 따라서 그들 문자의 영향을 받았다"고 했다(Julia Kristeva, 1981,

---

14) 대부분의 언어학자들이 오늘날의 알파벳 기원을 페니키아 알파벳에 두고 있기 때문에 알파벳이란 표현을 고수한다.
15) 두가(Dougga)는 1997년 유네스코세계문화유산으로 지정된 튀니지 도시다. 카 르타고를 비롯한 로마, 누미디아, 비잔틴, 아프리카적 요소들이 많은 역사 유적 지다.
16) 불가리아 출신의 프랑스 문학가, 철학자다. 정신분석학에서 문학 작품 분석, 언어 분석 등에 관한 연구를 수행했다.

동부 리비크어 문자 비석(튀니지 바르도박물관)

구두로 전해지던 리비크어는 베르베르어의 기원으로 유추되고 있으며,

리비크어는 페니키아어와 연관된 것으로 추측되곤 한다.

pp.99-100).

둘째, 투아레그족이 사용하는 '티피나그'(Tifinagh)라는 이름은 자신들의 문자──조각과 비문 등을 포함──를 지칭하기 위함인데, 인종학자 장 세르비에(Jean Servier)[17]는 '티피나그'란 말이 원래는 '페니키아인'을 의미했다고 한다. 이는 투아레그족이 사용한 문자와 페니키아어와의 연관성을 보여주는 대목이다. 페니키아가 서구 문명과의 연관성을 밝히는 데 있어 중요하기 때문에 서양학자의 입장에서 투아레그족의 '티피나그'조차 페니키아어와 연관시키려는 것이 아니었는지 추측해볼 수 있다.

셋째, 리비크어 이전의 알파벳이 이 지역에 존재하지 않았고, 이 지역에서 발굴된 유적의 흔적이 페니키아와의 교류 이후 시점에서 리비크어로 명명되어 사용되었다는 사실로 보아 리비크어는 페니키아어와 연관되었을 것이라 추측되곤 한다. 이는 마그레브 지역의 문명이 페니키아가 들어오면서 형성되었음을 전제하는 것이다. 이 또한 가설이지 명확한 사실은 아니다. 페니키아 문명이 지배한 시대의 베르베르 문자는 늘 페니키아어와 같이 발굴되었다. 리비크어의 발굴은 적어도 로마 점령 초기까지 비문──특히 장례식──등으로 함께 발굴되었다.

---

17) 장 세르비에(Jean Servier, 1918-2000)는 알제리의 동부 콩스탕틴에서 태어난 프랑스의 인종학자이자 역사학자다. 그는 현지에서 알제리 베르베르 문명의 기원과 주변 지중해 지역과의 연관성을 평생 동안 연구했다. 프랑스로 돌아와서는 몽펠리에대학교 인문대학 교수를 역임했다.

역사적인 기원에 대한 정의는 늘 논란의 소지가 있다. 아랍과 서양 학자 간 시각이 다른 데다 베르베르 현지 주민의 생각은 반영되지 않기 때문이다. 논란의 소지가 있는 내용을 더 장황하게 설명하기보다 많은 학자들이 공유하는 베르베르어의 형태, 즉 '리비크어'에 대해 살펴보도록 하자.[18] 리비크어를 중심으로 '사하라 티피나그어'(Saharian tifinagh), 여러 형태들의 방언으로 구성되어 있는 '투아레그 티피나그'(Touareg tifinagh) 등이 있다. 현대 들어서는 이 모든 다양한 형태를 '네오-티피나그'(Neo-tifinagh)라는 이름으로 통합했다. 오늘날 사용하고 있는 베르베르어 알파벳은 네오-티피나그를 일컫지만, 그마저도 실제 사용에 있어서는 지역마다 약간씩 다른 방식을 채택하고 있다. 역사적으로 리비크어가 두 가지 형태로 나뉘었고 이후 아랍의 침략으로 파편화된 지역의 전통 등에 따라 변화했기 때문이다. 국가별 베르베르어 정책과 베르베르어권 지역의 아랍 혹은 프랑스에 대한 호감 혹은 적대감이 각기 다르게 나타나는 것도 이유 가운데 하나다.

앞서 언급했듯이 리비크어는 두 가지 형태, 즉 '동부 리비크어'(Oriental libyc)와 '서부 리비크어'(Occidental libyc)로 나뉜다. '동부 리비크어'는 오늘날 알제리 동부 도시 콩스탕틴과 안나바, 오레

---

18) 아흐메드 스쿤티와 에릭 앵글레이드가 주장한 것처럼 베르베르 문자 관련 기원에 대한 내용이 현재로서는 미스터리로 있을 뿐, 이 부분을 명확히 할 수 있는 단 한 편의 학술적 논문도 없다고 보는 게 타당할 듯싶다(Ahmed Skounti & Eric Anglade, 2020).

스 지역, 그리고 튀니지와 리비아에서 주로 사용된 언어를 일컫는다. '서부 리비크어'는 콩스탕틴 왼쪽에 위치한 카빌리부터 모로코 지중해 지역의 베르베르어권 지역, 그리고 스페인령으로 남아 있는 카나리아제도에서 주로 사용된 형태의 언어다. 이에 대한 명확한 구분은 사실 오늘날의 시점에서 보면 큰 의미가 없어 보인다. 역사적으로 이 구분은 역사적 증거의 불충분으로 인해 많은 논란의 소지도 있었지만, 그 문제는 여기에서 논하지 않겠다. 흥미로운 사실은 동부 리비크어와 서부 리비크어가 중세 시대의 산하자족과 제나타족의 분포 지역과 거의 정확히 일치한다는 점이다. 서부 리비크어는 오늘날 모로코를 비롯한 서아프리카 일대와 카빌리를 포괄하며, 이 지역의 베르베르어 문자는 거의 흔적을 남기지 못했다. 결과적으로 현재는 '동부 리비크어'로 남아 있는 비문 등만이 해독 가능한 상황이다.

그 이유는 해당 지역이 페니키아와 로마의 영향 아래 있었기 때문이지 않았을까 유추해본다. 로마 시대 당시 또한 누미디아(Numidia) 왕조가 이 지역을 중심으로 번성했다. 아마라(Iddir Amara)와 같은 베르베르어 학자는 통일된 로마 시대 누미디아 왕국의 첫 번째 왕인 마씨니싸(Massinissa, 기원전 238-기원전 148)에 의해 이 문자가 발명되었다고 주장[19]하지만 지나친 억측일 뿐이다. 오늘날까지 누미디아 왕조 시대 문자는 튀니지의 두가, 알제리

---

19) Amara, I., 2006, p. 15를 참조할 것.

의 안나바와 콩스탕틴을 중심으로 집중적으로 발견되고 있다. '동부 리비크어'나 '서부 리비크어' 이 두 개의 언어를 오늘날에는 '리비크어'로 통일시켜 부르며 이 당시의 비문에서 발견된 리비크어는 페니키아어와 마찬가지로 자음으로만 구성되었다는 공통점을 갖고 있다.

비문에서 관찰되는 리비크어는 일반적으로 아주 간결하게 표기된 것이 특징이다. 수평이나 수직 배열로 각인되었으며, 경우에 따라서는 이 두 배열을 혼용했다. 아주 드물긴 하지만 부스트로피돈(Boustrophedon)[20] 방식으로 왼쪽에서 오른쪽으로 혹은 오른쪽에서 왼쪽으로가 아닌 양방향으로 진행되는 텍스트 모양의 기입 형태를 보이기도 했다. 현재 남아 있는 비문은 대개 오른쪽에서 왼쪽으로 기입되어 있다.

'사하라 티피나그'는 '리비코-베르베르어' 혹은 고대 투아레그족이 사용한 언어를 일컫는다. 이름에서도 나타나듯이 마그레브 지역에서 가장 넓게 분포한 문자 체계다. 자음 위주의 언어로 구성된 베르베르어 형태에 처음으로 모음을 도입하게 된 것이 바로 이 '사하라 티피나그'의 영향 때문이다. 모음 [a]가 그 대표적인 사례인데, 그 표기는 다음의 표 1에서도 확인할 수 있듯이 수직 막대 모양의 /l/로 나타내고 있다. 이 언어의 흔적은 사막의 비문과 바위 등에

---

20) 예를 들어 오른쪽에서 시작해 왼쪽으로 진행되는 행이 있다면 그다음 행은 왼쪽에서 시작해 오른쪽으로 진행하는 형태를 말한다. 고대의 텍스트에서 종종 발견된다.

나타나고 있어 고대 베르베르어 문자 체계를 선명하게 엿볼 수 있게 한다. 리비크어에서 '사하라 티피나그'로의 이행과정은 전혀 알려진 바가 없다. 단지 리비크어가 투아레그족의 문자에 영향을 주었고, 이후 투아레그족의 문자 체계가 리비크어에—모음 도입처럼—영향을 주면서 문자 체계가 정교해졌을 것이라 추측할 뿐이다. 문자수에서도 큰 차이가 있을 정도로 '리비크어'와 '사하라 티피나그' 간에는 차이가 있었다. '사하라 티피나그'는 리비크어 문자 체계의 확장된 변이형과도 같다(Jean Servier, 2017, p.35)고 하지만 투아레그족의 문자가 리비크어에 영향을 줬다고 생각할 수는 없을까? 어쨌든 베르베르 문자에 대한 논쟁은 종결되지 않았고, 아랍과 이후 프랑스의 식민지배 시대에도 기원에 대한 각기 다른 해석을 내놓는다.

투아레그어의 '사하라 티피나그'를 언급할 때 빼놓을 수 없는 인물이 있다. 프랑스의 유명한 푸코(Charles de Foucauld, 1858-1916) 신부[21]는 투아레그족의 언어를 해독하고 정립하는 데 많은 공헌을 했다. 오늘날, 베르베르어의 기원과 문자 체계는 그가 정립한 내용에 근거해 설명되고 있다. 그는 투아레그족의 일상을 같이하면서

---

21) 푸코 신부는 스트라스부르그에서 태어나 알제리 사하라사막의 최남단에서 투아레그족과 11년을 생활하며 그들의 언어를 공부했다. 그는 투아레그족과 같이 살아가면서 작업과 번역을 병행했으며 현지인의 삶을 이해하고 소통하려 했던 프랑스의 선교사다. 수도원을 건립하고 선교에 힘썼지만 무슬림에 의해 살해되었다. 그가 건립한 사하라의 교회와 묘지가 오늘날의 엘골레아(El Golea)—수도 알제에서 약 1,000킬로미터 남쪽에 위치해 있음—에 남아 있다.

사하라의 샤를 푸코 신부의 흔적
▲ 샤를 푸코 성당 외관
▼ 샤를 푸코 신부의 무덤

자신의 능력과 정성을 보여주기 위해 투아레그어를 배웠다고 한다. 사하라 자체가 워낙 방대하고 사람이 넓게 분산되어 살고 있기 때문에 지역별로 다양한 형태의 방언들이 존재한다는 사실을 밝혀낸 것도 그의 중요한 업적 가운데 하나다.[22] 샤를 푸코 신부의 삶의 여정은 언어학 연구, 특히 아프리카어를 연구하는 학자의 태도를 다시 한번 깊이 생각하게 한다. 현지에서 살아가며 그 언어를 기록한다는 것은 아무나 할 수 없는 일이지 않는가. 마지막에는 삶을 같이한 투아레그족에게 살해되었지만, 그가 세운 사하라의 교회는 지금도 남아 투아레그족과 사하라에 대한 그의 애정을 엿보게 한다.

　사하라의 주인이랄 수 있는 투아레그족만이 사용하는 '투아레그 티피나그'는 여러 형태들이 존재하는데, 이 모든 형태들은 모음 / · /를 갖추고 있다. '투아레그 티피나그'를 생각한다면 북부 지역의 '리비크어'를 비롯한 여러 방언들의 페니키아 기원설에 의문을 품을 수 있다. 왜냐하면 그들의 전통과 문자 기입 대상의 대부분이 이미 역사 이전부터 있었고, 지중해 문명과는 다른 삶의 방식을 이루어왔기 때문이다. 게다가 페니키아어에는 모음이 없지 않았던가. 가브리엘 캉(Gabiel Camps, 2007, p.274)은 베르베르 문자의 도입이나 만들어진 연대를 추정하는 일은 여전히 어렵다며, 최근의 연구

---

22) 그가 남긴 대표작으로는 다음과 같은 저서와 사전이 있다. 1) *Reconnaissance au Maroc, 1883-1884(4)*, Paris: Challamel, 1888. 2) *Dictionnaire Touareg–Français, Dialecte de l'Ahaggar(4)*, Paris: Imprimerie nationale de France, 1951-52. 3) *Poésies Touarègues. Dialecte de l'Ahaggar(2),* Paris: Leroux, 1925-30.

표 2. 베르베르어의 다양한 문자 체계

V	L/or	L/oc	Sah	H	G	D	Y	W	T	AB
b	⊙	⊙ ⊕	⊙	⊙	⊕	⊕	⊕	⊕	⊕	⊕
d	Π	Π	Ϲ	Π Λ	Π	V	V	V	V	Λ
ḍ			Ϲ	Ɛ	Ɛ	Ɛ	Ɛ	Ɛ	Ɛ	Ɛ
f	x	⋈	⊢⊣	Ⴟ	Ⴟ	I	⊔	Ⴟ	I	Ⴟ
g	←	←	ΛV*	x	˙I˙	˙I˙	.I.	˙I˙	˙·I·˙	x
h	≡	≡	‖‖‖‖	⋮	⋮	⋮	⋮	⋮	⋮	ø
ḥ	Ƴ?									⋏
h				∷	∷	∷				x
k	⇐	⇐	⇑	∴	∴	•:	•:	•:	•:	Ʀ
l	‖	‖	＝	‖	‖	‖	‖	‖	‖	‖
m	Ϲ	Ϲ	⊔	Ϲ	Ϲ	Ϲ	Ϲ	Ϲ	Ϲ	Ϲ
n	I	I	—	I	I	I	I	I	I	I
q	÷?	÷	૪	•••	●●●	⋮•	•••	∷	∷	ℓ
γ	÷?	÷	≡	⋮	⋮	⋮	:·:	·∷·	·	Ч
r	○	○	○	○	○	○	○	○	○	○
s	Ⴟ	Ⴟ	⊔̅	⊙	⊙	⊙	⊙	⊙	⊙	⊙
c	ξ	ξ	W	ℂ	ℂ	8	ℂ	ℂ		ℂ
ṣ	⊢	⊢	૪		Ɛ					⊘
t	+ x	x	+	+	+	+	+	+	+	+
ṭ	⤙	Ɛ	⤙	Ɛ	Ɛ	Ɛ		+	Ɛ	Ч
w	＝	＝	‖	⋮	⋮	⋮	⋮	⋮	⋮	⊔
y	ξ	ξ	ξ	Σ	Ʒ	Σ	Ʒ	Σ		Π
z	—	—	⊔⊔	✳	#	Ⲓ	✳		✳	✳
ẓ	⊓	⊓	⊓	#	✳	#	✳	✳	✺	x
j	⊢	⊓								Ɪ
a			I	•	•	•	•	•	•	•
i				(Σ)	(Σ)	(Σ)				Σ
u				(:)	(:)	(:)				:

© 모로코 왕립 아마지그문화원

작업들은 이 문자가 우리가 생각했던 것보다 훨씬 오래되었을 것이라는 사실을 보여주고 있다고 언급했다.

현재 투아레그족은 유목 생활을 하면서도 자신들의 언어를 잘 알고 있는 편이며, 대략 절반 정도의 인구가 쓸 줄 안다고 한다. 오랜 전통에서도 나타나고 있듯이 그들은 보석이나 무기, 양탄자 등의 물건에 문자를 기입했다. 공예품을 보노라면 그들의 문자 사용은 북쪽 지역에 비해 전통적 영역을 잘 유지해온 것 같다. 사하라사막의 아하가르(Hoggar) — '호가르'라고도 부른다 — 산맥이 있는 곳, 리비아의 가트(Ghat) 등을 포함한 6개의 방언들이 지역별로 나뉘어져 있다. 크게 구분해서 그렇다는 것이지 하위 방언이 더 작은 단위로 분포해 있다.

지금까지 언급한 다양한 형태들의 베르베르어 방언은 표 2와 같이 제시할 수 있다. 동부 리비크어(L/Or), 서부 리비크어(L/Oc), 가장 우측의 'AB'는 오늘날의 베르베르어 문자 체계인 네오-티피나그를 일컫는다.

베르베르 문자 체계는 이와 같은 형태로 설명되고 있는데, 이런 구분은 문자의 기원과 관련해 중요한 단서를 제공해주고 새로운 가능성을 가늠해볼 수 있게 해준다.

3. 네오-티피나그(Neo-Tifinagh)

오늘날 마그레브와 사하라 일대에서 널리 사용되는 공통의 문자 '네오-티피나그'(AB)는 고대부터 사용된 '리비크어'(L)와 '사하라 티피나그'(Sah), 6개의 형태 — H, G, D, Y, W, T — 로 이루어진 '투아레그 티피나그'를 종합해 만들어낸 문자 체계다(표 2 참조).

특정 지역을 제외하고는 볼 수 없던 문자를 최근 들어서는 알제리, 모로코의 곳곳에서 쉽게 볼 수 있을 만큼 그 사용 빈도가 확연히 늘어났다. 특히 국가 개요를 나타낼 때 아랍어 이외에도 네오-티피나그 문자로 국가 이름을 쓰고 있으며, 고유명사 등을 표기할 때도 네오-티피나그 문자를 사용하고 있다. 이런 식이라면 마그레브 지역의 언어 모습은 미래의 어떤 시점에 확연히 달라질 수도 있지 않을까. 프랑스, 벨기에, 캐나다를 비롯해 베르베르 이민자가 많은 외국에서는 SNS를 비롯한 인터넷 매체에서 네오-티피나그의 알파벳 표기 사례가 많이 공유되고 있다. 페이스북이나 인스타그램의 경우 네오-티피나그 언어를 제공하기도 한다.

네오-티피나그는 '투아레그 티피나그'를 토대로 베르베르 아카데미(Académie Berbère)[23]가 발전시킨 문자 체계다. 결과적으로 다양한 문자 형태를 오늘날의 네오-티피나그 문자로 확장한 것이지만 현대 베르베르운동가와 언어학자가 그 기원으로 삼은 것은 투아레그족의 문자였다. 투아레그 티피나그가 역사적으로 가장 오래된 문자라는 점과 모음 체계의 존재가 결정적인 계기였을 것이다. 또한 오늘날 실제 베르베르인이 발음하는 음성 표기법 등을 고려한 조치였을 것으로 보인다.

모로코와 알제리에서 공용어의 위상을 확보하고 있는 베르베르어와 네오-티피나그 문자를 현대사회에 어떻게 확산시킬지도 중

---

23) 카빌어로는 'Agraw imaziɣen'이라고 쓴다. 1960년대 다양하게 존재하고 있었던 베르베르어의 문자 표기를 표준화하기 위해 파리에서 결성되었다.

요한 쟁점이다. 베르베르어를 사용하는 국가들이 '네오-티피나그' 가 있음에도 불구하고 아랍어나 프랑스어로 표기하고 있기 때문이다. 모로코의 경우 아랍어 표기를 선호하지만 알제리의 카빌리나 프랑스 등에서는 아랍어보다 알파벳 표기 방식을 선호한다. 학자들은 베르베르어가 현대사회에서 교육을 비롯한 다른 모든 영역에서 지속적으로 생존할 수 있는 확률이 크기 때문에, 혹은 생존하기 위해서는 알파벳 표기를 보편화시켜야 한다고 주장하고 있지만 지역의 정서상 마냥 쉽지만은 않아 보인다. 게다가 아랍·이슬람주의가 팽배해 있어 여러 갈등의 소지가 있다. 이런 상황이라면 오히려 고유 문자인 '네오-티피나그'를 사용하는 편이 더 나을 것이다. 이런 이유에서 모로코는 네오-티피나그 문자를 더 많이 사용하고 있지만, 알제리는 알파벳 표기를 선호한다. 단 공공기관은 반드시 네오-티피나그 문자로 표기하도록 한 것은 여러 종교적, 문화적, 정파적 문제를 헤아린 조치라 생각된다.

베르베르 아카데미는 2,500년 이상 명맥을 유지해오고 있는 문자를 되살리고 현대 표준 문자를 제시했다는 점에서 상당한 공헌을 한 셈이다. 여기에 더해 베르베르 정체성을 찾으려는 젊은 베르베르인 작가와 문화예술가, 정치인 등이 문자의 공용화를 확산시키는데 일조했다. 베르베르 아카데미나 많은 베르베르 지식인이 표준 문자를 제시하려 한 것은 현대 언어와의 양립 가능성, 즉 표기를 비롯한 현대 언어가 갖고 있는 언어학적 특징을 자신들의 언어에 녹여낼 수 있다고 생각했기 때문이다.

무엇보다 베르베르어가 갖고 있는 자음 위주 체계에서 모음이 절실했을 것이다. 그래서 모음과 반모음 형태가 이미 존재하는 '투아레그 티피나그'에서 모음을 차용할 생각을 한 것은 아닐까. '리비크어'에서 파생되었다고 여겨지는 오늘날의 '네오-티피나그'가 '투아레그 티피나그'와 불가분의 관계를 맺고 있음은 이런 연유에서다. 대부분의 티피나그 조어들에는 모음 체계가 전무했던 반면, '투아레그 티피나그'에는 /a/, /i/, /u/에 해당되는 / ⋅ /, /Ɛ/, / ꞉ /가 이미 있었다(표 2 참조).

이 모음 체계는 아하가르(Hoggar)나 가트(Ghat), 아드라(Adrar), 니제르의 아예르(Ayer)에서 비롯되었다. 알제리와 니제르 국경 사막지대의 아하가르, 리비아 쪽 가트는 타실리(Tassili)[24] 벽화로 유명한 사하라 정중앙 지역 이름이다. 아드라는 알제리에서 모로코 방향의 사하라 지역이며, 아예르는 니제르 북쪽의 사하라 아파싸(Afassa)에 위치한다. 오늘날 베르베르어의 문자 표기 형태는 바로 이들 방언에서 차용해 완성한 것으로, 이들 지역의 공통점은 알제리, 리비아, 니제르가 겹치는 사하라 정중앙에 있다는 것이다.

현재 공식적으로 사용되는 문자 체계는 국가별로 다르게 나타나지만 모로코와 알제리의 경우 33개를 공식적인 네오-티피나그 문

---

24) 알제리, 니제르, 리비아가 경계를 이루는 사하라 지역이다. 선사시대의 바위 그림이 많이 있으며, 소의 무리나 악어를 비롯해 수렵 생활을 하는 사람들의 활동 등이 묘사되어 있다. 유네스코세계문화유산 지역으로, 일반인의 접근이 상당히 까다로운 지역이다.

자로 인정하고 있다. 모음, 전이음, 자음 등으로 구성되어 있는 문자 체계를 모로코의 '왕립 아마지그문화원'(IRCAM, Institut Royal de la Culture Amazigh)에서 인정하고 있다. 이곳은 2001년 베르베르어와 문화를 장려하기 위해 국왕 무함마드 6세 주도로 창설된 왕립부설 연구원이다. 이곳에서 채택한 33개의 문자 체계는 베르베르 아카데미가 오랫동안 가다듬어놓은 것이기도 하다. 베르베르 아카데미가 문화운동을 주도하며 만들어놓은 문자 체계를 모로코 IRCAM이 차용해 채택한 셈이다. 요약하자면 알제리 출신 베르베르인의 단체가 만든 문자 체계를 모로코 IRCAM이 공식적인 문자로 표명하면서 오늘날 우리가 보고 있는 표준 베르베르 문자 '네오-티피나그'가 탄생한 것이다.

IRCAM은 표 1에서 제시된 28개의 '투아레그 티피나그' 문자 체계를 33개의 문자로 세분화하고 체계적으로 다듬었다. 예를 들어 모음 문자의 첨가는 물론이고, 강세 문자의 첨가 등이 이전의 다른 베르베르어권 지역에서보다 훨씬 세분화되어 있다. 이는 IRCAM에서 제공하는 문자 체계가 현대 언어의 발음 체계를 따르고, 발화자의 수월성을 고려했기 때문이다. 더불어 언어학적 규범, 혹은 표기에 따라 서구식, 그리고 아랍어에 나타나는 다양한 형태의 발음 체계 방식을 따르고 있어, 베르베르인은 물론 마그레브 사람들의 언어 발성과 관련해 주목해볼 수 있다.

IRCAM에서 제공하는 33개의 문자 체계는 현대 들어 약간의 차이를 드러내긴 하지만 모로코의 대부분 지역과 알제리의 카빌리를

표 3. 33개의 네오-티피나그 문자

ⵣⵄⵔⵔⵣⵀⵉ ⵉ +ⵄⵣⵉⵧⵃ¹

Alphabet tifinaghe   ابجدية تيفيناغ

	TIFINAGHE	Correspondance latine	Correspondance arabe	Exemples
ya	ⵧ	a	ا	ⵧⵂⵧⵔ
yab	ⴱ	b	ب	ⵧ ⴱⵣⵂ
yag	ⵅ	g	گ	ⵧⵅⵄⵧⵔ
yagʷ	ⵅ̌	gʷ	گ'	ⵧⵆⵅⵅ̌ⵧⵃ
yad	ⵂ	d	د	ⵧⵂ̌ⵣⵂ
yaḍ	ⴹ	ḍ	ض	ⵧ ⴹⵧⵕ
yey	ⵉ	e		+ⵉ++ⵔ
yef	ⵞ	f	ف	ⵧⵂ̌ⵄⵔ
yak	ⵔ	k	ک	ⵧⵔⵕⵔⵂⵕ
yakʷ	ⵔ̌	kʷ	'ک	ⵧⵛⵂⵂⵂⵔ̌ⵏ
yah	ⵁ	h	ه	ⵧⵁⵂⵂⵏ
yaḥ	ⵋ	ḥ	ح	ⵧⵄⵋⵂⵣⵔ
yaɛ	ⵟ	ɛ	ع	ⵧⵟⴱⵧ
yax	ⵆ	x	خ	+ⵣⵅⴱⵣ
yaq	ⵕ	q	ق	ⵧⵕⵕⵧⴱ
yi	ⵣ	i	ي	ⵣⵛⵣ
yaj	ⵊ	j	ج	ⵧⵛⵊⵊⵉ E
yal	ⵍ	l	ل	ⵧⵛⵂ̌ⵍ
yam	ⵛ	m	م	ⵧⵛⵧ
yan	ⵉ	n	ن	ⵣⵔⵂⵏ
yu	ⵧ̌	u	و	ⵉⵂⵛ
yar	ⵔ	r	ر	ⵟⵔⵧⵔ
yaṛ	ⵕ	ṛ	رّ	ⴱⵕⵕⵧⵧ
yay	ⵖ	γ	غ	ⵧⵖⵕⵂ̌ⵛ
yas	ⵔ	s	س	ⵣⵏⵔ
yaṣ	ⵅ̌	ṣ	ص	ⵔⵔⵧⴱ+
yac	ⵛ	c	ش	ⵧⵛⵍⵍⵧⵏ
yat	+	t	ت	+ⵉⵔⵔⵏ
yaṭ	ⴹ	ṭ	ط	+ⵣⵣⵣ
yaw	ⵓ	w	وٗ	ⵧⵍⵍⵍ
yay	ⵣ	y	يٗ	ⵧⵞⵞⵣⵔ
yaz	ⵥ	z	ز	ⵧⵛⵧⵆⵣⵖ
yaẓ	ⵥ	ẓ	ژ	ⵣⵆⵣ

© 모로코 왕립 아마지그문화원

비롯한 일부 지역, 해외에 거주하는 대부분의 베르베르어 화자가 공식적으로 사용하고 있다.

강세 문자를 포함해서 알파벳 자음 체계와 가장 다른 점은 p, v 발음이 베르베르어에는 존재하지 않는다는 것이다. 물론 프랑스어의 영향이 절대적으로 많은 알제리 카빌리의 경우는 예외적이다. 카빌리의 경우 프랑스어 영향을 많이 받아 프랑스어 발음 체계를 베르베르어와 아랍어에 접목한 독특한 발음 체계를 갖고 있다. 심지어 33개를 분류한 표 3 체계와는 또 다른 발음 체계를 나름 분류해놓고 있다. 특히 카빌리에서는 그 어떤 베르베르어권 지역보다 '코드 스위칭'(code-swithcing, 부호 전환)[25] 현상이 두드러지기 때문에 당연히 다른 방식의 발음 체계가 존재할 수밖에 없다.

모음 체계에서 두드러진 현상은 [o]의 발음 형태가 없다는 것이다. 4개의 모음 가운데서도 [e]는 서구인이나 한국인이 사용하는 식의 발음이 아니다. 카빌리처럼 알파벳 문화에 익숙한 화자가 주로 사용하며, 사용할 때조차 두 개 이상의 자음이 연속적으로 이어질 때 습관적으로 짧고 표시 나지 않게 발음하는 느낌을 줄 뿐이다. 이는 카빌리 지역이 유럽의 영향을 많이 받은 탓이지만 발음이 강하다는 느낌을 지울 수 없다. 하지만 로망스제어를 비롯한 유럽어

---

25) '코드-스위칭'은 하나 이상의 언어 혹은 방언을 사용하는 화자에게서 나타나는 현상이다. 아프리카에서는 흔히 볼 수 있는 현상으로 식민지 경험과 무관하지 않다. 미국의 경우 중남미 이주민, 유럽의 경우 아프리카 등의 이주민 집단에서 많이 사용된다. 베르베르어권에서는 카빌리가 특히 주목되는 지역인데, 이 또한 프랑스의 식민지배와 반아랍적 정서와 무관하지 않다.

를 알지 못하는 다른 지역의 베르베르어 화자는 자음을 더 강하게 발음하는 것이 일상적이다. 자음에 익숙한 아랍어 화자들, 베르베르어권이면서도 아랍어에 더 익숙한 화자들에게 [e] 발음은 그리 중요하지 않다.[26)]

베르베르어 문자는 우리에게는 정말 낯선 문자 체계다. 게다가 음성학적으로 한국인이 쉽게 흉내낼 수 없는 특이한 발음 구조를 보이고 있다. 그렇기에 이 언어의 역사적 기원과 현재 모습을 살펴보는 일은 마그레브 지역 문화의 특성을 미시적으로 들여다보는 데 큰 도움이 될 수 있다. 알파벳 사용 혹은 아랍어식 표기 방식을 둘러싸고 있는 문제, 네오-티피나그의 일상적 사용 정도, 그에 따른 지역민들의 요구와 정부와의 대립 정도 등을 이해할 수 있는 요소이기 때문이다. 즉 베르베르인의 마그레브 지역에서의 위상과 그들의 정체성을 한눈에 가늠해볼 수 있는 요소라는 것이다.

'네오-티피나그'는 이제 마그레브 지역에서 중요한 문자로 자리하고 있다. 21세기 전까지 베르베르 문자는 그저 투쟁의 영역에서 드러날 뿐이었다. 하지만 오늘날 베르베르 문자와 언어는 공적 영역의 한가운데에 들어섰고, 이는 마그레브 지역민의 정체성 변화에

---

26) 베르베르어 화자 가운데서도 카빌리 사람들이 음절어인 프랑스어를 쉽게 배우고 별 무리 없이 이들 언어의 강세를 유지하는 이유는 오랫동안 이 지역민들이 라틴어와 프랑스어에 익숙해 있었기 때문이다. 모로코에서는 주로 북부의 리프 지역민이 이런 형식의 발음을 보이지만 그래도 카빌리에 비해서는 부드러운 편이다. 이 지점에서 모든 베르베르어권 화자들이 동일한 방식으로 발음하지 않는다는 사실은 쉽게 가늠해볼 수 있다. 핵심은 개별 베르베르어권은 프랑스와 아랍의 영향 정도에 따라 언어 발음까지도 차이를 보인다는 점이다.

도 상당한 영향을 미치고 있다. 없던 문자의 출현은 아니지만, 역사 속에서 '주변'에 있던 문자의 가시화는 기존의 언어 체계와 상충할 것이며 새로운 문화를 창출해갈 것이다. 그에 따라 마그레브 지역의 문화적 정체성도 새롭게 만들어질 것이다. 마그레브 문화의 다양성과 변화 양상, 지역민의 정체성을 살펴보는 데 있어 베르베르 문자 체계가 중요한 이유다.

4. 카빌어의 코드-스위칭에 대해

'카빌리'는 마그레브 지역에서 저항과 자유, 인권을 상징하는 지역이며 언어 사용에서도 아주 독특한 형태를 보인다. 이는 프랑스의 식민지배와 무관하지 않다. 프랑스와 교류한 카빌족은 자의 반타의 반 프랑스에 갈 기회가 많았다. 그들은 프랑스에서 프랑스의 문화와 사상에 깊은 영향을 받았다. 현재 프랑스 내 약 150-200만 명으로 추산되는 베르베르어 화자는 대부분 알제리 카빌리 출신이다. 프랑스 내의 마그레브 이민자 문제를 카빌리와 별도로 구분해 이해한다면 단편적일 정도로 이들이 프랑스에 자리하고 있는 영역은 생각보다 광범위하다. 프랑스는 마그레브와 관련해 가장 오랜 역사를 갖고 있다. 베르베르어─특히 카빌어─관련 서적이 많으며, 연구 역량과 자료의 양과 질은 그 어떤 국가와도 비교할 수 없을 정도다. 이미 파리 국립동양언어문화대학교에는 정규 학위 과정─학·석·박사─이 있어 전 세계에서 베르베르어를 학습하고

자 하는 이들이 모여 연구를 하고 있다.

카빌리에서 베르베르어를 사용한다는 것은 정체성의 문제다. 이 지점은 모로코와도 어느 정도 대비되는 부분이다. 독립 전후의 과정에서 카빌리가 걸어온 길, 독립 이후 아랍화 정책에 따른 소외감, 이후의 베르베르 문화 수호 투쟁 과정은 카빌리에서는 일상적인 일이 되었다. 그렇기에 아랍어 ─ 방언 아랍어인 '다르자'(Darja)와 표준아랍어 ─, 프랑스어, 카빌어의 관계를 이해할 때에서야 카빌리 지역의 언어 사용 현상을 이해할 수 있다. 카빌리는 언어 혼용 현상이 가장 빈번하게 이뤄지는 곳이다. 이 지역민은 아랍어, 베르베르어, 프랑스어 등을 가문과 지역색, 사회적 지위, 교육 수준 등에 따라 각기 다른 어휘로 발화한다. 마그레브 지역 전체를 통틀어 카빌리만큼 이 세 개의 언어를 자유자재로 혼용하며 말하는 곳은 없을 것이다. 게다가 이 지역은 프랑스어 사용 비율이 다른 지역에 비해 확연히 높기 때문에 프랑스어 혼용이 어떻게 드러나는지 파악하기에도 유용한 곳이다.

'코드-스위칭'이란 용어가 일반인에게는 낯설 수 있다. 언어학적 용어로 쉽게 말하면 두 개 이상의 언어에 능숙한 화자가 대화 도중에 두 개 이상의 언어를 섞어서 사용하는 것을 의미한다. 대화 상황에서 어떤 언어를 구분해 사용하는가는 또 다른 정체성의 문제이기도 하다. 카빌어에서 이런 현상이 어느 지역보다 많이 나타나는데, 이는 프랑스의 식민정책, 알제리 교육 현장에서의 아랍화 정책, 모국어에 따라 제각기 다른 카빌족의 언어관 때문이다. 텔레비전이나 라디오 같은 매체든, 공식적이거나 비공식적인 장소에서든 카빌족의 언어 사용은 늘 코드-스위칭에 의존한다. 카빌리 지역에서, 적어도 카빌족이 생각을 표현할 때만큼은 늘 이런 방식이 존재한다는 것을 의심할 수 없다(Farid Benmokhtar, 2013).

카빌리에서 코드-스위칭의 다양한 사례들이 왜 실현되는가를 묻지 않을 수 없다. 필자도 마그레브 현지 곳곳을 방문하다 보면 코드-스위칭에 점점 익숙해진다. 모로코의 어느 지역을 가면 어떤 방식의 코드-스위칭을, 알제리나 튀니지의 어느 지역을 가면 어떤 방식의 코드-스위칭을 해야 한다는 것을 알 수 있다. 필자의 경우는 현지에서 상대방과 친숙해지기 위해서 혹은 상대의 속임수에 넘어가지 않기 위해 코드-스위칭을 한다. 즉 친근함과 함께 내가 지금 있는 지역의 사정을 잘 안다는 표시를 상대에게 알리는 것이다. 필자의 오랜 경험을 토대로 볼 때 프랑스 사람처럼 유창하게 프랑스어를 구사하는 것이 이들에게 반드시 호감을 주지만은 않는다. 오히려 코드-스위칭을 구사하는 사람이 현지인과 급격히 친해지고 여러모로 혜택을 받을 여지가 있다. 그만큼 자신들의 정서를 잘 알고 있다고 판단해 쉽게 친해질 수 있는 것이다. 현지를 방문하게 된다면 이런 점을 유념해 몇몇 현지어를 배워두는 것도 큰 도움이 될 듯싶다.

또 다른 사례를 들어보자. 카빌리 사람의 코드-스위칭은 결속력을 나타내는 행위다. 카빌리에 알제리인이 방문했다 해도 아랍어로 인사하는 행위는 카빌리 사람에게는 거슬리는 행동이다. 예를 들어

베르베르어권 사람이 아닌 아랍권 알제리인이 "앗살라무 알라이쿰 호야"(As-salamu alaykum Hoya, 선생님 안녕하세요)라고 카빌리에서 인사하면 대부분 사람들이 흘낏 쳐다보거나 싸늘한 반응을 보인다. 적대적인 태도에 결국 알제리인이 카빌리에 머물지 못하겠다고 지역을 떠나는 것까지 보았다. 이런 현상은 카빌족이 갖고 있는 반아랍적 정서 때문이다. 예를 들어 카빌어로 "아쥴, 아멕 테틸리드?"(Azul, amek tettiliḍ? 안녕하세요, 어떻게 지내십니까?)라고 할 때 훨씬 호의적인 태도를 보인다. 게다가 필자 같은 동양의 이방인이 자신들의 언어를 구사할 땐 매우 기뻐한다. 이런 현상은 카빌리를 비롯해 베르베르어권 지역을 가다 보면 정도의 차이가 있지만 비슷한 방식으로 나타난다. 게다가 아랍어 방언인 '다르자'(darja)와 베르베르어, 프랑스어가 뒤죽박죽 섞이니 현지인 대화 내용을 알아듣기가 매우 어렵다.

아주 간단한 인사의 경우를 들어보겠다. 필자는 카빌리 지역에서는 "아쥴, 아멕 테틸리드?"(Azul, amek tettiliḍ? 안녕하세요, 어떻게 지내십니까?)라는 인사말에다 상황에 따라 "아쥴, 아멕 테틸리드 호야?"(Azul, amek tettiliḍ Hoya? 안녕하세요, 어떻게 지내십니까 선생님?) 혹은 "아쥴, 꼬망 딸레부 호야?"(Azul, comment allez-vous Hoya? 안녕하세요, 어떻게 지내십니까 선생님?), "아쥴, 라베스 호야?"(Azul, labes Hoya? 안녕하세요, 어떻게 지내십니까 선생님?)라는 다양한 방식의 언어 사용을 한다. 첫 번째의 경우는 산악지대나 순수 카빌족과의 대화, 둘째 문장은 프랑스어에 익숙한 카빌족, 마지막 문장은 카빌족이지만 이슬람에 충실한 카빌족과 대할 때의 인사법이다. 이런 다양한 방식의 언어 사용이 선행되어야 그 지역민과의 접근이 용이해지고 쉽게 사교할 수 있다. 심지어 카빌리 사람과 더 깊은 만남을 가지다 보면 베르베르어 대화법만으로 그 사람들의 교육 수준, 대(對)정부적 태도, 다른 지역 베르베르어와 관련한 차이 등을 엿볼 수 있다.

마그레브 지역은 아랍어를 공용어로 사용하긴 하지만 구어체에서 정통 아랍어를 찾아보기란 쉽지 않다. 아랍화 정책에 따라 교육 기관에서 아랍어를 의무적으로 배우지만 가정이나 길거리 등 일상생활에서는 방언 아랍어인 '다르자'를 사용하기 때문이다. 모로코, 알제리, 튀니지의 '다르자'는 그들 간에도 조금씩 차이가 있어 대화를 하다 보면 어느 나라 사람인지 곧바로 알 수 있다. 같은 마그레브 사람이라고 같은 언어를 같은 방식으로 사용하는 것이 아니라는 것이다.

프랑스어 사용 방식, 중간중간에 아랍어를 혼용하는 방식, 베르베르어를 사용하는 정도 등에 따라 어느 나라 사람인지, 어느 지역 출신인지를 구분할 수 있다. 이런 상황인데 베르베르적 정체성이 강한 카빌리의 언어 사용은 얼마나 더 복잡할까. 알제리 국가 차원에서 방언 아랍어인 '다르자'는 실상 하위어지만 카빌리에서는 카빌어에 비해 상위어다. 방언 아랍어에도 밀리는 자신의 모국어를 바라보는 카빌족의 마음은 복잡다단할 것이란 생각을 해본다. 카빌족이 정부의 언어정책을 지역 차별, 인종 차별이라 생각해 반정부 투쟁과 시위를 일삼는 것을 한편으로 이해할 수 있을 것 같다. 알제리에서 언어 사용의 문제는 늘 대립과 갈등의 표상이다.

카빌리의 코드-스위칭 과정을 언급할 때 알제리의 언어정책을 빼놓을 수 없다. 알제리의 언어정책은 프랑스의 식민지배 이후 독립 과정과 함께한다. 1962년 독립과 동시에 알제리는 단 하나의 언어, 아랍어 ― 문헌 아랍어 ― 로 국가 통일을 기획했다. 다분히 국민들의 민족주의 감정을 자극한 발상이었다. 당시 국가 지도자는 이런 민족주의 감정을 자신들의 통치 수단으로 활용했다. 132년 동안 프랑스의 식민지배를 받으며 일상에서 사용된 프랑스어, 토착민인 베르베르인이 사용한 베르베르어, 게다가 이들 언어와 혼성해 사용하고 있던 방언 아랍어는 단일어 정책이라는 명분하에 추진된 아랍어 정책에 눌려 억압받았다. 헌법을 비롯한 각종 국가 정책에서 문헌 아랍어를 공식화하는 제도가 시행되었고, 프랑스어는 물론 베르베르어까지 억압의 대상이 되는 건 당연한 수순이었다(임기대, 2015d, 2018).

소수어에 대한 차별이라 여겼던 베르베르인, 특히 카빌족은 반정부 투쟁에 나섰다. 오랜 기간을 거쳐 2002년 알제리에서 베르베르어는 국어의 위상을 획득했다. 국어의 위상을 획득한 베르베르어는 알제리의 기층언어다. 이 언어가 아랍인이 사용한 방언, 아랍 이전부터 존속한 로마어 등과 더불어 구어체 아랍어가 된 것이다. 이런 상황에서 카빌족이 4개의 언어, 즉 문헌 아랍어, 프랑스어, 방언 아랍어, 카빌어를 사용할 수 있는 것은 너무도 당연한 일이다.

이제 카빌족은 자신들의 언어가 지역에서 공식어가 될 수 있도록 요구하고 있다. 정부는 이를 용인하는 순간 다른 베르베르어권의 저항이 있을 거라 판단해 수용하지 않으려 한다. 그렇다 보니 가정과 길거리, 일상의 생활공간에서 카빌어는 반아랍 정서를 나타내는 수단이 되기도 한다. 카빌리의 대학에서도 카빌어, 나아가 베르베르어에 대한 체계적인 연구·교육을 하며 늘 중앙 정부를 긴장시키고 있다. 이런 현상은 카빌리에서만큼은 그 어떤 지역보다 높은 카빌어의 위상을 가늠해볼 수 있게 한다. 게다가 아랍어 사용보다 프랑스어 사용 비율이 높아 알제리 내에서도 이 지역의 언어 사용은 뭔가 특별해 보인다. 2016년 이후 베르베르어가 공용어로 지정되었지만 카빌리에서는 더 나아가 실질적인 사용과 그로 인한 대책—일자리, 학교 교육 등—까지 요구하고 있다.

카빌리 내에서도 산악지대와 해안지역, 도심과 농촌, 아랍어 교육을 받은 사람과 프랑스어 교육을 받은 사람 간의 언어 사용 방식을 비교하면 또 다른 차이를 엿볼 수 있다. 이런 현상은 카빌족의 복잡다단한 언어 사용과 문헌 아랍어에 대한 이들의 확고한 입장을 다시금 생각하게 한다.

카빌리 지역의 간판은 프랑스어와 알파벳, 네오-티피나그와 아랍어 표기가 혼용되어 있다. 모든 상황을 직접 조사하지는 않았지만—당사자와 인터뷰를 하지 않았다는 것—, 확실한 것은 언어를 표기하는 방식조차 이렇듯 각기 다를진대 실제 발화 방식은 얼마나 각양각색일까 하는 것이다. 실제로 명사, 형용사 등의 품사는 물론 문장 속의 접속사나 부사 등을 사용하는 방식 등이 천차만별이다.[27] 이런 상황은 연령과 성별에 따라서도 달라질 수 있어 언어 사용은 말 그대로 혼란스럽게 얽혀 있다. 실제 카빌리 현지를 방문하다 보면 카빌족은 타지인을 바로 알아차리고 자신들의 언어를 사용하지 않을 경우 냉소적인 반응을 보인다. 그래서 자신을 아랍인이라 내세우는 사람들은 카빌리 지역 출입을 꺼리기도 한다. 실제 아랍어권 화자인 필자 지인에게 이 지역 방문을 권하자 그 지역은 가지 말라고 하면서 못마땅해하는 경우도 종종 있었다.

언어 사용이란 측면에서 코드-스위칭은 아프리카 국가 대부분에서 볼 수 있는 현상으로 자칫 진부한 내용일 수 있다. 하지만 우리가 마그레브 지역을 아랍 혹은 이슬람으로 규정하려 한다면 이 지역의 언어 사용은 생각보다 복잡해 무언가 규정하기 어렵다는 점을 생각해야 한다. 아랍어에 맞선 베르베르어가 어떻게 사용되고, 얼마나 사용될지를 고려할 때 이 문제는 마그레브 전체 상황을 설명할 수 있는 복잡하지만 매우 흥미로운 주제가 될 것이다.

---

27) 베르베르어의 명사 체계와 형태론적 변이에 관해서는 임기대의 논문(2016b, 2017)을 참고할 것.

▲ 공사장 표지판

프랑스어-베르베르 문자-아랍어 순이다. 유추해보건대 프랑스 학교 혹은
기관이거나 프랑스 색채가 강한 구역일 것이다.

▼ 카빌리 도심 한복판의 여성 옷가게

반아랍적 지역의 정체성도 있지만, 세련미를 발산하려는 의미에서 프랑스어로만
쓴 것으로 보인다.

생각해볼 문제

1. 지중해의 북아프리카 국가에는 어떤 국가가 있으며, 이들 국가의 공용어가 무엇인지 살펴보고, 특별히 베르베르어가 공용어인 국가의 언어 정책을 살펴보자.

2. 정체성은 무엇이고, 왜 인간은 정체성에 대해 고집하고 있는지, 그것이 강력한 국가 체제를 유지하려 할 경우 무슨 문제가 발생할 수 있는지를 생각해보자.

3. 프랑스가 알제리를 식민지배할 때의 상황과 일본이 조선을 식민지배한 상황을 비교해서 생각해보자.

4. 베르베르 문자의 기원에 대해 다양한 각도로 조명해보고 생각해보자. 페니키아에서 연유된 것인지 혹은 투아레그족에서 연유된 것인지를 살펴봄으로써 지중해와 아프리카의 연관성에 대해 조금 더 심층적으로 사고해보자.

5. 베르베르어권인 카빌리 사람들이 언어를 현실 사회에서 어떤 방식으로 구사할지, 다른 언어권(아랍어권, 베르베르어권) 화자와의 차이가 무엇일지를 생각해보자.

참고문헌

권명식,『아프리카사회언어학』, 한국외국어대학교 출판부, 2011.

임기대,「알제리 식민지배 초기(1830-70)의 프랑스의 언어 문화 정책」,『프랑스학연구』48, 2009, 439-469쪽.

――――,「독립 후(1965-78) 알제리의 언어 교육정책: 탈식민화 과정에 관한 연구」,『프랑스학연구』52, 2010, 359-384쪽.

――――,「알제리의 다중 언어 사용과 프랑스어 위상에 관한 고찰」,『외국어교육연구』15, 2009, 178-199쪽.

――――,「베르베르어의 기원과 '네오-티피나그'(Neo-Tifinagh) 문자에 나타난 몇 가지 특성 연구」,『프랑스문화연구』26, 2013, 417-441쪽.

――――,「베르베르어의 언어학적 분석 작업을 위한 일반적인 기초 연구: 카빌리와 카빌어를 중심으로」,『아프리카연구』37, 2015a, 139-174쪽.

――――,「카빌어의 문법적 구조에 나타난 언어 사용의 특성에 관한 연구: 명사 개념을 중심으로」,『프랑스학연구』72, 2015b, 425-450쪽.

――――,「베르베르어의 자모음 체계 및 특성에 관한 연구: 카빌어를 중심으로」,『프랑스문화연구』31, 2015c, 119-147쪽.

――――,「베르베르어 사용 관련 정책 현황과 변화 가능성에 관한 소고: 알제리의 경우를 중심으로」,『프랑스학연구』74, 2015d, 419-446쪽.

――――,「부테플리카 대통령 집권기(2005-14)의 주요 개각을 통해 본 알제리 내 권력 구도의 특성에 관한 연구」,『한국프랑스학논집』93, 2016a, 135-168쪽.

임기대, 「‘상태 명사’ 개념을 중심으로 본 베르베르어 명사 체계에 관한 연구」, 『한국아프리카 학회지』49, 2016b, 133-162쪽.

———, 「명사 체계를 통해서 본 베르베르어의 형태론적 체계와 변이형에 관한 연구」, 『한국아프리카 학회지』52, 2017, 89-116쪽.

———, 「프랑스와 마그레브에서 ‘베르베르’ 문화운동의 기원과 현황에 관한 연구」, 『한국프랑스학논집』104, 2018, 367-391쪽.

———, 「모로코와 알제리에서의 ‘히락’과 베르베르적 정체성에 관한 연구」, 『한국프랑스학연구』110, 2020, 163-191쪽.

Ahmed Skounti & Eric Anglade, "Le Tifinagh, la singularité berbère gravée dans le temps", *Sud Est Maroc*, 2020. 2. 22.

Amara, I., *Les inscriptions alphabétiques amazighes d'Algérie*, Alger: HCA/ANEP, 2006.

André Pautard et Madeleine Axelrad, "La seconde tentative de coup d'Etat", *L'Express*, 2006. 3. 2.

Camille Risler, *La politique culturelle de la France en Algérie*, Paris: L'Harmattan, 2004.

Farid Benmokhtar, *Le code-switching en Kabylie -Analyse du phénomène de mélange de langue*, Paris: L'Harmattan, 2013.

Gabriel Camps, *Les Berbères: Mémoire et identité*, Arles: Actes Sud, 2007.

Haddadou, M.Q., *Défense et illustration de la langue berbère: Apport des berbères à la civilisation universelle*, Alger: INAS, 1990.

Jean Servier, *Les Berbères*, Paris: PUF, 2017.

Kristeva, Julia, *Le langage, cet inconnu: Une intiation à la linguisttique*, Paris:
Points, 1981.

Vermeren, Pierre, *Maghreb: Les Origines de la révolution démocratique*, Paris:
Pluriel, 2010.

3
역사 속의 베르베르 문명

"천혜의 기후와 풍부한 자원을 가진 마그레브 지역은
로마 지배하에서 엄청난 착취를 당했다."

마그레브 지역은 수많은 이민족의 침입을 경험했던 지역으로 문명의 시작을 알리는 선사시대부터 페니키아, 로마, 비잔틴, 반달, 아랍, 오스만 터키, 프랑스를 위시한 유럽 등의 문화가 혼재해 있는 곳이다. '마그레브'라는 지정학적 위치로 인해 베르베르인은 이민족들과 더불어 굴곡진 역사를 경험하지 않을 수 없었다. 베르베르인 간에는 큰 전쟁이나 대립으로 반목하지 않았지만 외지인은 이 지역에서 전쟁을 일삼았고, 정복과 지배, 식민지 등의 이름으로 베르베르인의 땅을 점령했다. 이 지역은 이슬람이 지배하는 과정에서조차 순탄치 않은 역사적 과정을 겪었다. 굴곡진 역사 속에서 베르베르인은 엄청난 아픔과 시련을 겪었고, 오늘날 아랍·이슬람주의 속에서 나름의 정체성을 되찾으려 노력하고 있다. 이런 베르베르인의 삶은 거시 문명사에 함몰되어 지중해 문명사나 아프리카 역사에서 별로 알려진 바가 없다.

이번 장에서는 역사의 이면에 있는 베르베르 문명이 어떤 식으로 존재했고, 이민족이 시기별로 어떻게 정복해갔는지, 그리고 무엇을 남기려 했는지 그 역사의 흔적을 따라가보도록 하겠다.

1. 카르타고 시대까지의 '베르베르'와 누미디아 왕국

마그레브 지역에서 인류가 살았던 시기는 대략 50만 년 전으로
거슬러 올라간다. 현지 곳곳에서 발견되는 여러 종류의 화석이 이
를 증명해주고 있다. 신석기 시대를 거쳐 베르베르인의 조상이라고
하는 종족이 처음 출현했다. 이들은 가프사족(Capsian)[1]이라 불리
며 기원전 6,800-4,500년경에 살았던 것으로 추정하고 있다. 알제
리 동쪽의 콩스탄틴(Constantin)과 세티프(Setif) 남쪽, 특히 튀니지
남서쪽의 가프사(Gafsa) 지역을 주 거주지로 문화권을 형성했다.[2]
가프사는 선사시대부터 문명의 요람이자 문화의 교차로로서, 이 지
역을 거쳐간 문명권이 각자의 흔적을 녹여냈으며 사하라 무역의 교
차점이기도 한 곳이다. 현재 이 지역은 세계중요농업유산 지역이다
(김덕수, 2020).

이곳에 살던 사람들이 흔히 말하는 베르베르와 누미디아인의 조
상이며, 사하라사막의 아하가르(Hoggar)산맥 등에서도 유사한 흔

---

1) 캅사족이라고도 하는 학자도 있지만, 튀니지의 가프사(Gapsa)에서 유래한 점을 고
려해 가프사족이라 명기했다.
2) 기원전 1만 년에 나타나 기원전 3,000년에 소멸한 스페인의 레반트 미술이나 북아
프리카의 회화는 가프사 문화의 소산으로 알려져 있다. 적색 혹은 흑색의 단채색
회화이며 주제는 말, 소, 거미, 꿀 등이 있다. 인물은 거의 없고 활을 들고 수렵, 전
투 등의 생활을 하는 장면을 담고 있다.

적을 발견할 수 있다. 사하라의 타실리(Tassili)산맥에서 발견된 그림 가운데 나일강의 보트와 머리를 땋은 이집트인이 그려진 모습도 발견할 수 있다. 이외에도 사람이 살았던 것으로 추정되는 동굴 암벽화가 곳곳에 산재해 있다. 이런 식의 암벽화는 남부의 사하라에서 모로코와 알제리 국경지대의 베샤르(Béchar) 지역까지 걸쳐 있으니 과거 이 지역이 어떤 지역이었을지 쉽게 상상할 수 있다. 이런 훌륭한 문화유산에도 불구하고 문화재에 대한 관리가 체계적으로 이뤄지지 않은 문제는 안타까울 뿐이다. 그나마 일부 박물관에 그 흔적을 재현해놓아 방문객으로서는 지역의 역사를 살펴볼 수 있는 유일한 방법이 되기도 한다.

기원전 4,000년경은 이집트와 리비아에 맞서 베르베르인의 투쟁이 시작되는 시점이며, 로마가 오기 전까지 이곳은 문화적 혼합 지역을 형성한다. 실제로 베르베르인이 이집트의 파라오가 된 역사적 사실도 있을 정도로 고대 베르베르와 이집트의 관련성은 매우 높다. 마지막 장에서 다룰 베르베르인의 신년인 '옌나예르'(Yennayer)의 역사에서 이 내용에 대해 구체적으로 살펴보도록 하겠다.

기원전 12세기경부터 기원전 814~813년에 이르러 페니키아인은 마그레브 해안을 따라 모로코의 탕헤르까지 수많은 해외 식민 도시를 만들었다. 이 도시들을 통해 페니키아인은 지중해의 무역을 선점해갈 수 있었다. 페니키아인과 군사적 충돌을 면할 수 없었던 베르베르인은 무역에 관한 한 동맹관계를 유지했다. 그들은 페니키아의 선진 농업기술을 배웠으며 토지세를 지불하기도 했다. 이마저

▲ 카르타고의 페니키아 문명 유적지

로마가 등장하기 전까지 페니키아인들은 마그레브 해안을 따라 식민 지배를 하며
지중해의 무역을 장악했다. 페니키아 문명의 도시국가였던 카르타고는
오늘날 튀니지 영토에 있었다.

▼ 사하라의 암벽화 모습

암벽화는 남부 사하라에서 모로코, 알제리 국경지대의 베샤르 지역에까지 걸쳐 있다.

도 거부한 베르베르인은 사막과 산간, 동굴 지역으로 피신하며 저항을 이어갔다. 외부인에 대한 베르베르인의 저항이 이때부터 있던 것인지는 모르지만 지금까지 산악과 동굴에 집단을 이루고 살아가는 것을 보면 대단하다는 생각이 절로 든다.

페니키아는 해상이라는 공간을 바탕으로 느슨하게 문화를 전파했고, 로마의 등장과 함께 급속도로 영향력을 상실해갔다. 엄청난 세력권을 형성했던 페니키아가 다른 문명과는 달리 속절없이 사라져간 것에 의구심이 들지만, 그들의 지배력에 문제가 있었던 것은 아닌지 생각해본다.

페니키아는 로마와의 정면충돌을 피할 수 없었다. 지중해를 통해 북아프리카로 확장하려는 로마와 지중해의 시칠리아를 고수하려는 페니키아 간 대립이 발생한 것이다. 로마는 결국 기원전 200년경 누미디아 왕조(Numidia, 기원전 202-기원전 40) 베르베르인의 도움으로 페니키아의 카르타고 세력을 무너뜨리고 지중해 지역을 장악했다(Gabriel Camps, 2007).

로마가 마그레브에 정착해 지중해 패권 장악을 시도한 것은 기원전 3세기부터이며, 1·2차 포에니 전쟁을 통해 카르타고를 멸망시킨 이후다. 베르베르의 누미디아 왕 유구르타(Jughrta, 기원전 118-기원전 105)가 로마에 맞서 끝까지 투쟁하기도 했지만, 왕국은 결국 기원전 105년 마우레타니아(Mauretania)[3]의 왕 보쿠스 1세의 밀

---

3) 오늘날 영토 개념으로 보면 모로코 북부와 알제리 서부에 해당하는 곳이다.

고와 배신으로 패배해 로마의 영향권 안에 편입되었다. 그는 누미디아 베르베르인의 영웅 마시니사(Massinissa, 기원전 240경-기원전 148)의 손자이기도 했다.

로마 이전의 마그레브 역사를 말할 때 빼놓을 수 없는 왕조와 인물이 있다. 베르베르인이 자랑스러워하는 조상이자, 마그레브 지역의 패권을 장악한 누미디아 왕조다. 누미디아 왕조는 로마의 속주가 되어 왕조를 지탱했지만, 로마에 맞서 지속적으로 저항했다. 누미디아 왕조와 마찬가지로 마그레브에는 서쪽의 마우레타니아 속주, 동쪽으로는 오늘날 알제리에 자리하며 시팍스(Syphax, 재위기간 기원전 215-기원전 203) 왕이 지배한 왕조가 있었다. 마지막으로 튀니지와 알제리 동부 지역에 자리하고 있던 마실리(Massili) 왕조가 있었다. 제2차 포에니 전쟁이 발발하면서 마실리의 마시니사가 카르타고와의 전쟁에서 승리하는 데 결정적인 기여를 했다. 이후 베르베르인 전체를 아우르는 통일 왕조 누미디아 왕조가 나왔으며, 영웅 마시니사 또한 마그레브 역사에 기록될 만한 인물로 남게된다.

마시니사는 마그레브 지역에서 로마와 카르타고가 패권 경쟁을 할 때 로마의 편에 서며 마그레브 지역의 역사 흐름을 바꾼 인물로 평가받고 있다.[4] 그의 통치 아래 누미디아 왕조는 정치·경제적 발전을 이루어가는 초석을 다졌다. 힘을 잃어가는 카르타고 편에 서

---

4) *RADIO ALGÉRIENNE*,「Constantine 2015: Le tombeau de Massinissa, témoin de l'épopée de l'unificateur de la Numidie」, 2015. 5. 4.

마시니사의 무덤

무덤은 엘 크루브(El Khroub)에 있다. 이곳은 누미디아 왕국의 수도이자,
알제리 동부 대도시 콩스탕틴에서 16킬로미터 동쪽에 위치해 있다. 북아프리카에서
가장 오래된 누미디아 왕국 무덤으로 평가받지만 거의
관리—기록물 및 건축물 보존 등—를 하지 않아, 무덤에 대한 정확한 내용은 알 수 없다.

지 않고 로마인의 편에 서서, 그들의 지원으로 강력한 통일 국가를 형성하는 것이 마시니사의 가장 큰 목표였다. 무엇보다 유목생활을 하던 베르베르인이 정착생활을 할 수 있도록 농업기술을 도입하고 장려했으며, 경우에 따라서는 강압적인 방식으로 정착시키기도 했다.

마시니사가 거느린 영토는 오늘날 모로코 땅의 무루야(Moulouya) 강—길이 520킬로미터—에서 리비아까지 걸쳐 있었다. 주권 왕국으로서 확고한 자리를 잡았으며, 농업과 목축업을 번성시키며 경제적 번영을 일궈갔다. 각 지방에는 총독을 두었으며, 부족마다 '아모크란느'(Amokrane, '족장'이라는 의미)라는 부족장이 통치했다. 10명으로 구성된 왕국 통치 위원회로 통치를 수월하게 하고자 했으며, 위원회에 자신의 아들 3명을 임명했다. 세 명의 아들은 각각 행정, 군사, 재정을 담당하도록 했다.

기원전 148년 마시니사가 사망하면서 정치적인 소용돌이가 왕국에 휘몰아쳤다. 왕위 승계 문제로 누미디아 왕조는 일대 대혼란을 겪게 된다. 최종적으로 마시니사의 손자인 유구르타(Jugurtha, 기원전 118-기원전 104)가 왕위 찬탈에 성공했다. 유구르타는 기원전 105년 로마가 다시 지배할 때까지 누미디아를 다스렸지만, 왕국의 혼란기는 로마가 개입할 수 있는 빌미가 되었다.

로마 지배가 본격화되었지만 이 와중에도 용맹스러운 누미디아인은 또다시 왕조 재건의 꿈을 이어갔다. 기원전 49-46년경 유바 1세(Juba 1er, 기원전 85-기원전 46)는 강력한 왕조를 재건하려 했으나 타프수스(Thapsus)[5]에서 율리우스 카이사르에게 패하고 말았다. 유바 1세가 직접 전투에 참가하지는 않았지만 3만 명의 병사를 철수시키며 패배를 인정했다. 결국 유바 1세는 전투에서 패한다면 절대 수도 자마(Zama) 안에 발을 들이지 않겠다고 한 약속을 지키며 스스로 목숨을 끊었다.

누미디아인들은 말 사육에 뛰어나서 그들이 사육한 말을 로마 기병대에 공급했다고 현지인들은 말한다. 누미디아인의 남다른 용맹성에는 말을 다스리는 뛰어난 기량이 뒷받침되었을 것이다. 로마 시대 베르베르인이 사육한 말은 오늘날 수도 알제에서 약 300킬로미터 지점에 떨어진 티아렛(Tiaret)으로 갔다. 현재까지도 말 사육장이 그대로 남아 있으며, 이곳은 이슬람이 도래한 후 이바디즘 왕조인 로스템 왕조의 수도가 되기도 했다.

2. 로마 시대의 베르베르와 기독교

페니키아로부터 해방된 마그레브 지역은 로마를 새 주인으로 맞이했다. 마그레브 지역을 장악한 로마 군대는 대개 갈리아족(Gauls)[6]으로 구성되어 로마식의 도시화를 가속화해갔다. 지중해

---

5) 오늘날 튀니지 휴양 도시 수스(Sousse) 지역의 남동쪽에 있는 지역이다.
6) 로마 시대 서유럽과 동유럽에 살던 켈트인을 지칭한다. 고대 프랑스 지역을 갈리아라고 부르기도 했으며, 이들은 오늘날 프랑스인의 조상이라고 하는 골(Gaule)족이 된다.

연안과 산지에서 생산되는 포도주, 곡물, 올리브, 과일 그리고 말과 같은 동물까지 포함해 마그레브의 지중해 해안 도시는 로마로 물자를 공급하는 도시로 변모해갔다. 토착 베르베르인은 로마 군병에 맞서 싸우거나 로마인을 위해 부역할 수밖에 없었다. 하지만 천하를 장악한 로마에 맞서 싸우기란 쉽지 않았다.

천혜의 기후와 풍부한 자원을 가진 마그레브 지역은 로마 지배하에서 엄청난 착취를 당했다. 토착 베르베르인은 용병으로 혹은 강제로 전쟁에 참여해 로마가 유럽을 장악하는 데 일등 공신이 되었다. 집약적인 농업으로 마그레브 지역은 로마 제국의 곡물 공급률 60퍼센트 이상을 책임지게 되었다. 로마 제국은 축산과 어업, 원형 경기장에 사용되는 말의 대부분을 북아프리카에서 가져갔다. 현재까지도 로마인이 애용하고 로마 군병이 사용했던 말 사육지가 알제리의 티아렛(Tiaret)에 남아 있는데, 그 규모──현지인들은 아프리카에서 가장 큰 사육장이라 한다──를 보면 당시 얼마나 로마가 체계적으로 마그레브의 말을 양육해 가져갔는지 알 수 있다.

알제리의 로마 도시 제밀라(Djemila)와 팀가드(Timgad), 티파자(Tipaza), 쉐르셸(Cherchel)을 비롯해 로마 황제 셉티무스 세베루스(재위 기간 193-211)를 배출하기도 한 리비아의 사브라타(Sabrata)와 렙티스 마그나(Leptis Magna), 모로코의 볼루빌리스(Volubilis), 튀니지의 두가(Dougga) 등을 보면 당시에 진행되었던 도시화가 로마의 도시 모델을 훌륭히 따랐음을 증명해준다. 로마를 제외하고 로마식 도시 구조가 이렇게 훌륭히 남아 있는 곳은 많지 않다.

티아렛 소재 옛 누미디아인의 말 사육장
로마 시대의 누미디아인은 말 사육에 뛰어났으며, 그들이 사육한 말은
로마 기병대에 공급되었다.

사실 마그레브 지역과 로마 기독교의 관계는 종파적인 문제로 그 복잡성을 설명하기가 매우 난해하다. 분명한 것은 지역민이 바다와 항구를 통해 로마 기독교를 수용했다는 점이고, 이 지역에서 교회 역사상 가장 훌륭한 교부들을 배출했다는 것이다. 특히 성 아우구스티누스(Saint Augustine, 354-430)[7]는 마그레브에서 배출한 가장 위대한 기독교 신학자다. 북아프리카 누미디아 타가스테(Tagaste)—오늘날의 알제리 수크 아흐라스(Souk Ahras)—출신으로 신앙과 지식의 관계에 대해 '이해를 추구하는 신앙'이라는 입장을 취함으로써 이후 신학과 철학, 신학과 일반 학문을 함께 연구하는 유럽의 중세 스콜라 철학에 지대한 영향을 미쳤다. 당시 베르베르인의 종교적 동화 내지 로마 가톨릭에 기여한 바가 적지 않았을 것으로 추정되는 대목이다(Jean Servier, 2017). 이외에도 마그레브 지역 출신의 로마 황제와 여러 지도자급 인사들이 있었다.

로마 제국을 멸망시킨 반달족(Vandals)은 410년 로마를 수중에 넣은 것을 시작으로 마그레브 지역까지 세력을 확장했다. 스페인을 차지하고 난 후 반달족은 바이킹족과 같이 해적으로 변했고, 이후 모로코를 거쳐 425년에는 알제리를 공격했다. 당시 마그레브 지역에 반달 왕국(Regnum Vandalum, 435-534)을 세워 거의 1세기 동

---

7) 라틴어로 'Sanctus Aurelius Augustinus Hipponensis'이며, 이 긴 이름에서 라틴어 발음을 그대로 차용해 아우구스티누스라 부르기도 한다. 기독교에서 가장 존경받는 신학자 가운데 한 명이다. 말년에 히포(Hippo) 주교로 봉사활동을 했다. 히포는 오늘날의 알제리 안나바(Annaba) 지역을 일컬으며 프랑스 식민지배 당시 사용한 지명이다.

마그레브의 로마 시대 유적지
순서대로 군사도시 팀북투와 휴양도시 제밀라, 행정도시 사브라타 지역이다.

안을 통치했다. 반달족은 주로 해군력에 의존하며 약탈만 하는 수준이었기에 베르베르인의 분노를 샀다. 반달족이 베르베르인의 반기독교 정서를 키우는 역할을 했다고 하지만, 실제 그랬는지에 대해서는 여러 이견이 있다.[8] 어쨌든 베르베르인의 반기독교적 정서는 이전부터 조금씩 있어왔지만, 반달족이 들어오면서 그 정도가 더욱 심해졌다. 반달족이 지역에서 로마 기독교와 토착 베르베르인을 억압한 것은 그들이 아리우스파[9]로 개종한 사람이었기 때문이다. 반달족은 자신들과 다른 종파에 적대감을 가졌다. 게다가 마그레브 지역에서는 도나투스파(Donatism)[10]가 우세한 상황이었다. 도나투스파는 주로 가난한 소작농 베르베르인이 많이 믿었다. 지주들은 정통파 기독교를 믿었지만 박해를 피하지는 못했다. 결국 다른 종파에 대한 적대감이 폭력 사태로 이어졌고, 반달족은 100년도 채되지 않아 마그레브 지역에서 물러나야 했다. 이는 이후 비잔틴 제국이 마그레브 지역에 들어오는 빌미가 되었다.

---

8) 반달족이 약탈과 파괴만을 일삼았다는 것은 익히 잘 알려진 사실이다. 그들로부터 '반달리즘'(Vandalism)이라는 말이 유행하기 시작했다. 그러나 반달족이 파괴와 약탈을 일삼은 것은 극히 일부였고, 로마 제국 말기의 노예나 빈곤층, 로마의 보통 사람들이 피지배 지역에서 약탈을 일삼은 것으로 전해진다.

9) 이집트 출신의 아리우스(Arius, 250/256-336)가 주장한 기독교 신학 교리다. 성자 예수는 창조된 피조물이며 성부에게 종속된 것이라는, 삼위일체에 반대하는 교리를 내세운다. 제1차 니케아 공의회(325년)에서 아리우스는 이단으로 배격되었다. 예수 그리스도의 신성(神性)을 부인했기 때문이다.

10) 도나투스파는 기독교 종파 가운데 하나다. 중심은 카르타고 주교 도나투스의 이론이다. 4-5세기 아프리카에서 번성했으며, 이슬람이 들어오면서 자연히 소멸되었다. 일각에서는 중세까지 남아 있었다는 설도 있다.

비잔틴의 유스티니아누스 1세(Iustinianus, 482-565)는 530년대 이탈리아반도와 로마를 재정복할 목적으로 해군력을 증강하고, 증강된 해군력을 기반으로 마그레브 지역의 반달족과 한판 승부를 벌였다. 전쟁은 오늘날의 리비아, 시칠리아, 사르데냐, 튀니지, 알제리 등에서 치러졌다. 곳곳에서 벌인 전투를 통해 534년 반달 왕국을 멸망시킨 비잔틴은 자신감을 갖고 로마 진출을 계획했다. 로마 원정을 떠난 유스티니아누스 1세는 황제의 칙령을 기다리고 있었다. 이제 마그레브 지역은 비잔틴 제국의 수중에 넘어가는 수순만을 기다려야 했다. 그렇지만 이 지역의 지배는 순탄치 않았다. 로마가 다시 이 지역을 지배하고 가톨릭교회를 부활시키려 했지만, 원주민을 위한 성경도 없었고, 당시 로마와 마그레브 지역 기독교 간의 신학적 논쟁은 베르베르인의 기독교에 대한 냉소를 촉발시켰다. 이 와중에 아라비아반도에서는 이슬람이 서서히 마그레브 지역 정복을 준비하고 있었다. 비잔틴은 신학적 논쟁으로 시간을 허비하는 과정에서 이슬람에 대항할 힘을 갖추지 못했고, 이후 이슬람이 상대적으로 쉽게 이 지역을 이슬람화할 수 있는 빌미를 제공한 셈이다.

로마 시대 마그레브 지역의 유대인 또한 언급하지 않을 수 없다.[11] 마그레브 지역에서 유대인은 이슬람이 들어오기 한참 전부터

---

11) 사실 마그레브에서 유대인의 역사는 베르베르인과 더불어 중요한 요소다. 수천 년 동안 유대인은 베르베르인과 살았지만 그에 대한 기록은 많이 남지 않았다. 유대인은 대부분 떠났지만, 소수가 여전히 남아 공존 혹은 동화 형태로 살아가고 있다.

베르베르인과 공존했다. 튀니지의 제르바섬에는 유대인 '시나고그'(synagogue, 유대교 사원)가 있다. 이들은 카르타고가 건재한 시기에 건립되었지만 로마 시대에도 굳건히 자리하며 관계 맺고 있었다. 현재까지 제르바섬 인근에 남아 있는 로마 시대의 대수로는 이를 증명해주는 역사적 흔적이다.

앞서 언급했듯이 카르타고와 오늘날의 알제리에 있는 안나바(Annaba)는 마그레브 기독교의 본거지와도 같은 곳이었다. 안나바의 주교이자 로마교회의 교부였던 아우구스티누스와 그의 어머니 성녀 모니카는 기독교도 베르베르인이었다. 활발한 기독교 소수 교파들―이집트의 콥트교도, 레바논의 마론교도, 시리아정교―이 아직도 남아 있는 중동지방과 달리, 마그레브 지역에서는 기독교가 점차 사라지는 추세였다. 심지어 도나투스파나 아리우스파의 존재감도 서서히 옅어졌다. 그렇다고 이것이 완전한 소멸을 의미하지는 않는다. 단지 소모적 논쟁에 따른 사람들의 피로도가 증가했을 뿐이었다. 계급에 따라 믿는 방식이 달랐던 기독교인의 착취 또한 사람들의 반감과 무관심을 증가시켰다. 이후 마그레브 지역은 기독교와 접할 기회가 줄었다. 이를 이슬람의 성행으로 인한 기독교의 위축이라고 보기도 어렵다. 1492년 '레콩키스타' 이후 마지막 무슬림이 이베리아반도에서 축출되고, 포르투갈과 스페인이 마그레브 해변에 수시로 이슬람교도에 대한 공격을 전개했던 15세기에도 마그레브 지역에서 기독교는 일부를 제외하고 거의 사라졌기 때문이다. 식민지 시대에 유럽인과 함께 기독교가 다시 들어왔지만, 무슬림들이 기독교로 개종하는 일은 극히 드물었다. 오히려 제국주의 종교에 대한 저항심만 커져 민족주의로 확대되며 식민지배국인 프랑스를 괴롭혔다.

하지만 오랜 기간 마그레브 지역을 조사하고 공부하며 느낀 점은 의외로 무교의 현지인이 많다는 점이다.[12] 모로코와 알제리, 튀니지의 무슬림 비율은 통계 수치―국가정보, 인터넷 등―상으로는 보통 98퍼센트 이상이다. 이는 국가 정책에서 무슬림으로서의 삶을 실천하지 않는 사람, 설문 시 무응답자 등을 통계 작성 시 모두 무슬림으로 분류해놓았기 때문인 것으로 보인다.

민족주의 등을 통해 국가를 이끌고자 하는 마그레브 지도자들은 국민 다수가 이슬람교를 믿는다는 이유로 대개 국가의 축일을 이슬람과 관련된 날로 정한다. 최근 베르베르 관련 국가 축일이 새로이 지정되는 경우도 있었는데, 이는 아주 최근의 일이라 일반화하기는 쉽지 않다. 이에 반해 기독교인 수는 최대한 축소해 발표하는 경향을 보인다. 정확히 기독교인 수를 파악하기란 쉽지 않지만, 은연중에 기독교인임을 얘기하는 현지인을 심심치 않게 볼 수도 있다. 게다가 이슬람 국가이지만 오랜 역사 속에서 토착적인 관행과 믿음, 생활양식이 어우러져 형성된 고유한 종교관도 간과할 수 없다. 이슬람 국가가 대부분이지만 기독교와 유대교 등이 토착신앙과 어우

---

12) 이것은 필자의 개인적 경험에 따른 것이다. 마그레브 지역의 현지인과 깊숙이 교감하다 보면 많은 현지인이 자신들의 종교관을 얘기한다. 심지어 사하라사막과 같은 험지에서도 종종 목격되는 현상이다.

러져 복잡한 정체성을 보이는 곳이 마그레브 지역인 듯싶다.

3. 아랍과 오스만 터키 점령기

아랍이 마그레브 지역을 정복한 것은 670년이지만 705년경이
되어서야 대서양의 모로코까지 정복해갈 수 있었으며, 이후 이베
리아반도를 이슬람화할 수 있었다. 메카에서 소수 지도자의 지휘
를 받은 아랍 베두인[13] 징집병이 마그레브 지역 정복을 진두지휘했
다. 정복 초기에는 페르시아인이 가담하기도 했고 아르메니아인도
있었다. 여러 민족이 섞여 들어왔으며, 페르시아인은 훗날 시아파
와 이바디파를 지역에서 확산시키는 데 공헌했다.[14] 아르메니아인
의 유입은 아랍 이전부터 있었으며, 대부분 상업에 종사했다. 튀니
지 제르바(Djerba)섬에 여전히 남아 있는 그들의 흔적은 이를 증명
해준다. 해상에서는 그리스인과 이집트 콥트교인 일부도 가담했다.
이집트를 정복하고 온 아랍은 계속 서쪽으로 진군해가면서 베르베
르인의 땅을 점령하고 지역민을 개종해갔다. 베르베르인은 쉽게 개

---

13) 중동지역 사막에서 유목생활을 하는 아랍인이다. 하지만 베두인족을 비롯한 여
러 아랍인이 본격적으로 마그레브에 들어온 것은 11세기 중엽부터다.
14) 페르시아인 압데라흐만 엘-로스탐(Abderahman El-Rostom)은 베르베르인의 지
지를 얻어 로스템(Rustamides 혹은 Banû Rustam, 767-909) 왕조를 건립했다. 그는
수프리즘 왕조를 세운 바누 이프렌(Banu Ifren) 부족의 여자와 결혼해 결과적으로
베르베르인의 지지를 얻어낸 것으로 보이지만, 수프리즘 왕조는 로스탐 왕조와
훗날 대립하며, 왕조 또한 이드리스 왕조에 넘겨주었다. 로스템 왕조에 대한 보다
자세한 내용은 5장에서 살펴볼 것이다.

종하기도 했지만 끝까지 저항한 이들도 많았다. 어떤 이는 개종하지 않은 채 아랍 군부대에 부역하기도 했다. 665년부터 베르베르인이 아랍 군대에 편입되었고, 8세기 초에는 오히려 베르베르인이 이슬람군의 다수를 차지했다. 이들은 이후 모로코를 넘어 이베리아반도로 진격해가는 데 핵심적인 역할을 했다.

그런데 당시의 베르베르인은 모두 동일한 베르베르인으로 불리지 않았다. 중세 시대 베르베르인은 오늘날에는 사용하지 않는 산하자, 제나타, 마스무다라는 이름의 베르베르 부족 연합체로 구분되어 있었다(Gabriel Camps, 2007, p.132). 여러 하위 부족들이 이 세 개의 부족으로 연합해 왕조를 세우기도 했다. 때로는 아랍과 대결했으며, 때로는 베르베르 부족 간의 대립도 있었다. 이 세 부족은 아랍인에 동화하거나 군대에 부역했다. 산하자 부족의 경우는 끝까지 아랍과 거리를 두면서 자신들의 신앙관을 지역에서 지켜내고자 했다.[15] 이슬람으로 개종은 했지만 자신들의 가치와 부합해야만 아랍과 같이했고, 그렇지 않은 경우 아랍과 대립하는 종교관을 선택했다.

아랍이 들어오기 전 마그레브 지역은 주로 해상 세력 —특히 잘 알려져 있듯이 페니키아나 로마— 이 지역 패권의 자리를 놓고 자

---

15) 중세 시대 이 세 부족은 오늘날 마그레브 지역의 정체성을 바꾸는 데 매우 중요한 역할을 했다. 이들 이름은 현재는 거의 사용하고 있지 않지만 중세 시대 이슬람의 확산과 수니파 이슬람의 지배와 관련해 매우 중요한 역할을 했다. 이와 관련한 구체적인 내용은 임기대(2020a, 2020b)를 참조할 것.

웅을 겨루고 있었다. 하지만 아랍이 들어오면서 육로를 통해 세력 재편이 이뤄졌다. 그 당시 베르베르인은 해안가 이외에도 고평원이나 사막에 걸쳐 정착민적, 유목민적 생활을 했다. 정착민적 생활은 바닷가나 산악지대, 바다와 산에 걸쳐 있는 지역, 혹은 고평원지대에서 이뤄졌다. 그들 가운데는 우리에게도 많이 알려진 황제나 교황, 교회의 성인과 사제가 다수 있었으며, 그들은 로마 문화에 동화되곤 했다. 이들을 이슬람으로 개종시킨다는 것은 상당한 시간을 필요로 했다. 쉽게 이슬람으로 개종하려 하지 않았고, 심지어 오늘날까지 기독교인으로 남아 있는 경우도 있다. 산악지대에 살고 있는 반(牛) 유목생활의 베르베르인은 아랍이 들어왔을 때 강하게 저항했고, 그들 가운데 일부는 개종하지 않은 채 살아가고 있다. 사하라의 투아레그족은 자신들의 토속 문화에 이슬람을 접목해 해안지대와는 다른 모습의 문화적 정체성을 유지하고 있다.

이렇듯 아랍이 마그레브 지역에 왔을 때, 베르베르인은 아주 다양하고 복잡한 형태의 생활을 하고 있었다. 그들은 여러 세기 전부터 페니키아, 로마, 스페인, 갈리아(Gauls),[16] 게르만, 유대, 사하라 이남 아프리카 등으로부터 유입된 요소로 인해 다양하고 혼합적인 정체성을 형성하고 있었다. 베르베르인은 아프리카 지역의 다른 곳처럼 애니미즘적 신앙과 마법 행위에 대한 신념도 있었다. 물론 현재도 이런 행위와 신념은 잔존하고 있다. 여기에 페니키아인의 타

---

16) 철기시대와 로마 시대의 서유럽과 동유럽에 살던 켈트인을 지칭하지만, 일반적으로 오늘날의 프랑스에 해당하는 지역을 말한다.

니트(Tanit)[17]를 숭배했으며 그리스·로마 신화도 중첩해 있었다. 오늘날 마그레브의 박물관에 남아 있는 여러 고대 문물은 그들 문명의 중첩 과정을 잘 보여준다. 마니교, 성 아우구스티누스의 로마 가톨릭과 페니키아 이전부터 유입된 유대교, 아랍 이전의 아리우스파와 도나투스파 교리를 모두 통합시켜놓은, 다분히 복잡하지만 더불어 '공존'이란 것을 잘 느끼게 해주는 것들이다. 베르베르인은 이런 신앙적 전통 위에서 이슬람을 받아들였는데 이들에게 아랍의 억압적 통치 방식은 반감을 불러일으켰다.

아랍이 마그레브 지역을 정복할 당시 이곳의 지정학적 상황은 복잡하고도 모호했다. 정복을 시작한 무슬림은 베두인이었고, 불모의 사막지대 생활에 익숙한 사람이었다. 그들이 해상 생활에 익숙한 베르베르인을 지배하기란 쉽지 않았다. 산악지대의 베르베르인 또한 만만치 않았다. 그들은 아랍과 이슬람을 거부하고 새로운 장소에서 정착하고자 더 높은 산악지대로 올라갔다. 아랍인의 침략을 물리칠 수는 없었고, 그들은 마그레브로 쉬지 않고 진격해왔다. 베르베르인의 상당수는 이런 아랍의 이슬람을 받아들이거나 그들 군에 복무하며 대서양으로 진출했다. 그들은 사하라에서 피레네산맥으로 이르는 공간을 누비면서 아랍의 땅과 이베리아반도 사이의 통로를 만들었다.

이베리아반도의 선봉에 섰던 인물로 타리크 이븐 지야드(Tariq

---

17) 카르타고 최고의 여신으로 '달의 여신'을 일컫는다. 타니트는 지중해 문명권에서 숭배 대상이었으며 다산을 상징했다.

Ibn Ziyad, 670-719)를 빼놓을 수 없을 것이다. 오늘날 '지브롤터' (Gibralter)라는 곳은 그의 이름에서 유래한다. 그는 오레스(Aurès)[18] 지역민, 즉 샤우이족으로서 중세 시대 제나타(Zenata) 베르베르에 속한 인물로 알려졌다. 바닷가와 사막을 주 활동 무대로 삼은 산하자 부족과는 결을 달리하는 베르베르인이었다. 그가 돈을 벌기 위해서 혹은 이슬람교를 전파하기 위해서 이베리아반도 정복에 나섰는지는 알 수 없지만, 역사는 그가 점령군의 필두에 선 이유를 후자 쪽에 두고 있다. 즉 그는 이슬람으로 개종해 아랍군에 부역한 베르베르인이었던 것이다.[19] 타리크 이븐 지야드는 이베리아반도를 점령하는 데 있어 중요한 전진 및 배후 기지 역할까지 담당했다. 진격해 가는 곳곳에 인질을 두며 안전을 도모하기도 했다. 오늘날 모로코 내 스페인 영토인 세우타(Ceuta)의 백작을 인질로 잡아두기도 했다.

타리크 이븐 지야드와는 달리 상당수 베르베르인은 거세게 저항했다. 이슬람을 받아들이면서도 군사적으로나 종교적으로 끝까지 저항했고, 심지어 아랍인 총사령관 오크바 이븐 나피(Oqba Ibn Nafi, 622-683)를 알제리와 리비아 국경지대에서 살해해 아랍에 대

---

18) 알제리의 동부 고평원지대로 튀니지와 리비아에 면해 있다. 이슬람이 들어올 당시 가장 열렬히 이슬람을 수용한 베르베르어권 지역이다(Pierre Bourdieu, 1958, pp.24-34).

19) 타리크 이븐 지야드의 출신과 관련해서는 여러 가지 가설이 있다. 페르시아 출신이라는 설, 고트족이라는 설을 각각 아랍와 유럽 학자들이 제기하고 있다. 하지만, 이븐 할둔의 언급대로 타리크 이븐 지야드는 오늘날 오레스 지역 출신의 베르베르인으로 간주되고 있다.

한 적대감에 불을 질렀다.[20] 아랍이 마그레브 지역을 이슬람화하는 데 약 80년이 걸린 것은 그만큼 격렬한 저항이 있었기 때문이다. 오크바 이븐 나피의 무력 정복은 베르베르인의 마음을 사지 못했고, 그 또한 비스크라(Biskra) 인근에서 살해되었다. 반면 무사 븐 누사이르(Musa bin Nusayr, 640-716)는 베르베르인이 아랍인을 공격하는 악순환을 끊는 데 큰 공헌을 한 인물로 평가받는다. 그는 차별 없는 정책을 펼치려 했으며, 이후 베르베르인은 빠른 속도로 이슬람으로 개종했고 지역의 이슬람화에 기여했다(아이라 M. 라피두스, 2009, 350-355쪽). 타리크 이븐 지야드 또한 무사 븐 누사이르의 동화 정책 덕택에 아랍군에 배속되어 군을 통솔했다. 무사 븐 누사이르의 통치 방식으로 인해 베르베르인에 대한 대우는 조금 나아졌지만 이후에도 '딤미'(Dimmi)라는 이름의 이등 시민에서 완전히 벗어날 수는 없었다. 이런 이유로 아랍 정복 초기의 마그레브 지역에서는 이슬람을 수용하면서도 독자적인 이슬람 왕조, 혹은 베르베르 왕조들이 생겨났다.

그렇다면 베르베르인이 이슬람으로 개종해갈 수 있었던 이유는 무엇일까? 이에 대해 답을 줄 수 있는 역사적 기록물은 충분하지 않지만 몇 가지 사실을 통해 유추해볼 수 있다. 무엇보다 가장 결정적

---

20) 오크바는 알제리의 비스크라(Biskra) 인근에서 베르베르 부족에게 살해당했다. 비스크라는 수도 알제에서 약 500킬로미터 떨어진 동남부 지역의 도시. 흔히 '사하라의 문'이라고도 불리는 지역이다. 비스크라에서 동쪽 리비아 방향으로 약 60킬로미터 지점에는 작은 도시 '오크바'(Oqba)가 있다. 이 도시는 베르베르인에게 죽임을 당한 오크바를 기리기 위해 만든 도시다.

인 이유는 베르베르인의 정신 속에 내재한 세계관과 이슬람 이데올로기가 맞물렸기 때문이다. 여기에 더해 아랍인은 베르베르인이 누리고 있던 무역 상권을 보장해주었기에 베르베르인 일부가 이슬람을 적극 수용했고 이들은 결국 사하라를 넘어 서아프리카까지 이슬람이 진출하는 데 혁혁한 공헌을 했다. 아랍은 토착 베르베르인이 갈구했던 것이 무엇이었는지를 읽고 그에 맞는 정책을 펼치고자 했다. 물론 기독교가 이 지역에서 베르베르인의 마음을 얻지 못한 부분도 베르베르인이 이슬람으로 개종하게 한 원인이 된다.

　이런 다양한 이유를 들었지만 당시 이슬람의 이데올로기는 마그레브 지역에서 어땠을까? 마그레브 지역에 등장한 이슬람의 종파는 '카와리지파'(Khawarijte)로 오늘날에는 별로 언급되지 않는 이슬람 초기의 종파다. 당시 카와리지파 지지자들은 우마이야 왕조(661-750)의 아랍인과 더불어 마그레브 지역으로 흘러들어와 베르베르인의 마음을 얻어냈다. 우마이야 왕조가 지역민을 차별한 것과는 대비되는 부분이다. 우마이야 왕조는 인두세, 토지세, 노예세를 요구하며 베르베르인을 이등 시민인 '딤미'로 취급했으니 당연히 불만을 가질 수밖에 없지 않겠는가. 하지만 카와리지 선교사들은 아랍인과는 달리 차별배제 정책을 추구했다. 차별배제 정책을 고수한 카와리지파 이슬람 왕조는 베르베르인의 지지를 받아 건설되었으며, 이후 약 200년 가까이 마그레브 지역에서 왕조를 이어갈 수 있었다. 이 기간 동안 존속한 왕조들은 거의 비슷한 노선을 견지했지만, 훗날 수니파와 파티마 왕조로 대변되는 시아파가 다시 득세하면서 그 색채는 조금씩 옅어지기 시작했다(임기대, 2021).

카와리지파는 정통 칼리파 시대(Rashidun Caliphate, 632-661)[21] 가 시작되면서 나온 교리라는 점에서 우리가 알고 있는 다른 어떤 이슬람 종파—수니파, 시아파—보다 우선한다고 할 수 있다. 정통 칼리파 시대에 출현한 카와리지파는 3대 칼리파 오스만이 살해되고 4대 칼리파에 알리가 오르면서 내분이 발생했다. 우마이야 왕조(661-750)의 무아위야 1세가 4대 칼리파 알리에 불복해서 대항한 것이다. 이슬람 내부의 최초 전쟁이라 할 수 있는 시핀전투(657년)가 양 진영 간에 벌어졌고, 결국 중재 과정 끝에 불복 세력인 무아위야 측이 유리한 위치를 차지하면서 알리 진영 내부의 반발이 커졌다. 결국 알리의 타협적 행위에 반감을 품은 세력들이 이탈해 알리를 암살했고, 이들이 암살과 동시에 '카와리지'(Khawarij, 이탈자)를 선언했다. 알리의 추종 세력은 오늘날의 시아파가 되었고, 알리 이전의 칼리파 추종 세력은 수니파가 되면서 이슬람의 종파 형성이 처음으로 시작되었다. 협의와 혈통을 각각 존중한다는 수니파와 시아파와 달리 카와리지파는 알리와 무아위야를 암살하려 한 데서 볼 수 있듯이, 정통 칼리파에 '행동'으로 대항했다. 그들의 주장은 평등과 민주주의, 그리고 누구나 믿음과 능력이 있으면

---

21) 선지자 마호메트를 계승한 4명의 이슬람 칼리파를 일컫는다. 이는 수니파에서 인정하는 것으로, 시아파는 4대 칼리파인 알리만을 인정한다. 정통 칼리파 시대에 아랍은 아라비아반도를 중심으로 이란 고원에서 마그레브 지역까지 넓은 영토를 관할했다. 아랍어로는 원어에 표기했듯이 '라쉬둔 칼리파'라고도 한다.

칼리파가 될 수 있다는 것이었다. 제아무리 협의를 중요시한다 해도 꾸라이쉬[22] 부족 출신으로만 구성되는 수니파, 예언자 마호메트의 혈통만을 중시하는 시아파와 달리, 카와리지파는 심지어 노예[23]라 할지라도 누구든 칼리파가 될 수 있다고 주장했다. 마그레브 지역에 처음 이슬람이 들어올 때, 기독교로부터 차별받고 아랍 이후에도 '딤미'라는 존재로 이등 시민으로 취급받은 토착 베르베르인이 카와리지 이슬람 종파에 저항하는 대신 수용을 택한 이유다. 베르베르인은 이 종파의 이데올로기에 쉽게 순응하면서 이후 마그레브 전역에 여러 이슬람 왕조를 세웠다.

특히 베르베르인은 로스템 왕조(761-909)가 구축되는 데 가장 큰 공헌을 했다. 로스템 왕조는 페르시아인 압데라흐만 엘-로스탐(Abderahman El-Rostom)이 창건한 왕조였지만, 베르베르 모자비트족이 전폭적으로 지지했다. 이들은 이후 약 150년 동안 마그레브 지역을 통치했다. 모자비트족과 여타 베르베르인은 스페인으로 진격해 프랑스의 푸아티에(Poitier)에서 패할 때까지 유럽에 이슬람교를 전파하는 데도 상당한 영향력을 행사했다.

이들은 중세 시대 제나타 베르베르 부족의 또 다른 이름이다. 로스템 왕조는 제나타 부족 가운데 하나인 모자비트족의 적극적인 지

---

22) 예언자 마호메트의 부족으로, 마호메트의 메카 정복 이후 이슬람 제국에서 지배 계층으로 군림한 부족이다.
23) 이슬람 왕조 맘루크(1250-1517)는 노예가 세운 최초의 이슬람 왕조이며, 이집트와 시리아 일대를 통치했다. 노예나 다른 부족들이 세운 왕조의 왕들은 자신을 스스로 '술탄'이라 부르면서, '칼리파'와 구분하고자 했다.

원을 얻어 금욕주의, 만민 평등주의를 내세웠다. 당연히 종교적 자유를 인정했고, 게다가 사하라 횡단 무역이라는 이권에 관심을 가져 베르베르인—이들 대다수가 모자비트였다—의 종교적 개종이 이권과도 관련이 있음을 확인시켜주었다.[24] 마그레브의 또 다른 이슬람 왕조인 이드리스 왕조(Idriss, 789-921년) 또한 카와리지의 베르베르인이 적극적으로 지원했기에 가능한 일이었다.[25] 베르베르인에게 카와리지 이슬람은 마치 구원과 문명의 메시지[26]와도 같은 것이었다.

음자브 지역과 더불어 튀니지의 제르바섬, 리비아의 제벨 네푸사 지역에는 여전히 카와리지의 일파인 이바디즘(Ibadism)이 존속하고 있다. 카와리지의 로스템 왕조나 788년 건립된 이드리스 왕조, 800년 건립한 아글라비드 왕조 등이 초창기 마그레브 지역의 이슬람 왕조다. 아글라비드 왕조를 제외하곤 오늘날 마그레브 지역에

---

24) 카와리지파의 베르베르 왕조가 이슬람을 받아들인 것은 마그레브 부족 간 관계와 사하라를 위시한 원거리 무역을 규제하기 위한 수단이었다(아이라 M. 라피두스, 2009, 355쪽).

25) 마그레브의 최초 왕조를 이드리스 왕조로 언급하지만, 사실 이보다 앞서 수프리즘(742-790) 왕조가 있었다. 베르베르의 부족장인 바누 이프렌(Banu Ifren)이 오늘날의 틀렘센에 건립한 왕조로, 로스템과 이드리스에 앞서 존재한 단명 왕조다. 이 왕조는 카와리지의 수프리즘을 신봉했다. 초기 마그레브에 카와리지의 여러 종파가 어떻게 들어왔는지는 알려진 바가 없다. 바누 이프렌은 이후 이베리아반도의 이슬람화에 공헌하고 이후 타이파(Taifa) 시대에는 론다 왕조를 건립하기도 했다. 수프리즘 왕조와 안달루시와의 관계에 대해서는 임기대(2019a)를 참조할 것.

26) 현지 베르베르인은 이슬람이 자신들에게 구원과 문명의 메시지였다는 말을 한다. 특히 제나타 부족에 속하는 오레스와 음자브의 현지인들은 이슬람이 가장 문명화된 종교라고 강조한다.

▲ 튀니지 제르바섬의 이슬람 사원
▼ 알제리 음자브 지역의 도시 전경
제르바섬과 음자브 지역은 이슬람 이바디즘을 믿는다는 공통점을 갖고 있다.

서는 쉽게 볼 수 없는 이슬람 종파 중심의 왕조들이 주를 이루었다. 이렇듯 초기 마그레브의 이슬람 왕조는 카와리지의 이데올로기를 추종했다. 이후 온건한 이바디즘 형태로 변해갔다고는 해도 10세기를 지나면서 마그레브 지역에서 이런 이슬람 이데올로기는 점차 설 자리를 잃어갔다. 현재는 어떤 역사가나 정부도 이슬람을 언급하며 카와리지의 이데올로기를 다루려 하지 않는다(Chikh Bekri, 2005, p.35). 그만큼 지역의 이슬람이 오늘날의 수니파 이슬람으로 빠르게 전환되었기 때문이다. 결국 소수자로 남게 된 베르베르인은 자신들이 살고 있는 지역에서 정체성만을 힘겹게 유지하고 있을 뿐이지만, 그들이 추구한 가치가 모두 부정된 것은 아니다.

바누 힐랄이 들어오는 11세기부터 마그레브 지역에 제국 단위의 왕조가 등장했다. 바누 힐랄(Banu Hilal), 즉 힐랄족은 이미 11세기 이전부터 이슬람화가 진행된 마그레브 지역에서 아랍 인구를 증가시키는 데 큰 공헌을 했다. 대부분이 베르베르인이었던 이 지역에서 이러한 인구의 유동은 불규칙적으로 나타났다. 그들은 사하라 북쪽에 이르렀고, 튀니지에서 모리타니로, 그리고 튀니지 북쪽과 알제리 동쪽에 이르렀다. 당시 이들은 튀니지와 알제리 동쪽을 장악하고 있던 파티마 왕조와 함께 대거 합류해 들어왔다.

주지한 바와 같이 이슬람이 처음 들어온 시기 마그레브 지역에서 '베르베르'라는 용어는 여러 다른 이름으로 불렸다. 이베리아반도를 정복하기 시작한 베르베르인이 이합집산을 해가면서 오늘날에는 잘 사용하지 않는 제나타, 산하자, 마스무다 등의 베르베르 연합체를 형성했다. 이 연합체는 이후 알모라비드(Almoravid, 1056-1147)나 알모하드(Alomohad, 1147-1230) 같은 거대 왕조를 이루기 위해 베르베르 부족 간 연합을 도모했다. 그러나 이들은 공동의 목적을 위해 서로 협력하기도 했지만, 부족의 특성상 서로 반목하기도 했다(Gabriel Camp, 2007, pp.132-134).

알모라비드 왕조는 북서부 아프리카에 거대 베르베르 이슬람 왕국을 건설했다. 산하자 베르베르인이 주축이었지만 이베리아반도의 이슬람화라는 목표 아래, 점령 과정에서 제나타 베르베르인과 연합했다. 이베리아반도를 점령하고 통치한 알모라비드 왕조는 마라케시(Marrakesh) 근방 마그레브 지역에 주로 남아 통치를 이어갔다. 산하자 베르베르인은 서아프리카의 가나왕국을 몰락시킬 정도로 막강한 힘을 과시하며 사하라와 서아프리카 일대까지를 평정하기도 했다. 그들은 주로 무역을 생업으로 삼았으며, 한때 알제와 튀니지 일부까지 점령했다.[27] 알제리 수도 알제를 건립한 부족이기도 하며 알제리 카빌족과 같은 혈연관계에 있다.

제나타 베르베르인은 이베리아반도와 마그레브 북부 지역에 남아 왕조 체제를 지속시켰다. 알모라비드 왕조가 쇠락하고, 아랍인은 12세기에 아틀라스산맥에 사는 베르베르인과 종교적 동기로 결집한 농민 세력을 바탕으로 알모하드 왕조를 건설했다. 알모하드

---

27) 아이러니하게도 서북부아프리카에서 활동했던 이슬람 테러 집단 '알무라비툰'은 여기에 역사적 정당성을 두고 활동한다. 벨목타르가 지휘하는 테러 집단 '알무라비툰'은 베르베르 이슬람 왕조의 복원이었다(임기대, 2016).

왕조는 오늘날의 알제리, 모로코, 튀니지 전체를 포함하는 광활한 지역을 포괄했다. 알모하드 제국은 13세기 중반에 해체되는데, 식민지 시대 이전의 거의 모든 마그레브 지역 국가가 그랬듯이 부족 연합에 근거해 제국이 구축되었기 때문이다.

15세기까지 오늘날의 모로코 땅에 마린(Marinid1244-1465) 왕조, 알제리의 틀렘센(Tlemcen)을 중심으로 자이얀(Zayyanid, 혹은 Abdel Wadid, 1235-1550) 왕조, 그리고 튀니지에 하프시드(Hafside, 1228-1574) 왕조 등이 명멸했다. 이후에는 금욕과 고행을 내세우는 수피즘(Sufiism)[28]을 숭상하고 수피에게 재산을 기부하는 형태의 종교 행위가 증가했다. 종교가 지역의 전통 또는 관습과 결부되면서부터 수피의 역할이 더욱 커졌다.

수피는 이후 지주가 되었고, 소농의 후원자임과 동시에 정신적 지도자 역할까지 수행했으며, 마그레브에서 '수피즘'이 성행하는데 큰 역할을 했다. 부족집단이나 종족집단, 그리고 수피가 이끄는 공동체가 발달하면서 마그레브 지역은 중앙집권국가를 형성하지 못하고 오히려 부족 단위의 삶이 지배적이게 되었다. 14세기에는 무슬림들의 종교생활이 널리 퍼지면서 '마라부트'(Marabout)[29]가

---

28) 개인적인 체험을 통해 신의 사랑과 지혜, 진리를 탐구하려는 이슬람 신앙의 한 형태다. 초기 칼리파 시대의 세속적 타락에 대한 반발로 일어났지만, 이탈이 아닌 기존의 수니 혹은 시아파에 반드시 남아 샤리아를 준수해야 함을 강조한다. 알제리에서 발생해 모로코로 건너간 후 서아프리카에 전파되었다.

29) 종교 지도자 '마라부트'는 마그레브 지역에서 아랍 부족 바누 힐랄에 대항하는 세력으로 부상하며 사회적 영향력을 획득해갔다. '레콩키스타' 이후 스페인의 종교 공동체가 마그레브로 오면서 마라부트 세력 또한 확장되었고, 마땅히 구심점

뿌리내렸는데, 이는 사하라-사헬 지대의 이슬람화에 지대한 영향을 끼쳤다.

마그레브 지역에서 이슬람은 토착문화나 관습과 큰 충돌을 일으키지 않았다. 특히 11세기 이후 바누 힐랄이 밀려왔다고는 하지만 마그레브에 이슬람교를 전파한 것은 아랍인보다는 오히려 마그레브와 아프리카 자체 내의 종교 지도자들이었던 것으로 보인다. 그만큼 이슬람을 자신들의 생활과 밀접하게 연관시켜 수용한 것이다. 이 지점이 기독교와 달랐다. 마그레브 지역의 전통문화나 마라부트와 같은 개념은 이슬람 안에 자연스레 녹아났고, 마라부트는 이후 프랑스의 식민지배 통치자들도 소홀히 할 수 없을 정도로 지역의 정신적 지주가 되었다. 마그레브 지역을 가다 보면 이슬람 사원과 함께 곳곳에서 지역 마라부트의 영묘를 발견할 수 있다.

유럽의 스페인은 15세기 이베리아반도에서 무슬림을 몰아내고 모로코는 물론 알제리의 오랑, 알제, 1510년에는 튀니지 방향의 베자이아(Béjaïa)까지 수중에 넣었다. 하지만 오스만 터키와 결탁한 베르베르인이 쉽게 굴복하지 않고 저항하자 결국 1541년 동쪽지역에서는 철수하고 만다.

스페인이 철수하면서 오스만 터키가 득세했다. 그들은 1550년부터 프랑스가 들어오기 전까지 모로코를 제외한 마그레브 전 지역을 3세기 동안 지배했다. 마그레브 지역의 대도시와 인접 만(灣)은 파

이 없던 마그레브 지역에서 자신들의 특성을 담아낸 이슬람화를 구축하는 데 기여했다.

▲ 알제리 틀렘센에 있는 마라부트의 영묘
▼ 튀니지 카이루안 이슬람 사원

샤(Pacha)와 데이(Dey), 이스탄불 군주의 가신들이 관리하는 지방이 되었다. 각각의 관할지를 관리하는 사람들은 스스로를 '데이'라 불렀고, 권력을 쥐게 된 이들은 본국으로부터 자율성을 확보했다. '데이'는 마그레브 지역 내부와 고평원지대, 사막에 대해 상대적으로 많은 관심을 갖지 않았다. 그러다 보니 이 지역은 지역 권세가들이나 종교적 평신도회들의 수중에 있게 되었다. 이들은 아랍 혈통을 가진 사람으로 오스만 터키에 맞서 봉기하기도 했지만 크게 저항하지는 않았다. 오스만 터키는 외부자이면서 통치 세력으로만 머물 뿐이었고, 무엇보다 같은 무슬림이었기 때문이다. 특히 알제리와 튀니지에서 오스만 터키의 영향력은 군대와 정치 영역에 국한되었다. 이것은 당시 지중해를 두고 벌인 해상 무역의 패권 경쟁과 무관하지 않다. 오스만 터키는 프랑스가 이 지역에 오기 전까지 지배했지만 터키어를 강요하지도 않았기에 베르베르인은 자신들의 언어와 아랍어의 사용을 유지할 수 있었다.

4. 프랑스의 식민지배기

마그레브 지역의 베르베르 정체성은 프랑스의 식민지배를 받으며 부각되기 시작했다. 식민지배국 프랑스는 베르베르인이 아랍을 적대적으로 바라볼 수 있는 정책에 심혈을 기울였다. 이런 노력은 유럽 열강이 아프리카 국가를 갈라놓고 종족 간 분열 정책을 펼친 것과 같은 방식으로 진행되었다. 프랑스가 무슬림의 땅을 자신들의 영토로 만들려는 노력은 19세기 초중반부터 시작되었다. 프랑스의 식민지배는 알제리를 침공하면서 시작되었으니 유럽 열강들이 아프리카 국가를 선으로 나눠 분할 점령한 것보다 50년 이상이나 앞서 있었다.[30] 튀니지와 모로코의 식민지배 시작 시점과 비교해도 아주 빨랐다.

프랑스가 알제리 침공에 나선 전후 배경을 보면 이렇다. 1827년 프랑스 영사가 당시 알제 '데이' 후세인(Hussein)에게 모욕을 당한 사건이 발생했다. 이를 빌미로 프랑스는 지중해 해상권을 장악하고 있던 영국을 견제할 수 있겠다고 생각해 후세인에게 사죄를 요구했다. 후세인은 이런 요구를 단번에 거절했고, 오히려 프랑스 영사를 부채로 내려쳤다. 분노한 프랑스 정부는 즉각 알제만(灣)을 봉쇄했다. 1830년 프랑스 함대는 알제 서쪽 30킬로미터 지점에 있는 시디-프레즈(Sidi Fredj)로 진격해 6월 14일 상륙을 감행했고, 이때부터 마그레브에서 프랑스의 식민지배가 본격화된다.[31]

1834년 드루에 데를롱(Drouet d'Erlon, 1765-1844)을 총독으로 파견하면서, 1838년 '알제리'라는 이름을 공식적으로 사용하기 시작했다. 알제리는 프랑스의 제도와 문화, 사상을 이때부터 강요받

---

30) 1884년 독일 베를린에서 총 13개국—프랑스, 영국, 벨기에, 네덜란드 등—이 각국의 이해관계에 따라 국가를 분할 통치했다. 아프리카의 지리적, 종족적 특성을 고려하지 않은 인위적 구분으로 오늘날까지 내전과 폭력, 국가 통합 저해 등의 요소가 되고 있다.

31) 이 시기에 프랑스 본국에서는 7월 혁명이 일어나 국왕 샤를 10세가 쫓겨났다. 이때 프랑스령 알제리 통치에 대해 프랑스 내에서 갑론을박이 있었지만 결국 통치하기로 결정했다.

마그레브에 남아 있는 프랑스의 흔적

▲ 프랑스군의 첫 상륙지인 시디프레즈(Sidi-Fredj). 알제 서쪽에 위치한 항구 도시다.

▼ 프랑스가 건설한 알제리 수도 알제

기 시작했다. 프랑스의 알제리 정복 전쟁은 1872년까지 계속되었으며, 마지막 전투는 카빌리에서 벌어졌다. 프랑스는 최후의 정복 지역 카빌리를 기존 아랍지역과 분리시킬 목적으로 교육을 비롯한 여러 분야에서 차별정책을 감행했다. 특히 가톨릭 신부와 수녀가 건립한 선교학교는 비참한 생활로 연명한 카빌리 사람—특히 어린 아이들—에게 여러 도움을 주었다. 이 지역에 프랑스가 그토록 공을 들인 이유는 이 지역이 역사 이래로 가장 반아랍 정서가 강했기 때문이었다. 인접한 베르베르어권 지역인 오레스(Aurès)[32]에서도 차별정책을 추진했고, 이는 오늘날 오레스 지역이 더욱 아랍화되고 프랑스와 베르베르에 반감을 가지게 된 것에 영향을 미쳤다. 지역을 분리시키고 차별함으로써 베르베르 내부에서조차 서로에 대한 반감을 갖게 만든 것이다.

해안가에서 시작한 마그레브 점령은 사하라 일대까지 진출하면서 결국 1912년, 모로코를 보호령으로 삼고 만다. 이때부터 모로코에서도 프랑스의 식민지 경영정책이 시행되었고, 대규모의 이민 및 유화정책이 이루어졌다. 프랑스는 모로코에도 프랑스 문화를 확산하려 노력했다. 베르베르인의 프랑스 내 이주를 단행했고, 특히 남동부의 수스(Sousse) 지역과 북부 리프(Rif) 지역을 중심으로 베르

---

32) 베르베르어권 도시로 알제리 동남부 지역에 위치한다. 고평원지역에 있고 카빌리와는 달리 아랍화된 베르베르어권 지역이다. 중세 시대에는 제나타 베르베르인이 있던 중심 지역이다. 독립전쟁 당시에는 프랑스에 맞서 가장 격렬하게 저항한 지역이기도 하다.

베르인 이주가 대거 이루어졌다. 알제리와는 달리 대부분 전쟁과 노동을 위한 일시적인 이주였기에 이후에는 본국으로 돌아왔다.[33] 프랑스 교육을 받은 엘리트를 중심으로 이슬람 민족주의가 태동하기도 했다. 알제리와 마찬가지로 프랑스는 분할 식민통치를 위해 모로코 베르베르인에게도 기독교를 포교했다. 도심의 아랍인과는 반목을 조장했고, 베르베르어에 대한 교육과 사용을 권장했지만 알제리에서만큼의 효과를 거두지는 못했다. 오히려 모로코 독립 이후 권력을 승계받은 하산 2세(Hassan II, 1929-99)가 두 번의 쿠데타를 경험하고 베르베르인을 차별하는 데서 아랍과 베르베르 간의 반목 현상이 커졌다(임기대, 2021b).

1878년 프랑스는 튀니지까지 침공해 보호령으로 삼았고, 베를린 회의에서 종주권을 인정받았다.[34] 식민지배에 반발해 프랑스에서 교육받은 튀니지 젊은이들은 1917년 '청년 튀니지당'(Jeunes Tunisiens)을 만들었다. 이어 튀니지인의 시민권 승인, 헌법 제정, 튀니지인의 정치 참여를 요구하는 운동을 전개해갔는데, 중심 인물로 하비브 부르기바(Habib Bourghiba, 1903-2000)를 빼놓을 수 없다. 그는 '신헌법당'(Neo-Destour Party)이란 이름으로 튀니지의 완전

---

33) 모로코는 1912년 프랑스의 식민지배를 받으면서 이주가 시작되었지만, 알제리의 경우 19세기 말 카빌리를 지배하면서 선교 단체를 중심으로 한 프랑스 내 유학 및 이주가 시작되었다. 하지만 이런 구분은 큰 의미가 없다. 당시 마그레브 지역에서는 알제리에서 일하던 모로코인이 알제리인과 섞여 프랑스로 이주하는 경우가 있었기 때문이다(임기대, 2021b).
34) 1878년 베를린 회의에서 프랑스는 영국의 사이프러스(Cyprus) 조차권을 인정해 주는 조건으로 튀니지 지배권을 인정받았다.

독립을 요구했다. 튀니지의 민족 운동이 과열되며 프랑스 정부는 결국 독립을 인정했다. 알제리의 결렬한 독립운동과 달리 튀니지는 순조롭게 독립을 진행했는데, 이는 당시 인도차이나 전쟁으로 프랑스의 군사 및 외교 상황이 긴박하게 돌아갔기 때문이다. 게다가 튀니지는 온건 독립운동을 지향했고, 지도층의 친프랑스 성향 또한 프랑스의 독립 승인을 이끌어내는 데 한몫했다.

앞선 세 국가와 달리 리비아의 경우, 프랑스가 아닌 이탈리아가 호시탐탐 기회를 노렸다. 당시 리비아의 주도권을 잡고 있던 터키에 이탈리아가 사소한 이유로 선전포고를 하면서 양국 간 긴장감이 팽배했지만, 결국 터키가 발칸 전쟁에서 패함에 따라 1912년 이탈리아와 평화협정을 체결하게 된다. 이탈리아가 리비아에 새 총리를 임명하고 행정구역을 관장함에 따라 리비아인은 반이탈리아 투쟁을 전개해갔다.

리비아를 제외한 프랑스의 마그레브 식민지배는 여러 면에서 의미를 갖는다. 그동안 다른 아프리카 지역에 비해 놀랄 만한 통일성을 보인 마그레브 지역을 다문화, 다언어의 정체성을 지닌 지역으로 전환시켰다는 점 이외에도 튀니지를 빼곤 '베르베르' 문제를 사회 전면에 부각시켰다. 프랑스는 알제리, 모로코, 튀니지가 다른 북아프리카 국가와는 다른 지점의 정체성을 지닌 국가들로 분류되게 했다. 이들 세 국가는 이슬람 말리키파를 따르는 국가, 오랫동안 동일한 이슬람 제국의 지배를 받은 점, 식민지배를 받으면서는 프랑스어를 거의 비슷하게 사용하고 있다는 점, 게다가 모로코와 알제리는 베르베르어 화자 수가 마그레브 지역에서 가장 높다는 공통점을 가지고 있다. 그럼에도 이들 세 국가 식민지화가 동일하게 진행되었다고는 할 수 없다. 특히 프랑스가 마지막까지 자신들의 해외 영토로 삼으려고 한 알제리에서는 이후의 독립전쟁(1956-62)부터 현재까지 과거사 문제라는 국가 간 해결되지 않는 수많은 문제를 양산하게 했다. 게다가 베르베르 문제와 모로코·알제리 간 서사하라 분쟁까지 떠오르며 지역 내의 복잡한 상황은 더욱 얽히게 되었고 단일 체제로 설명할 수 없는 다양한 모습을 보이고 있다.

5. 독립 이후

마그레브 3국 모로코, 튀니지, 알제리가 독립을 이뤘지만 개별 국가들이 추구한 탈식민화 정책에는 조금씩의 차이가 있다. 리비아의 경우는 프랑스의 지배를 받지 않았고 상황 또한 달랐다. 리비아는 제2차 세계대전으로 이탈리아가 패망함에 따라 영국과 프랑스의 통치를 일시적으로 받긴 했지만, 식민지배를 받은 국가 가운데 1951년 아프리카 최초로 독립을 보장받는 국가가 된 특별한 사례에 속한다. 리비아의 아랍·이슬람화 정책은 1969년 무함마르 가다피(Muammar Gaddafi, 1942-2011) 대령이 혁명정부를 세우게 된 시점부터 본격적으로 시작되었다. 그의 사후에는 국가가 내전을 겪으며 지역 불안을 야기하고 있다.

이 책에서 비중 있게 다루는 마그레브 3국──모로코, 알제리, 튀니지 —은 독립 이후 아랍·이슬람화 노선을 추구했다는 공통점이 있다.[35] 아랍·이슬람화 정책은 국가적 정체성을 불러일으켜야 한다는 목적과 절실함에 따른 것이었다. 국가 지도자들은 서구에 대항할 수 있는 국가적 틀을 만들기 위해 민족주의, 이슬람주의를 적절히 활용했고 강화해갔다. 알제리는 독립 후 탈식민화 정책에 가장 앞장섰으며, 방식은 다르지만 모로코가 뒤를 따랐다. 튀니지의 경우 결국 사회주의 노선을 포기했지만, 초창기에는 아랍민족주의에 심취해 있기도 했다. 튀니지는 2011년 '아랍의 봄'이라는 경이적인 사건을 겪으며, 아랍 국가도 서구식 민주주의를 추구할 수 있다는 이미지를 주었다. 하지만 내부에서는 여전히 아랍민족주의, 이슬람주의, 세속주의가 격하게 대립 중이다. '아랍의 봄' 이후 경제 문제는 더 어려움을 겪고 있지만, 튀니지인은 세속주의 이슬람 국가 건설에 대한 희망을 버리지는 않고 있는 듯하다.[36]

알제리는 프랑스 문화를 일소한다는 명분으로 아랍·이슬람화 정책을 추진했지만, 소수문화인 베르베르 문화까지 억압해 내부의 대립과 갈등이 쌓여갔다. 모로코는 군의 쿠데타가 발생하면서 독재를 가장한 왕정 정치를 펼쳐갔다. 특히 하산 2세의 경우 북부 리프 지역에서 아랍민족주의를 주창하는 군의 쿠데타를 경험하고 강

---

35) 튀니지의 경우 처음에는 사회주의 노선을 취했다가, 1970년부터 자유주의 노선으로 정책을 전환했다. 마그레브의 인접 국가들에 비해 일찍부터 아랍·이슬람 관련 정책이 다르게 나타나고 있었다.

36) 튀니지는 2015년 노벨평화상 수상에서도 볼 수 있듯이 시민사회 영역이 활발하고 여타 아랍 국가와는 다른 모델을 지향하고 있다(임기대, 2017).

압적인 독재정치를 추진했다. 이런 상황에 모로코 현 국왕 모하메드 6세는 늘 긴장하고 있으며, 베르베르 정책에 유화적이고 북부 지역을 포용하려 하지만 지역민의 반정부 성향은 더욱 뚜렷해지고 있다.

이렇듯 아랍·이슬람화 정책과 관련해 각국이 조금씩 다르게 진행했지만 반서구, 이슬람으로의 단일화에는 한목소리를 냈다. 이는 자신들이 같은 정체성을 공유하고 역사적 과정을 함께 겪었다는 동질감이 작동했기 때문이다. 동시에 지도자들은 서구에 대한 반감을 활용하며, 국민을 민족주의나 아랍주의 등으로 결집시키는 효과를 노릴 수 있었다. 오늘날 사하라 이남 아프리카 국가들의 정치적 노선과는 사뭇 다른 모습이다. 사하라 이남 아프리카 국가들은 서구와 밀접한 관계 형성으로 권력을 유지하는 경향이 강하다. 물론 '프랑사프리카'(Françafrica)와 같이 아프리카 국가의 지도자와 뒤에서 거래를 시도하며 정상적인 국가 통치를 방해한 프랑스의 행동도 간과할 수는 없다.[37]

마그레브 국가들이 아랍·이슬람화 정책을 표방했지만 대부분의 아프리카 국가들처럼 독재라는 악령에서 벗어나지는 못했다. 알제리와 리비아의 경우 풍부한 석유 자원을 바탕으로 독립 정책을 펴

---

37) 1960년대를 전후해 프랑스가 아프리카 국가들과 맺은 특별한 관계를 일컫는다. 특별한 관계는 정치, 경제, 군사, 문화 등의 영역에서 후견 역할 및 사적인 네트워크를 활용한 관계다. 이와 같은 특별한 관계가 프랑스어권 아프리카 전역에서 이루어졌다. 그 중심에 대통령의 후광을 입고 아프리카를 사유화한 자크 포카르 (Jacques Foccart, 1913-97)가 있었다(임기대, 2019b).

갔지만, 오랜 기간 군부가 패권을 잡았다. 물론 1인 독재를 유지한 가다피의 리비아를 군과 독립운동세력, 민족해방전선(FLN)이 합세해 기득권을 지키려 하는 알제리와 동일시할 수는 없을 것이다. 그렇다 해도 이 국가들은 서방의 패권과 결탁하거나 반서방주의를 외치며 뒤에서는 자신의 이익을 챙겼다는 점에서 공통점이 있다. 방식은 조금 다르지만 튀니지와 모로코도 독재 체제 유지를 한 점에 있어서는 비슷해 보인다. 모로코의 경우 왕정을 통해 독립 이후의 국가를 건립했다. 1961년 왕위에 오른 하산 2세는 두 번의 암살 미수에 따라 국가 체제를 독선적으로 운영했다. 그가 독재자라는 비판을 받는 이유다.[38]

2010년 발생한 튀니지의 재스민 혁명, 이후 '아랍의 봄'이 일어나며 리비아에서 가다피가 사망했다. 이후 마그레브 지역이 각종 테러로 몸살을 앓기 시작했고, 알제리와 모로코에서는 민중 시위, 즉 '히락'이 발생했다. 결국 알제리에서는 부테플리카 대통령이 퇴진하고 새 대통령 압델마드지드 테분(Abdelmadjid Tebboune, 1945 -)이 들어섰지만, 코로나19가 창궐하는 상황에서도 '히락'은 지속되고 있다. 모로코 또한 경제 발전과 인권 탄압에 대한 반발을 외치며 북부 베르베르 지역을 중심으로 '히락'이 계속되고 있다.

---

38) 두 번의 암살은 쿠데타 시도와 관련 있다. 1차 쿠데타는 군사 쿠데타로 1971년 7월 10일 하산 2세의 42세 생일 연회에서 벌어진 총격 사건이다. 100여 명의 희생자가 나왔으며 상당수의 외국인도 있었다. 2차 쿠데타는 1972년 8월 16일 프랑스 방문 후 귀국하는 국왕의 비행기를 군부가 공격한 사건이다(임정혜, 2020).

마그레브 국가에서 민주화 조짐이 보이기 시작한 것은 정치적인 문제뿐만 아니라 사회·경제적인 문제가 주요인이었다. 장기간의 독재로 정부가 부패했지만 경제는 갈수록 나아지지 않고, 늘어난 청년 실업, 여성의 인권 문제, 주택 문제 등이 특히 사회 불안 요소로 자리했다. 이런 와중에 국민들은 적극 추진되는 아랍·이슬람화 정책에 불만과 피로감을 느꼈고, 특히 소수자인 베르베르인이 곳곳에서 대정부 투쟁을 벌였다. 알제리와 모로코는 이런 분위기를 감지하고 정부 차원에서 국민을 달래려는 정책을 실시했다. 특히 소수문화와 언어에 대한 배려 정책은 민주화가 거세게 진행되는 튀니지와는 다르게 두 국가에서 빠르게 진행되었다.[39] 그 덕에 튀니지와는 다른 상황에서 '혁명'의 파고를 쉽게 비껴갈 수 있었다. 그렇다고 민중과 베르베르인의 분노를 지속적으로 잠재우지는 못했다. 2020년 코로나19가 발생하기 전부터 베르베르 정체성의 문제는 재점화되기 시작했다.

아랍·이슬람화 정책으로 파편화되고 위상이 약화된 베르베르 문화라지만 마그레브 역사에서 아랍인과 베르베르인 간의 충돌은 수시로 있어왔다. 주로 베르베르 '정체성' 찾기라는 명분으로 발생한 것이었고, 베르베르어권 지역 중심으로 진행되어왔다. 하지만,

---

39) 그렇다고 튀니지가 안정적인 국면에 있음을 의미하지는 않는다. 튀니지는 '아랍의 봄'의 당사국이지만, 이후 민주화 과정에서 경제가 극도로 안 좋아지면서 오히려 테러 집단의 활동, 자살 폭탄 테러 등이 수시로 발생하는 국가라는 오명을 안게 되었다. 이 문제에 대한 논의는 임기대(2019c)를 참조할 것.

최근의 베르베르 정체성 찾기 운동은 알제와 카사블랑카와 같은 대도시에서도 발생하고 있다. 대도시에서조차 베르베르 정체성 운동이 눈에 띄게 증가하다 보니 과거와는 확연히 다르게 그들의 요구가 정책적으로 반영되고 실현되고 있다. 더 나아가 마그레브 지역이라는 '영토'에 국한되지 않고 프랑스를 비롯한 벨기에, 네덜란드 등에서도 활발하게 진행되기 시작했다. 타국에서의 정체성 운동은 자국 내의 관련 운동을 지원하거나 도와주는 역할을 했다. 이런 움직임은 두말할 필요 없이 이민자를 중심으로 진행되었다. 오랫동안 아랍·이슬람화 정책으로 자국 내에서의 베르베르 공동체는 상대적으로 약화되었지만, 타국의 베르베르인이 마그레브에 살고 있는 베르베르인을 도와주면서 정체성 운동의 흐름에 힘을 불어넣었다. 특히 프랑스를 위시한 벨기에, 네덜란드, 스페인의 서유럽 국가에서 한목소리를 내며 결집해 마그레브 지역의 베르베르 문화 확산에 많은 영향을 주었다.[40]

현재 마그레브 지역에서는 '섬'처럼 분산되어 있는 베르베르 문화의 동질성을 찾으려는 운동이 그 어느 때보다 거세게 일고 있다. 아랍·이슬람화 정책에 반해 점진적으로 일었던 운동은 현재 라디오, 텔레비전, 언론 매체 등이 활성화되면서 광범위한 운동의 성격을 띠게 되었다. 지난 2017년부터 2020년 코로나19 이전까지 알제리와 모로코에서 이어진 '히락'이 그 대표적 사례다. '히락'은 민중

---

40) 베르베르인의 프랑스와 벨기에 내 이주 과정에 대해서는 임기대의 논문(2016, 2021b)을 참조할 것.

운동을 겨냥하면서 아랍화 정책에 대항해 베르베르 문화와 같은 소수문화에 대한 차별정책에 반대한다. 진정한 민주화, 평등, 인권 등의 내용을 내세우고 있는 게 특징이다. 모로코 '히락'의 양상은 조금 다르지만, 결국 평등과 인권에 대한 주장을 담는 면에서 마찬가지다. '아랍의 봄' 이후 중동의 민주화와 관련해서 베르베르 문화를 비롯한 다문화 포용 정책에 강한 인상을 줬던 곳이 모로코였다면, 이제는 알제리로 크게 선회한 느낌이다. 리비아, 니제르, 말리 등에서도 이런 움직임은 곳곳에서 감지되고, 특히 프랑스를 비롯한 이 지역 출신의 이민자를 중심으로 운동이 활발해지고 있다. 이미 프랑스에서는 베르베르어를 구사할 줄 아는 베르베르인 이민자가 200만 명 정도가 있다. 이들은 프랑스를 비롯한 유럽, 나아가 캐나다 등지에서 살고 있는 베르베르인들과 강한 연대감을 형성하고 자국 내의 베르베르 공동체와 더불어 활발한 활동을 벌이고 있어 마그레브 지역의 문화적 지형을 변화시키고 있다.

이슬람이 처음 들어온 시기 아랍은 억압적인 정책으로 지역민의 반발을 샀다. 이후 약 150년 이상 베르베르인은 이슬람의 카와리지 이데올로기를 수용했다. 그런 정신은 21세기 새롭게 분출되는 욕구와 베르베르 문화운동에 힘입어 새로운 가치를 만들어가고 있는 듯하다. 역사 속의 '베르베르 문명'은 인간과 자유, 평등에 기반을 둔 행동을 지향한다. 타자를 향한 모든 억압에 그들이 주저 없이 함께 맞서 싸울 것임을 지적하는 것은 지나친 비약일까.

생각해볼 문제

1. 마그레브 지역은 수많은 이민족의 침입을 겪으면서 나름의 독특한 문명을 고수하고 있다. 페니키아와 로마, 아랍이 지배할 당시에 독자적인 베르베르 왕국이 있었는데, 어떤 왕조의 형태가 유지되었는지 생각해보자.

2. 아랍이 처음 들어올 때만 해도 마그레브 지역에는 여러 종교들이 있었다. 로마 시대의 기독교, 유대교, 토착 신앙 등이 이슬람의 도래와 더불어 어떤 방식으로 공존했을지를 생각해보자.

3. 베르베르인이 처음 수용한 이슬람은 수니파 이슬람이 아니고 오늘날에 이단시하는 '카와리지'의 이데올로기였다. 베르베르인이 왜 이런 종파를 수용하고 믿음 체계로서 확고히 했는지를 생각해보자.

4. 오늘날 이슬람 이바디즘(Ibadism)의 흔적이 남아 있는 마그레브 지역을 보자. 이 지역이 다른 베르베르어권 지역과 어떤 차이를 보이는지를 생각해보고, 중앙 정부와 대립적 구도를 형성하고 있는 것은 아닌지를 생각해보자.

5. 프랑스는 아프리카 지역의 대부분을 식민지배했다. 그들이 식민지배했던 방식을 마그레브 지역 국가의 식민지배 과정과 비교해서 생각해보고, 베르베르인과 아랍인에 대한 정책이 어떻게 진행되었는지를 살펴보자.

참고문헌

김덕수, 「북아프리카 세계중요농업유산 사례연구: 튀니지 가프사(Gafsa) 전
통오아시스 세계중요농업유산을 중심으로」, 『지중해지역연구』 22, 2000,
1-28쪽.

아이라 M. 라피두스, 신연성 옮김, 『이슬람의 세계사 1』, 이산, 2009.

임기대, 「프랑스 내 '베르베르인'의 이민 과정과 그 위상에 관한 연구」, 『비
교문화연구』 42, 2016, 132-163쪽.

──, 「튀니지 국민4자 대화기구」, 『평화를 만든 사람들: 노벨평화상 21』,
이문영 편, 진인진, 2017, 410-428쪽.

──, 「안달루시아와 마그레브에서 베르베르 부족 '바누 이프렌'(Banu
Ifren)에 관한 연구」, 『비교문화연구』 57, 2019a, 339-367쪽.

──, 「프랑스의 대아프리카 전략: 정책 내용과 함의」, 『한·아프리카재단
아프리카주요이슈 브리핑』 2/2, 2019b, 143-194쪽.

──, 「'무하지라트'(Muhâjirât)를 통해 본 여성 테러리스트의 진화: 프랑
스·튀니지 사례를 중심으로」, 『프랑스문화연구』 43, 2019c, 377-405쪽.

──, 「중부지중해 지역의 '산하자' 베르베르족의 정체성에 관한 연구」,
『한국프랑스학논집』 112, 2020a, 191-221쪽.

──, 「중부 마그레브 지역 베르베르 '쿠타마'족에 관한 연구」, 『한국아프
리카학회지』 61, 2020b, 209-234쪽.

──, 「시칠리아 이슬람화와 '이프리키야'(Ifriquia) 베르베르인의 역할에
관한 연구」, 『비교문화연구』 63, 2021a, 139-171쪽.

임기대, 「모로코와 벨기에의 베르베르 '디아스포라'와 '베르베르-되기'에 관한 연구」, 『한국프랑스학논집』 114, 2021b, 215-242쪽.

임정혜, 「프랑스 내 모로코 이주민에 대한 역사적 접근과 모로코의 이주 정책」, 『프랑스어문교육』 69, 2020, 129-149쪽.

Chikh Bekri, *Le premier état algérien*, Alger: ENAG Editions, 2005.

Gabriel Camps, *Les Berbères: Mémoire et identité*, Arles: Actes Sud, 2007.

Jean Servier, *Les Berbères*, Paris: PUF, 2017.

Pierre Bourdieu, *Sociologie de l'Algérie*, Paris: PUF, 1958.

Pierre Vermeren, *Maghreb: Les Origines de la révolution démocratique*, Paris: Pluriel, 2010.

4
베르베르 문명 속의 특이 요소들

"베르베르인이 선택한 소수 이슬람 종파인
'이바디즘'이 공유되던 시기는 마그레브 역사상
가장 종교적으로 관용적이며 안정적인 시기로 평가받고 있다."

마그레브 지역에서 '베르베르 문명'(Berber civilization)을 언급하는 일은 적어도 21세기 이전까지 금기시되었다. 그만큼 아랍민족주의가 팽배해 있어 '베르베르'에 대한 언급은 민족과 국가 통합을 저해하는 일로 치부되었다. 베르베르 문명에 대한 담론이 수면 위로 떠오른 것은 오랜 투쟁의 산물이자 저항의 결과물이다. 21세기에 들어서야 마그레브 지역에서 베르베르 문명이 마그레브의 토착문화이며, 이것이 분명한 사실(fact)임을 직시하기 시작했다. 베르베르인의 삶의 기저에는 베르베르적 요소가 남아 있고, 지역민은 그 사실에 자부심을 느낀다. 이제는 베르베르적 속성은 물론, 이 지역에서 금기시된 베르베르 문명에 대해서도 말할 수 있을 것이다.

'베르베르 문명'은 그 자체로 교차와 혼성 과정을 여실히 드러내는 역사적 축적물이다. 베르베르인은 고대 페니키아부터 로마, 아랍, 오스만 터키, 프랑스까지에 걸쳐 외래문화와 자신의 문화를 결합해 새로운 문명을 일구어갔다. 오늘날 이슬람 문화가 압도적으로 지배하고 있지만, 이슬람 이외의 비주류 문화 또한 명맥을 이어나가고 있다는 게 마그레브 지역의 매우 독특한 지점이다. 기독교, 유대교, 이슬람의 소수 종파인 이바디즘(Ibadism) 등의 존재는 마그레브 지역을 여타 중동의 이슬람 국가와는 다른 지점에 있게 한다. 게다가 베르베르 문화는 아프리카 문화와도 어우러지며 문화적 풍성함을 더해주고 있다.

마그레브 지역 베르베르인의 종교적 상황은 여전히 독특하다. 예를 들어 알제리 카빌리 지역의 경우 이슬람교를 신봉하지만 기독교를 믿는 곳이 다수 존재한다. 심지어 알제와 같은 대도시나 사하라의 오아시스 도시에서도 기독교인임을 고백하는 현지인이 있을 정도다. 프랑스의 선교사 샤를 푸코(Charles Foucaud, 1858-1916)는 사하라사막에서 평생을 현지인과 생활하며 오지에 기독교의 흔적을 남겨놓았다. 유럽 가톨릭은 그를 기려 사하라의 엘 골레아 (El Golea)[1]를 성지로 꼽고 있다. 또 다른 도시 음자브(M'zab) 지역의 베르베르인 ― '모자비트족'이라 부른다 ― 은 이슬람의 수니와 시아와는 다른 이바디파 이슬람을 신봉한다. 튀니지의 제르바 (Djerba)섬에도 이와 비슷한 이바디파 이슬람 신봉자가 존재하고, 이들은 유대교, 기독교와 더불어 공존의 가치를 일깨워주고 있다. 모로코는 마그레브 국가 가운데 유대교의 이스라엘과 가장 밀접한

---

1) 엘 골레아(El Golea, 아랍어로 El Menea)는 수도 알제에서 약 900킬로미터 남쪽 사하라사막의 오아시스 도시다. 이곳에는 고대 베르베르인의 흔적이 곳곳에 남아 있고, 가톨릭 선교사 샤를 푸코 신부가 교회를 세우고 그의 무덤까지 남긴 곳이다. 샤를 푸코는 오랜 기간 사하라에 거주하며 투아레그어 연구와 문화에 대한 여러 권의 저서를 남기기도 했다.

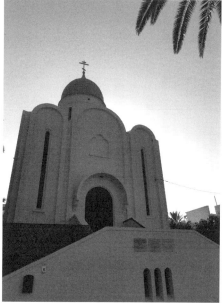

▲ 제르바섬의 유대교 성지
▼ 제르바섬의 기독교 교회

관계를 맺고 있다(임기대, 2021a).

마그레브 지역에서 유대인은 베르베르인과 적대적 관계가 아닌 공생 관계를 형성해왔다(박규현, 2021). 하지만 이 지역이 이슬람화되면서 유대인들은 유럽과 이스라엘 등으로 떠났으며, 튀니지의 제르바섬은 마그레브 유대인이 마지막까지 남았던 곳이었다. 현재 이 지역은 유대인들의 성지가 되어 매해 5월, 전 세계에서 유대인들이 몰려든다. 그들이 살았던 곳은 예술적 가치를 인정받아 전 세계의 방문객을 맞이하고 있다. 그리스 정교 교회 또한 곳곳에 있어 다양한 종교가 평화롭게 공존하고 있음을 증명해준다.

이렇듯 역사의 다양한 종교가 베르베르인과 더불어 함께했으며, 이는 베르베르 문명의 가치를 일깨우는 요소다. 이들은 시간이 지나면서도 아랍에 적대적이지 않은 태도로 마그레브의 이슬람적 정체성과의 양립 가능성을 보여주기도 했다.

이번 장에서 우리가 살펴볼 내용은 첫 번째로 이슬람 개종 초기의 베르베르 이슬람 문명과 관련된다. 둘째는 베르베르 이슬람과 관련한 민중 의식이다. 셋째는 이슬람 이전의 베르베르 고유 문명을 일깨워주는 옌나예르(Yennayer)다. 이 요소들은 오늘날 베르베르인의 정체성은 물론, 마그레브 지역 전체의 정체성을 새롭게 형성해가는 '특이 요소'가 되고 있다.

1. 이슬람으로 개종한 베르베르 이슬람 문명

튀니지 출신 역사학자 이븐 할둔(1332-1406)은 자신의 저서에서 베르베르인의 이슬람 개종 시기가 헤지라(Hegira)[2] 101년 즉, 서기 719-720년경이라고 한다(Ibn Khaldun, 1925). 아랍이 카르타고를 재점령한 698년 이후 오늘날 비스크라 인근에서 베르베르 여왕 카리나(Kahlina)[3]에 충성하며 최후까지 저항했던 베르베르인을 물리치면서 지역을 이슬람화한 것이 719-720년경이라는 것이다. 이 당시 이슬람화는 해안가와 일부 내륙 지역 정도에 머물렀고, 오늘날 사하라 일대까지를 포함한 이슬람화는 더 오랜 시간을 필요로 했다. 우마이야 왕조가 750년에 멸망했으니 이 시기(719-720년경)를 어느 정도 가늠해볼 수 있을 것이다.

이 시기의 상황이 아랍화인지, 이슬람화인지는 분명하지 않다. 확실한 것은 아랍화든 이슬람화든 베르베르인의 저항이 꾸준히 있었고, 이후 받아들인 이슬람 또한 오늘날 마그레브 지역에서 주로 믿는 수니파가 아니었다는 점이다. 아주 드물지만 이슬람이 마그레

---

2) 이슬람에서는 마호메트가 메카에서 메디나로 포교 지역을 옮긴 622년을 헤지라 원년으로 삼고 있다. 이 해가 이슬람력의 기원이 된다.

3) 마그레브 지역 베르베르운동 최초의 여전사로 기록되는 전설적인 인물이다. 오늘날 리비아와 인접한 알제리 동부지역의 샤우이족 출신이다. 바트나(Batna)를 중심으로 켄셀라(Kenchela)와 같은 샤우이족 거주 도시들이 있다. 그녀의 사망 이후 이슬람으로 개종한 샤우이족은 급격히 아랍화되며, 세를 확장해갔다. 샤우이족은 이슬람이 가장 문명화된 종교로 자신들을 문명권 안에 들여놓은 종교라고 평한다. 이들은 중세 시대에는 제나타족으로 불리기도 했다.

브 지역에 오기 전에는 베르베르인이 특별한 종교관을 갖고 있지 않았다고 하는 사람들이 있다. 하지만 베르베르 지역에 기독교도와 유대인이 오래전부터 공존한 역사적 사실에 비추어 신빙성이 없는 말이다.[4]

이슬람을 초기에 들여온 오크바 이븐 나피(Oqba Ibn Nafi, 622-683)는 베르베르인이 종교가 없기 때문에 이 지역민을 반드시 개종시켜야 한다는 논리로 무력 선교를 시도했다. 하지만 이븐 할둔은 지역민들이 아랍이 왔을 때 기독교 이외에도 태양이나 달과 같은 우상을 믿고 있었다고 지적했다(Ibn Khaldun, 1925 p.177). 즉 베르베르인은 전통적 방식과 로마 기독교가 적절히 혼합된 종교를 믿고 있었고, 때론 유대교화하기도 했다. 이들은 아랍인이 들어오면서 이슬람을 수용했지만, 이내 우마이야 왕조의 폭정과 아랍 우선주의에 견디지 못하고 독자적인 이슬람을 선언하며 아랍과 대립각을 세웠다. 이는 그들 자신만의 왕조를 탄생하게 했으며, 그 결과로 형성된 베르베르 왕조들은 150년 이상을 지속했다. 베르베르인의 대항거(Berber revolt, 739-743) 시대를 포함해 아랍에 반발하며 대립한 시기에 이뤄진 일이다.

이와 같은 '저항의 시기'를 고려한다면 베르베르인이 얼마나 강

---

4) 유대인은 이미 기원전 5세기부터 베르베르인의 땅에 들어왔고, 상당수의 베르베르인이 유대교로 개종했다. 독립 후 아랍주의 혹은 민족주의에 밀려 유대인이 마그레브를 떠났지만, 유대인은 늘 이 지역을 잊지 못하고 찾아온다. 2020년 12월 모로코와 이스라엘의 외교 관계 수립은 즉흥적인 외교 수립이 아닌 양국 간 오랜 문화적 뿌리와 향수가 있었음을 보여주는 사례다(임기대, 2021a, 71-100쪽).

하게 아랍에 맞서가면서 이슬람을 수용했는지 알 수 있다. 마그레브 지역 최초의 이슬람 왕조를 통해 베르베르인의 이슬람 수용 과정을 추적해보자.

오늘날 마그레브 국가의 이슬람은 일반적으로 수니파 이슬람 국가로 분류된다. 누구도 이에 대한 이견은 없을 것이다. 시아파와 더불어 이슬람의 양대 축을 이루고 있는 수니파이지만, 마그레브 지역에는 이와는 다른 이슬람의 요소가 존재해왔고, 베르베르 문명의 일부를 이루고 있다. 특히 틀렘센을 비롯해 사하라 북부의 음자브 지역, 그리고 튀니지의 제르바섬, 리비아 북서부 지역의 제벨 나푸사(Djebel Nafûsa)에는 여전히 카와리지의 분파인 이바디즘과 같은 이슬람의 특이점이 자리하고 있어 문명사적 관점에서 우리의 이목을 끄는 특이한 요소다.[5]

마그레브 지역에서 이바디즘의 기원과 관련한 정확한 정보는 알수 없다(Virginie Prevost, 2010). 단지 마그레브 최초의 이슬람 왕조가 세워진 틀렘센(Tlemcen)—수도 알제에서 약 600킬로미터 지점의 서쪽 지방—지역을 중심으로 지역민이 초기 이슬람을 어떻게 수용했는지 가늠해볼 수 있을 뿐이다. 동시에 아랍과 베르베르, 그리고 베르베르인 간의 대립에서 이슬람을 수용하는 과정이 독특하

---

5) 이 지역의 이바디즘 신봉자들은 자신들이 카와리지파로 분류되는 것에 대해 거부감을 표하며, 자신들을 수니파 계열로 분류하고 있다. 이는 가급적 수니파를 자극하지 않고 공존과 타협을 통해 생존하려는 전략으로 보인다. 현재 카와리지파는 이슬람에서도 금기시하는 이슬람 이데올로기다.

게 형성되어갔다.

어떤 역사가나 마그레브 국가의 정부도 이슬람과 더불어 국가 정체성을 논할 때 카와리지 이데올로기를 다루려 하지 않는다(Chikh Bekri, 2005, p.35). 카와리지는 자칫 국가의 정체성을 흔들 수도 있는 금기시된 내용이기 때문이다. 이런 금기시된 카와리지 이슬람이 마그레브 지역에 자리 잡게 된 것은 우마이야(Umayyad, 661-750) 왕조의 전제적 통치방식과 아랍 우월주의에 따른 것이었다. 손주영(1997, 172쪽)은 부족 배타주의, 즉 '앗 타아쑤브 알 까발리'(al ta'asub al-qabal)로 인해 우마이야 왕조가 붕괴될 수밖에 없었다고 한다. 아랍은 베르베르인에 비해 우월적 지위를 확보했고, 확보하려 했다. 베르베르인은 우마이야 왕조에 순응하다 폭정이 도를 넘어서자 맞서 싸우기 시작했다. 그 과정에서 접한 것이 카와리지 이데올로기였다.

그렇다면 카와리지 추종자들은 마그레브 지역에 어떻게 들어올 수 있었을까? 더불어 베르베르인은 카와리지 이데올로기를 언제 알게 되었을까? 언뜻 보기에 아랍인이 처음 마그레브를 정복할 때 카와리지 추종자들과 같이 온 것이라고 생각할 수 있겠지만,[6] 사실 그 어떤 것도 명확하지는 않다. 그만큼 당대의 사료가 충분하지 않고 이에 대한 명쾌한 증거물이 없다.

---

6) 쉬크 베크리(Chikh Bekri, 2005, p.39)는 우마이야 왕조의 병사들과 카와리지파 신봉자들이 마그레브 지역에 같은 낙타를 타고 대열을 지어 왔다고 언급하고 있지만, 이 또한 구전으로 전해진 내용일 뿐 명확한 내용은 아니다.

분명한 것은 아랍인이 처음 마그레브 지역에 들어올 때 베르베르인이 곳곳에서 저항은 했지만 신흥 종교에 어느 정도 열광하는 태도를 보였다는 점이다. 하지만 아랍의 배타적 행동과 과도한 세금 징수가 거부감을 일으켰고, 무슬림이라면 누구나 평등하다고 생각한 베르베르인의 정서에 맞지 않았을 것이다. 그 결과 마그레브에서 우마이야 왕조에 맞서 대항하는 베르베르 세력들이 곳곳에서 생겨났다. 그들은 자신이 믿는 종교와 관습을 고수하기 위해 산악지대로 가는 경우도 있었고,[7] 새로 생겨난 왕조의 흥망성쇠를 좌지우지하기도 했다.

750년 멸망한 우마이야 왕조에 대항해서 탄생한 마그레브 최초의 베르베르 이슬람 왕조는 수프리즘(Soufrism, 742-790) 왕조다. 오늘날 알제리에 있던 로스템(Rustamides 혹은 Banû Rustam, 767-909)[8] 왕조를 마그레브 최초의 이슬람 왕조로 꼽지만, 베르베르 부족 바누 이프렌(Banu Ifren)이 이끈 수프리즘 왕조가 이보다 앞서 창건되었다. 그런데 불행하게도 역사에서 이 왕조가 언급되는 경우

---

7) 오늘날의 카빌리 일부 지역이 대표적이다. 반면 유목 생활을 하는 베르베르인은 아랍 군부대에 복무하면서 알제리와 모로코, 스페인을 이슬람화하는 데 기여했다(아이라 M.라피두스, 2009, 506쪽). 대표적인 부족으로 오레스 지역의 샤우이족을 꼽을 수 있다.
8) 일반적으로 알려진 알제리 최초의 왕조다. 페르시아 출신의 이맘 이븐 루스탐(Ibn Rustom)이 마그레브 지역에 정착해 카와리지 왕국을 세웠다. 오늘날의 티아렛(Tiaret)에 수도를 두었다. 루스탐은 철저한 금욕 생활을 하면서도 법을 해석하고 판결을 내리기도 했다. 끊임없는 종교적 열정을 추구한 신정 공동체로, 체벌과 투옥 같은 수단을 통해 높은 수준의 사회적 행동을 강제했다(아이라 M.라피두스 2009, 507쪽).

는 거의 없다. 여러 이유가 있겠지만 수프리즘 왕조가 큰 족적을 남겨두지 못한 것 이외에도 마그레브 지역에서는 금기시된 카와리지 이데올로기를 숭상했다는 것, 지나칠 정도의 기계적 평등과 공동의 통치로 단명한 점 등이 있을 것이다(임기대, 2019).

수프리즘 왕조는 바누 이프렌 출신의 부족장 아부 꾸라(Abou Qurra)가 742년 오늘날의 틀렘센에 수도를 두며 창건했다. 바누 이프렌은 마그레브 중부지역에서 처음으로 아랍·이슬람 왕조 우마이야와 아바스(Abbasid, 750-1258) 왕조[9]에 정면으로 맞선 베르베르 부족이다. 왕조가 들어서기 전 베르베르인은 아랍에 협조하며 이슬람의 정복 과정에 기여했지만, 아랍은 여전히 베르베르인을 '딤미'(Dimmi)라는 이름의 이등 시민으로 취급했다. 무사 이븐 누사이르(Musa ibn Nusayr, 640-?) 이후부터는 베르베르군을 아랍과 동일하게 대했지만 그의 후임 야지드 이븐 아비 무슬림(Yazid ibn Abi Muslim, ?-721)이 또다시 베르베르군을 차별했다. 베르베르인에 대한 우대 혹은 평등 정책을 폐지하는 것에 그치지 않고 베르베르 출신 장교를 강등시키기도 했다. 마침내 베르베르인에 대한 세금 부과까지 강행하자 베르베르 내부에서 반발이 생기기 시작했다. 때마침 카와리지 포교사들이 평등과 차별 철폐를 내세우며 새로운 정치 질서를 약속했다(임기대, 2021b). 소수자인 베르베르인이 새

---

9) 아바스 왕조는 우마이야 왕조를 무너뜨린 후 1258년 몽골족의 침입으로 몰락할 때까지 아랍 제국을 다스렸다. 흔히 오늘날 아랍권이라고 말할 때의 지형도를 처음으로 형성한 왕조이기도 하다.

로운 문명을 받아들인 순간이었다. 바누 이프렌 부족은 곧바로 수프리즘 왕조를 수립하고 지역 판도와 질서를 완전히 뒤엎어놓았다.

결국 우마이야 왕조가 멸망한 후 767년 로스템 왕조, 제벨 네푸사[10]의 카와리지파와 연합한 아부 꾸라는 오늘날의 알제리 동부 베르베르 지역인 오레스 지역에서 신생 왕조인 아바스 왕조의 총독을 포위했다. 더 나아가 이베리아반도의 말라가와 튀니지의 카이루안을 정복하기도 했다.[11]

아부 꾸라는 이후 수도 틀렘센으로 돌아왔지만, 서쪽에서 발흥한 이드리스(Idriss, 789-985) 왕조가 동진해옴에 따라 정면충돌이 불가피해졌다. 이드리스 왕조는 모로코 최초의 이슬람 왕조이지만 시아파를 신봉했다. 아부 꾸라는 카와리지의 엄격한 교리에 부합하지는 못했지만 왕위 세습을 지양하는 카와리지의 원칙은 지켜내려 했다. 이드리스 왕조는 시아파임에도 이러한 신조의 수프리즘 왕조를 어느 정도 인정해주었고, 이에 아부 꾸라는 이드리스 1세(743-791)를 왕으로 받들었다. 결국 790년에 들어서며 수프리즘 왕조는 이드리스 왕조에 통합되고 말았다.

수프리즘 왕조는 역사에서 큰 두각을 드러내지 못한 채 단명한 이슬람 왕조다. 왕조의 저항 정신이 여러 분야에서 구전으로 인용

---

10) 리비아 서북부 지역의 산악지대다. 이곳의 지역민은 베르베르인이지만 현재는 이바디즘으로 개종한 부족이 살고 있다.

11) 이븐 할둔(Ibn Khaldoun)은 바누 이프렌이 동부지역의 바트나까지 간 데에는 자신들의 조상이 이 지역 출신이었기 때문이라고 한다. 이런 주장은 바누 이프렌이 오레스 지역의 샤우이족일 가능성이 매우 높다는 점을 암시해준다.

베르베르 부족 바누 이프렌이 건립한 도시 틀렘센
▲ 틀렘센의 엘 메슈아(El Mechouar) 궁전
▼ 오늘날 틀렘센을 포함하는 알모하드 왕조의 모스크

되고, 그들을 기념하는 지역민들의 일부 행사로 명맥을 유지하고 있을 뿐이다. 도심 곳곳에 파편적으로 남아 있는 관련 유적지와 문화적 유산은 이 왕조가 잊힌 존재가 아니었음을 알려주기도 한다. 실제로 바누 이프렌은 이후에도 이베리아 안달루시아 지역에서 존재감을 드러냈다. 바누 이프렌은 오늘날 모로코 라바트 인근의 살레(Salé), 알제리 콩스탕틴과 놀랍도록 흡사한 이베리아반도의 론다(Ronda)를 건설했다. 말라가 옆 도시 론다 '타이파'(Taïfa)는 바누 이프렌 후손이 건설한 이베리아 왕국이다.[12]

베르베르의 수프리즘 왕조는 아랍에 맞서 싸운 베르베르 이슬람 왕조였다. 당시 아바스와 우마이야 왕조에 반기를 든 수프리즘은 '칼리파'를 자신들의 부족장 가운데서 뽑고, 상속이나 결혼 등의 문제에서 기독교인이든 유대인이든 상관하지 않았다고 한다(임기대, 2019). 베르베르인의 관습과 전통에 따라 결혼을 허용했고, 자신들의 전통과 관습이 카와리지가 추구한 사상과 비슷하다고 보았기에—물론 강압도 있었겠지만—모두 이슬람으로 개종하는 데 큰 걸림돌이 없었다.

하지만 이슬람에서는 금기시하는 다신교와의 연합을 추구했다.

---

12) 알모라비드 왕조가 안달루시아 지역을 평정하기 전인 1091년까지 이베리아반도에는 24개의 군소 왕국들이 난립했다. 레콩키스타를 도모한 북부의 기독교 세력은 통일된 안달루시아 지역이 힘을 발휘하지 못했기에 더없이 좋은 호기를 맞게된다. 이런 상황에서 분열된 왕국의 시기를 타이파 왕조 시대라 부르는데, 타이파 왕조(1022-94)는 정치적으로는 분열되어 있었지만 찬란한 이슬람 문화를 일구었다(임기대, 2019).

실제로 다른 베르베르인과 마찬가지로 수프리즘의 바누 이프렌은 이슬람이 들어오기 전부터 이교(異教)를 숭상하고 있었다. 로마 지배 당시에는 이단으로 간주된 도나우스파를 믿기도 했고, 반달족이 들어와서는 아리우스파를 믿는 이도 있었다. 이런 점은 이슬람에서 이단시하는 요소인데, 양립은 상상조차 할 수 없던 것이었다.

수프리즘이 있던 틀렘센은 아랍이 들어오기 전부터 유대인이 정착한 곳이기도 하다. 레콩키스타 이후로는 이베리아반도에서 들어온 유대인도 많이 거주하게 되면서 오늘날 프랑스적 색채까지 더해진 매우 다채로운 특색을 가진 곳이 되었다.[13]

수프리즘은 극단적 성향으로 왕조를 오래 지속하지 못하고 온건 성향의 이바디즘에게 주도권을 빼앗겼다. 이베리아반도의 론다에 건립된 바누 이프렌 왕조 또한 왕의 극단적 성격과 권위적인 통치로 말미암아 오래 지속하지 못하고 세비야 타이파(Taïfa)에 넘어갔다. 수프리즘 왕조를 건립한 바누 이프렌은 훌륭한 도시를 곳곳에 건립했지만, 그 폭력성으로 인해 자멸하고 만다. 온건 이바디즘보다 극단적인 카와리지 이데올로기는 오늘날 극단 이슬람 테러 집단을 제외하곤 존재하지 않는다.[14] 정통 이슬람에서는 그 폭력성을 인정하지 않기 때문이다.

---

13) 프랑스의 프랑수아 올랑드 전 대통령이 알제리 국빈 방문 시 틀렘센에서 정상회담 (2012.12.12)을 했을 정도로 문화적으로 프랑스의 분위기를 느낄 수 있는 곳이다.
14) 카와리지와 이바디즘의 차이, 이바디즘과 수니 말레키와의 영역별 ─호칭, 권위, 학문, 문화, 자유 등─ 차이에 대해서는 모함메드 메센(Mohammed Messen, 2015)을 참조할 것.

이드리스 왕조에 넘어가기 전 수프리즘은 제나타 베르베르의 일원인 메크나사(Meknassa)를 통해 마그레브 지역으로 확산해갔다. 메크나사는 알제리 동부의 오레스 지역에 살고 있던 샤우이족의 중세 시대 이름으로, 이슬람 정복 초기 타리크 이븐 지야드가 이베리아 반도를 점령할 때 선두에 섰던 부족이다. 메크나사는 오늘날 '모로코의 베르사유'로 불리는 메크네스(Meknes)[15]와 사하라 대상들의 거점 공간이었던 시질마사(Sijilmasa)[16]를 건립했으며, 이베리아 반도의 압타시드(Aftaside) 왕조(1027-92)[17]를 건립하기도 했다. 흥미로운 것은 동부 지역 샤우이족이 광범위하게 퍼져나가 베르베르 이슬람 왕국을 건립했다는 사실이다. 서아프리카까지 고려한다면 이들의 활동은 모자비트족(Mozabit)[18]과 더불어 더 주목을 끈다. 베르베르인이지만 이슬람을 적극 수용하고, 확산에도 일조한 샤우이족이 아니던가.

이슬람을 적극 받아들인 샤우이족은 아랍이야말로 가장 문명화된 부족이라 생각하는 경향이 있다. 그래서인지 현지에서는 자신들이 이슬람으로부터 선택받았다고 생각한다. 그렇다고 샤우이족이

---

15) 모로코 북부의 도시로, 수도 라바트와 페스의 중간 지점에 위치해 있다.
16) 모로코 동부 산악지대 도시이며, 알제리와 인접해 있다. 중세 시대 사하라 무역 횡단로의 거점 도시였지만 현재는 거의 폐허가 된 도시다.
17) 메크네스가 스페인의 타이파 왕조 시대에 포르투갈과 인접한 바다조즈(Badajoz)에 건립한 왕조를 일컫는다.
18) 사하라 북쪽의 음자브(M'zab) 지역에 살고 있는 모자비트족은 이슬람 이바디파를 신봉하고 샤우이족과 상당한 교류를 해왔다. 모자비트족은 이후 서아프리카 이슬람의 기원이 되는 데 많은 공헌을 했다(Roland Oliver, 2001, p.137).

이슬람교를 받아들이면서 저항하지 않은 것은 아니었다. 이슬람을 받아들였지만 아랍과 공생하면서도 때로는 대결하며 지역민의 정서에 맞는 이슬람을 안착시키려고 했다. 그 결과 수니도 시아도 아닌 카와리지 이슬람을 수용하고 확산시키는 역할을 했다. 이들은 마그레브의 첫 번째 이슬람 왕조를 틀렘센에 건립하는 데 일조했고, 그 흔적은 여전히 이 지역에 일부 남아 계승되고 있다. 틀렘센을 언급할 때 베르베르를 언급하는 것도 바로 이런 역사적 과정의 산물 때문이다.[19]

메크나사는 이후 여러 전투 과정을 겪으면서 힘을 잃어갔다. 하지만 또 다른 베르베르 부족이 마그레브 전체를 통일하는 거대 왕국을 건설했다. 바로 카와리지의 이념을 지워내고 수니파 이슬람으로 무장한 알모라비드(Almoravid, 1040-1147)와 알모하드(Almohad, 1121-1269) 왕조다. 흔히 아랍어로 '알-무라비툰'(al-Murabitun, 요새에서 전투 준비가 된 사람), '알-무와히드'(al-Muwaḥḥidūn, 통합자)를 일컫는 이 두 왕조는 각기 다른 부족의 베르베르 왕조다. 전자는 오늘날 모로코의 마라케시와 이베리아반도의 코르도바를 통해 그 찬란한 문화적 자산과 경제 번영의 위용을

---

19) 동부의 샤우이족이 카빌리를 넘어 틀렘센과 모로코 지역으로 확장해갔다는 것은 불가사의한 일이다. 샤우이족의 흔적이 알제리 서부와 모로코 일부에서 발견되고 있기 때문이다. 게다가 이슬람 초기 샤우이족은 모자비트족과도 긴밀한 관계를 맺어왔다. 지리적으로 카빌리와 가장 인접하지만 카빌리와는 상대적으로 많은 교류를 하지 않았다. 카빌리는 산하자 베르베르에 속해서 서로 간에 긴밀한 유대감은 없고, 이후의 과정에서도 대립적 관계를 유지한 측면이 많다.

보여주었다.

베르베르 산하자(Sanhaja)족이 설립한 왕조로 일개 부족이 아닌 여러 베르베르 부족의 연합체로 구성되었다. 산하자족은 주로 서아프리카의 모리타니와 모로코 마라케시를 중심으로 한 지역의 베르베르 연합체로 샤우이 등의 제나타 베르베르인과 결을 달리하지만 어쨌든 같은 베르베르 문화권에 속한다. 이들은 오늘날까지 마그레브와 서아프리카 일대에서 그 흔적을 유지하고 있고, 심지어 테러집단 알무라비툰(Al-Murābitūn)은 과거 알모라비드 왕조 재현을 외치며 서아프리카 중심으로 부활을 꿈꾸기도 했다.[20] 알모하드 왕조의 경우 과학과 예술, 건축술 등의 분야에서 탁월한 유산을 남기며 안달루시아 문화권을 확장해갔다. 이후 이 두 왕조와 같이 마그레브 전체를 통일하는 거대 왕조는 나타나지 않았고, 하이 아틀라스(High-Atlas)를 중심으로 한 마린(Marinid, 1244-1465) 왕조, 튀니지와 알제리 동부 지역을 중심으로 하는 합시드(Hafsides, 1236-1573) 왕조, 안달루시아 문화를 계승한 자이얀(Zayyanid, 1236-1556) 왕조가 스페인이 마그레브에 진출하기 전까지 지역의 패자로 등극했다.

---

20) '알무라비툰'은 벨목타르(Mokhtar Belmokhtar, 1973-)가 새로 만든 이슬람 테러 조직이다. '알무라비툰'은 이슬람과 무슬림에 적대적인 시온주의자들에 대항하고자 결성되었으며, 동시에 말리에서 프랑스군 등의 외세를 배격하기 위해 무장 투쟁도 불사한다고 선언했다. 이념적으로는 알카에다의 노선을 추구하며 그들의 행동에 경의를 표하고 추종하면서 과거 알모라비드 제국의 재현을 꿈꾼다(임기대, 2016).

베르베르 이슬람 문명은 서구 세력의 침략 이전까지 다양한 색채의 왕조들로 명멸해왔다. 서구 이전 다양한 베르베르 부족 연합체가 이합집산하면서 마그레브와 서아프리카, 이베리아반도에 이슬람 국가를 건설하며 베르베르만의 이슬람 문명을 건립하는 데 중요한 역할을 했다. 여기에서는 언급하지 않았지만 마스무다(Masmouda) 부족의 베르베르 이슬람 문명도 중세 시대 빼놓을 수 없는 요소다. 이들은 알모하드 왕조는 물론 이후 오늘날의 튀니지를 중심으로 합시드(Hafside, 1229-1574) 왕조를 건설하기도 했다. 베르베르인들은 부족별로 다른 종파의 이슬람 왕조를 각 지역에 건립해가면서 초기 카와리지의 색채를 조금씩 약화시켰다. 동시에 아라비아반도에서 유입된 아랍인과의 교류 속에서 오늘날 수니 이슬람 지역으로 점차 변해가게 된다.

베르베르인의 이슬람 문명은 마그레브 지역에서 수백 년을 지속했다. 그들은 점차 수니 이슬람을 수용하고 발전시키면서 초기의 색채와는 다른 이슬람 문명을 만들어갔다. 그렇다고 초기 이슬람의 가치가 완전히 소멸된 것은 아니다. 전술한 바와 같이 알제리의 음자브와 튀니지의 제르바섬, 리비아의 제벨 나푸사 등에는 여전히 그 흔적들이 남아 있다.

주지하다시피 베르베르인의 이슬람 수용 당시 상황은 매우 특별하다. 그들은 과연 어떤 이슬람적 가치를 수용했을까? 초기 이슬람 수용은 그들 정서에 이미 내재된 가치와 부합했기 때문일까? 분명한 것은 베르베르인이 그들만의 독특한 정서 속에서 이슬람을 받아들여 오늘날 마그레브 지역 이슬람 문명의 초석을 다지는 데 기여했다는 점이다.

2. 음자브와 제르바의 베르베르 문명

다시 한번 왜 베르베르인은 독특한 종교 형태인 이바디즘(Ibadism)을 발전시켜갈 수 있었을까? 그들이 욕망한 이슬람이란 대체 무엇이었을까? 베르베르인은 자신들의 정체성과 가장 부합하는 교리에 매력을 느끼고 수용했을 것이다. 기독교의 억압과 지배 논리보다는 '자유'와 '평등'을 내세우는 수프리즘이나 이바디 이슬람 이념이 자신들의 정체성과 부합한 것은 아닐까. 그들 스스로가 늘 주장한 '이마지겐'(Imazighen)으로 살아온 수천 년의 기간, 누구의 지배를 받아도 자유롭게 살아온 그들임을 고려할 때 충분히 설득력 있는 논리가 될 것 같다. 베르베르인에게 내재한 인간 평등과 자유에의 갈망은 외부의 억압이 작동할 때 반발과 저항으로 점철되어 나타났다. 그런 욕망 속에서 베르베르인은 '이바디즘'이라는 소수 이슬람 종파를 선택했다. 지역민이 이바디즘을 정서적으로 공유하던 시기는 마그레브 역사상 가장 종교적으로 관용적이며 정의롭고 안정적인 시기로 평가받고 있으며, 현재는 주류 교단에 밀려났지만 여전히 그 면면은 남아 있다(Mohamed Messen, 2015, p.47).

이번 장에서 언급하는 음자브(M'zab) 지역과 제르바(Djerba)섬은 마그레브 지역의 이슬람 문명에서도 매우 독특한 위상을 지닌 곳이다. 이 두 지역은 베르베르인이 거주하면서도 동시에 이슬람을 적극 수용하고, 유대교와 기독교가 공존하기도 했던 곳이다. 오랜 세월이 흐르고 지역이 수니 이슬람화되면서 이 지역은 각각 다르게 분화 발전하며 이슬람적 색채를 변형시키고 있다. 음자브 지역은 가장 폐쇄적인 지역으로,[21] 제르바섬은 다양한 문화가 공존하는 지역으로 탈바꿈해갔다. 이슬람이 유입된 후 이 두 지역은 공통의 종교적 가치관을 가지고 출발했지만, 오늘날은 서로 다른 공간을 만들어가고 있다.

베르베르인이 이 두 지역으로 흘러간 것은 로스템 왕조(767-909)의 붕괴 전후다. 로스템 왕조는 베르베르인을 중심으로 성장했지만 순수 베르베르인이 창건한 왕조가 아니었다. 다신교를 믿으며 왕조를 잘 구축해나갔지만, 외부 세력의 압력으로 왕조가 몰락하자 베르베르인은 해안지대에서 600킬로미터 떨어진 사막지대로 피신했다. 이들이 다름 아닌 베르베르의 모자비트족이다. 당시 모자비트족은 이바디 이슬람을 수용하면서도 이집트와 페니키아 신화를 믿었다. 또한 바알신과 고대 이집트의 태양신 아몬(Amon), 농사와 관련된 신의 세계관을 갖고 있었다(Mohamed Messen, 2015, p.53). 기독교의 여러 종파를 제외하곤 토착 베르베르인의 세계관과 크게 다를 바가 없는 '자유로운 존재'였고, 다문화 다종교의 세계관을 갖

---

21) 여기에서 '폐쇄적'이라는 표현은 외부와의 교류 차단을 의미하지 않는다. 음자브 지역 자체가 지리적으로 고립되어 있다는 의미다. 현지에서는 자신들의 가치를 존중해준다면 누구와도 공존할 수 있는 분위기가 형성되어 있다.

고 있었다. 그런 이들이 시아파 이념을 추구한 파티마 왕조에 쫓겨 사하라사막의 세드라타(Sedrata)로 은신해 들어간 것이다. 모자비트족은 이곳에서 이바디 이슬람을 끝까지 지켜내려는 계획을 세우게 된다.

세드라타는 음자브에서도 200킬로미터 남쪽, 사하라에서도 가장 덥다는 와르글라(Ouargla)에서 50킬로미터 남짓한 곳 사이에 있다.[22] 이후 음자브 지역으로 옮긴 왕조의 후예들은 체계적인 도시 건설을 시작했다. 먼저 계곡을 따라 5개의 오아시스 도시를 건설했다. 멜리카(Melika, 1350년), 베니-이스궨(Beni-Isguen, 1347년), 엘 아퇴프(El-Ateuf, 1012년), 부 누라(Bou Noura, 1046년), 가르다이야(Ghardaïa, 1048년)가 들어섰으며, 이 도시들은 모두 '크사르'(Ksar), 즉 계곡 위에 요새 형태로 지어졌다.

골목과 도시는 지중해 해안가 베르베르인 도시 '카스바'(Casbah)와 비슷한 모양을 보인다. 거주 공간은 열악한 사하라의 환경에서 살아남을 수 있도록 건물, 길, 창틀, 벽까지 완벽하게 설계해 건설했다. 어떠한 부의 상징도 건물 외부에 드러나면 안 되도록 구상되었다. 모자비트족이 각별히 신경 쓴 건 댐 건설이었다. 물이 있어야 생활할 수 있기에 비가 오지 않는 지역의 특성상 물 관리는 생존과 직

---

22) 모자비트족은 사하라에서도 가장 덥고 험한 곳인 세트라타로 피신해 살았지만, 부족 전체가 살기에 적합하지 않다고 판단해 음자브 지역으로 이동했다. 세트라타에는 아주 극소수의 사람만이 살고 있고, 외부인은 이 지역에 들어갈 수 없다. 도심 진입 입구에 바리케이드를 쳐놓고 외부인의 진입을 막고 살 정도로 폐쇄적이다.

결되는 문제였다.[23)]

이 지역의 베르베르인은 건축물에도 독자적인 교리를 드러냈다. 자신들이 추구하는 이슬람 신앙관과 공동체적 성격에 부합하도록 한 것이다. 각각의 도시 정중앙에는 모스크가 솟아 있다. 모스크에는 미나렛—예배 시간을 알리는 탑—이 올라와 있고, 미나렛 주변에는 마데레사(Maderesa, 이슬람학교), 우물, 주택, 상가 등이 동심원을 그리며 도심을 형성하고 있다. 이 점에서 같은 로스템 왕조에 있던 제르바섬의 모스크와는 형태나 구조, 색깔에서 확연한 차이를 드러낸다.[24)]

음자브 지역의 베르베르인, 모자비트족은 척박한 사하라에서 가장 이상적인 삶과 공동체의 안전을 보장하는 공간을 계획하고 구축했다. 그들의 부족 중심 도시 건설은 오늘날 기후변화 시대에 인류에게 중요한 귀감이 되고 있다. 열악한 공간에서 어떻게 공동의 생활을 영위해나가는지를 보이는 이들의 도시는 1982년 세계문화유산(UNESCO)에 등재되기도 했다.

같은 이바디즘을 추구하지만 튀니지의 제르바섬은 음자브 지역

---

23) 모자비트족의 댐 관리는 현대 도시건축가들조차 놀라움을 금치 못한다. 철저한 물 관리와 배분 원칙에 근거해 상수 체계를 마련한 이 지역은 사막이라고 하기에는 전혀 불편함을 느끼지 못할 정도로 물 사용이 가능하다.

24) 이바디 베르베르인이 건설한 두 장소는 도심의 풍경과 모스크의 모습이 판이하게 다르다. 음자브 지역은 도심 꼭대기에 모스크가 있으며, 그 꼭대기에 미나렛이 솟아 있다. 반면 제르바섬의 모스크는 전반적으로 수평적이고 낮은 모양이다. 지금은 미나렛이 솟아 있지만, 이는 이 지역 이바디즘이 수니화되면서 건물 형태가 변형된 것이다.

과는 다른 특이성을 보인다. 제르바섬은 음자브의 모자비트족과 종교관에 있어 큰 차이는 없지만, 매우 다른 환경에 접해 있다. 음자브 지역이 외부에 노출되지 않는 험준한 지역인 반면, 제르바섬은 여러 이슬람 왕조와 이민족 사이에서 생존을 모색해야 했다. 제르바섬은 '섬'이라는 지리적 특성과 함께 마그레브 지역의 국가 간, 그리고 마그레브와 시칠리아를 비롯한 유럽의 중요 연결 지점에 있다. 여러 문명이 거쳐 가는 곳에 있다 보니 종교적 색채가 약해질 수밖에 없었는지 이슬람과 관련한 정체성은 음자브 지역에 비해 매우 약한 편이다.

튀니지 카이루안을 중심으로 세워진 파티마 왕조(909-973)가 이집트로 간 이후 이 지역은 아랍 베르베르 아글라비드 왕조와 갈등을 빚었다. 베르베르인은 말레키(Maleki)[25] 이슬람을 신봉하는 아글라비드 왕조(Aghlabid, 800-909) 치하에서 차별을 받으며 그들과 반목했다. 이후 파티마 왕조가 들어서면서 베르베르의 쿠타마(Kutama)[26]족은 파티마에 적극 협조해 시아파 이슬람이 중부 마그레브 지역에 견고히 자리 잡는 데 핵심적인 역할을 했다. 파티마 왕조가 이집트 카이로로 수도를 옮겨가면서 쿠타마족 또한 대거 이집트로 건너갔고, 11세기 아랍인 바누 힐랄이 유입될 때 대부분이 아

---

25) 이슬람 예언자인 마호메트의 행적을 중시하면서도 공동체의 이익 앞에선 이성적 사고를 허용하는 수니파에 속한다.

26) 오늘날 알제리의 카빌리를 비롯해 서아프리카에 거주한 베르베르 산하자 부족에 속하는 집단이다. 카빌리 동부를 비롯해 콩스탕틴, 지젤 등에 분포해 있었다. 베르베르인 가운데서 가장 아랍화된 종족이기도 하다(임기대, 2020b, 2021b).

랍화되어 마그레브 지역으로 돌아왔다(임기대, 2020b).

이런 복잡한 상황 속에서 제르바섬 사람들은 처음엔 티아렛의 로스템 왕조를 지지했지만, 지리적 인접성이 좋지 않아 파티마 왕조 문화를 받아들일 수밖에 없었다. 그리하여 제르바섬은 압바스 왕조 지배자의 야심과 파티마 왕조 대신 지역을 통치한 베르베르의 지리드 왕조, 이후 또 다른 베르베르 왕조—알모하드, 자이얀, 마린, 합씨드 왕조 등—, 바누 힐랄(Banu Hilal)의 침입, 노르망디의 위협, 게다가 해적의 공격에도 늘 맞서 싸워야 하는 환경에 놓였다. 현지인들은 제르바섬의 낮은 모스크와 지하로 들어갈 수밖에 없는 구조는 워낙 많은 이민족의 침입과 그에 따른 두려움에 따른 것이라고 한다. 음자브 지역 모스크가 도심 정상에 있는 것과 달리 제르바의 모스크는 매우 낮다. 오스만 터키 시대에 들면서 조금은 수그러들었다고 하지만, 제르바섬의 베르베르인은 늘 치열하게 생존 방식을 모색해야만 했다. 그 결과 변형된 도심과 모스크의 외관은 시간이 흐르면서 조금씩 변해 오늘날의 모습을 하고 있다.

제르바섬은 여러 종교들과의 공존으로 지역적 특성이 흔들리기도 했다. 주체적인 이바디 이슬람 전통만을 고수하기에는 이 지역에 너무도 다양하고 이질적인 개체들이 혼재했다. 이바디 이슬람을 비롯해 이슬람의 수니와 시아, 게다가 기독교와 그리스 정교, 심지어 유대교까지 포용해 공존한다는 점에서 음자브 지역보다 훨씬 개방적이고 열린 사회를 지향한다. 특히 유대인이 이 지역에 많은 것은 기원전 5세기부터 진행된 유대인의 마그레브 진출과도 긴밀한

▲ 음자브의 가르다이야 모스크(Ghardaia Mosque)
▼ 제르바섬의 파드룬 모스크(Fadhloun Mosque)

관련이 있다. 바빌론이 유다왕국을 관할영지로 삼은 때가 기원전 586년이지만, 그 이전부터 20세기 이스라엘 재건(1948년)까지 유대인은 거의 2,500년 이상을 영토 없이 전 세계 곳곳에서 생활했다. 유다왕국이 없어질 때 유대인이 아프리카에 거주지를 만들었는데, 그곳이 오늘날의 제르바섬이었다고 한다(박규현, 2021).

음자브 지역과 제르바섬은 지리적 차이에 의해 건축물에서 큰 차이를 보이고 있다. 제르바섬 현지인들에 따르면 기존에 없던 모스크 위의 미나렛은 오랜 시간을 지나면서 외부와의 접촉에 따라 더해진 것이라고 한다. 제르바섬의 모스크는 음자브와는 달리 도심의 정중앙에 위치하지 않고 일상의 공간과 더불어 존재한다. 물론 반드시 정중앙에 위치하지 않는다는 것이지 예외의 경우도 있다. 사람들은 이곳에서 만나 기도하고 토론하고 교제의 시간을 나눈다. 음자브 지역의 경우 모스크를 중심으로 도심이 형성되어 있어 외부인 접근이 용이하지 않다. 외부인이 현지인과 접촉할 수 있는 가능성은 거의 없다. 가이드를 통해 안내받아 갈 때에야 현지인과의 소통이 어느 정도 가능한 정도랄까. 음자브가 외부와의 접촉이 거의 없이 독자적 정체성을 보인 반면, 제르바섬의 경우 다양한 외부 문화가 시간 속에 켜켜이 녹아 지역 내에 스며들어 있는 것을 곳곳에서 볼 수 있다. 게다가 제르바섬은 베르베르적 정체성이 상당히 약해 보인다. 오랜 기간 형성된 튀니지라는 국가의 정체성과 아랍주의 정책을 고려할 때 일견 당연한 것은 아닐까.

하지만 이 두 지역에도 공통된 모습이 있다. 바로 그들이 준수하

▲ 음자브의 모졸레(영묘)
▼ 제르바섬의 모졸레(영묘)
음자브와 제르바섬 건축물의 외관은 비슷한 점이 거의 없지만 아치 모양의 내부 건축물은
흡사하다.

는 이바디즘 전통이다. 제르바섬이 여러 문명과의 교류로 다소 희석된 정체성을 보이긴 하지만, 두 지역 모두 '아짜바'(Azzaba)라는 사회 규범을 통해 여전히 지역 내 문화적 정체성을 유지하려 한다. 아짜바는 이바디즘이라는 종교적, 사회적 공동체의 모든 규범을 담고 있는 종교 기구다. 결혼을 비롯한 가족 구성원 축제, 그에 따른 준비 과정 등 모든 것을 관장한다.[27] 특히 음자브 지역의 아짜바 전통이 강하다. 제르바섬은 상대적으로 종교적 결속력이 느슨하고 다양한 주체가 있다 보니 집행 기구로서의 역할이 미미한 편이다. 이바디즘을 신봉하는 베르베르인이 아짜바를 통해 지켜내려 한 것은 자신들의 정체성, 아랍과의 차별화였다. 이런 이유로 때론 중앙정부에서 아짜바에 대해 거부감을 갖기도 한다. 중앙정부는 끊임없이 통일된 국가 정체성을 추구하는데, 이바디즘을 따르는 베르베르인은 이런 국가라는 범주에서 벗어나 독자적 규율 체계를 유지하려 한다. 특히 음자브 지역의 경우가 심해서 때로는 국가와 이바디파 베르베르인, 아랍과 이바디파 베르베르인 간에 유혈 충돌이 발생하기도 한다.[28]

---

27) 양가와 결혼 당사자 간의 예물, 결혼식 준비 기간, 모스크에서의 결혼식 예배, 신혼여행, 주거 문제 등을 평등주의에 따라 준비하고, 전통과 규범에 의거한 기준을 제시해준다. 모자비트족은 집도 부를 상징하는 요소를 내비치면 안 된다. '아짜바'에 대한 상세한 내용은 임기대(2020a) 참조.

28) 최근에는 잠잠해졌지만 불과 수년 전까지만 해도 아랍인 참바(Chaâmba)족과 모자비트족 간의 유혈 충돌이 많이 발생했다. 이런 문제로 음자브 지역은 서사하라 문제에 이어 사하라 일대 최대 분쟁 지역이기도 하다(Kim Gwangsu & Lim Gidae, 2017).

음자브 지역에는 아짜바 이외에도 이바디즘 전통에 부합하는 여러 종교 기구, 사회적 규범을 관장하는 기구가 있다. 이들은 중앙 정부와는 달리 독립적 기구로서 존재하며 그 체계는 결혼, 이혼, 청년 문제, 교육, 여성문제, 장례, 축제 등 베르베르인이 공동체 안에서 서로 지켜야 할 다양한 규범을 담아내고 있다. 그만큼 베르베르인만의 독특한 정체성을 알아가는 데 있어 건축과 더불어 중요한 요소다. 이런 베르베르인의 전통은 현대에 들어서도 지탱되고 있지만, 현대 국가 체계와의 양립 가능성에 많은 고민을 하고 있는 듯하다.

3. '히락'(Hirak)으로 표출되는 베르베르 문명

2011년 튀니지의 '재스민 혁명'으로 촉발된 '아랍의 봄'은 튀니지는 물론이고 리비아, 이집트, 예멘 등의 'MENA'(Middle East and North Africa, 중동 및 북아프리카) 지역을 강타했다. 이들 지역의 오랜 독재자는 망명의 길을 선택하거나 사망했다. 튀니지에서는 '아랍의 봄' 당시 대통령이었던 벤 알리(Ben Ali, 1936-2019)가 사우디아라비아로 망명했다가 사망했다. 이집트의 장기 집권 독재자 호스니 무바라크(Hosni Mubarak, 1928-2020)는 무기 징역을 선고받고 2020년 2월 사망했다. 이 지역 이외에도 국민의 저항이 곳곳에서 표출되어 아랍 세계의 새로운 변화를 예감하게 했다. 대부분의 마그레브 국가들은 '아랍의 봄'이 촉발한 저항을 비껴가지 못했지만,

튀니지와 인접해 있는 모로코와 알제리는 예외였다. 여러 요인이 있겠지만 알제리의 경우 1990년대의 내전[29) 경험 때문이라 추측한다. 알제리 국민은 군부와 이슬람이 대립했을 경우 어떤 일이 벌어지는지를 눈으로 목격해 쉽게 독재 군부 타도를 외치지 못했다.[30) 모로코는 선왕이 두 번의 쿠데타[31)를 경험한 터라 국왕 무함마드 6세가 2011년 7월 법안을 통과시키면서 다방면에서 국민들의 불만을 가라앉히려고 노력했다.

그런 알제리와 모로코에서 튀니지의 대정부 저항 운동과는 다른 방식의 민중운동, 즉 '히락'(Hirak)이 전개되고 있다. 코로나19가 아니었으면 정권의 향방을 가늠할 수 없을 정도로 거세게 발생한 '히락'이었다. 베르베르 문명이라는 맥락에서 대체 '히락'은 무슨 의미일까? 명쾌한 답은 없지만 히락이 가져온 의미는 여러 면에서 되새겨볼 만하다. 모로코의 경우 2017년, 알제리의 경우 2019년부터 진행된 히락은 급변하는 세계정세와 맞물려 지역의 불안을 야기하기도 했지만, 이 두 국가가 새로운 정치 체제의 장을 열어갈 수 있음을 확인시켜주었다. 모로코에서는 2016년부터 5년 이상, 알제

---

29) '알제리 내전'은 1991년에 발생해 이후 10년 동안 진행되었다. 흔히 '암흑의 10년'이라 불리는 이 시기에 정부군과 이슬람 무장 그룹 간의 내전으로 약 20만 명이 사망하고 오늘날 알제리 사회에 상당한 후유증을 낳게 했다.

30) 알제리의 경우 군부만이 아니라 독립운동 세대, 집권 정당인 민족해방전선(FLN), 정보부가 부테플리카 대통령을 전면에 내세우며 보이지 않는 견고한 통치를 해왔다.

31) 선왕인 하산 2세에 대항하는 군사 쿠데타가 발생했다. 1971년과 1972년 연이어 발생하면서 아들 또한 쿠데타에 대한 트라우마가 있어 국민을 안정시키려 노력하고 있다.

리에서는 3년 이상 비폭력 저항으로 국민들의 지지를 얻고 있으며 새로운 사회 현상으로 자리하고 있다. 게다가 모로코와 알제리는 베르베르어를 공용어(official language)로 지정하고 있는데, 히락이 이 두 국가 베르베르어권 지역을 중심으로 일고 있다는 점이 흥미롭다.

모로코는 북부 리프(Rif) 지역에서 히락이 많이 일어나고 있는 점을 고려해 아예 '리프 히락'(Rif Hirak)으로 명명하기도 했다. 리프 지역은 모로코 북부의 대표적인 베르베르어권 지역이다. 알제리는 베르베르와 거리를 두려 하지만 여전히 베르베르 깃발이 히락과 공존하고 있다. 결국 히락을 통해 '베르베르'라는 정체성을 사회 문제의 중심에 올려놓으려는 의도가 짙게 깔려 있는 것이다. 이런 점에서 현재 진행되는 히락이 단순한 저항을 넘어 새로운 국가 정체성의 형성에도 영향을 줄 수 있을 것으로 보인다. 더불어 과거 베르베르의 정체성을 현대사회에 담아내려는 의도로도 보이는 것이 마냥 지나친 해석으로만 느껴지지 않는다.

히락의 배경은 베르베르의 역사를 볼 때 그들 특유의 자유로운 기질에서 나온 것 같다. 서구의 민주주의 영향으로 민중운동이 표출한다는 분석이 있으며, 1960년의 알제리 내 거대한 시위에서 그 단초를 찾기도 한다(마티외 리구스트, 2021).[32] 하지만 그보다 원초

---

32) 알제리 전쟁이 발발한 후인 1960년, 식민정부의 강압적인 태도에 자발적인 저항이 전국적으로 일기 시작했다. 남녀노소 구분 없이 발생한 당시의 시위는 현대사에서 알제리 국민이 외세에 맞서 쟁취한 위대한 업적으로 평가받고 있다.

적인 인간의 자유에의 의지가 나타난 것은 아니었을까. 그것이 서구식의 민주주의라고 단정하기에 앞서 이들이 추구하는 종교관 또한 비슷한 가치를 추구하고 있다는 점을 유념해야 한다. 앞에서도 언급한 이들의 문명사적 맥락에서 살펴볼 수 있는데, 그것은 초기 이슬람 시대의 이슬람 종파, 억압보다는 누구나 평등하다는 이념으로서의 카와리지 이슬람을 받아들이려고 한 데서도 나타나 있는 것은 아닐까.

히락의 발생 지역을 보면 왜 유독 베르베르 지역에서 거세게 일고 있는지를 궁금해하지 않을 수 없다. 이 지역이 태생적으로 반정부적 정서를 갖고 있는가? 그렇다면 왜 그들은 반정부적일 수밖에 없는가? 여러 가지 상황을 유추해봄으로써 알제리와 모로코의 '히락', 즉 민중 저항을 베르베르 문명의 측면에서 생각해볼 수 있으면 한다.

히락이 발생하기 직전 알제리 정세는 매우 복잡했다. 압델라지즈 부테플리카(Abdelaziz Bouteflika, 1937 ‑) 대통령은 2014년 5월, 4선 연임에 성공하며 2019년 대선 전까지 큰 무리 없이 대통령직을 수행할 것으로 전망했다.[33] 하지만 그의 거동은 국정 운영 능력에 의심을 살 만큼 심상치 않았다. 휠체어를 탄 채 멍한 표정으로 나타나 국민들을 불안하게 한 게 한두 번이 아니었고, 대통령 자리에 있으

---

33) 1999년 5년 임기의 대통령에 당선된 이래 헌법 개정을 하며 연임했고, 2019년 4월 2일까지 대통령직을 수행해야 했다. 하지만 '히락'으로 인해 임기를 며칠 남기지 않고 불명예퇴진을 하고 만다.

면서 10년 동안 언론에 자주 등장하지도 않았다.

간간히 얼굴을 비추기도 했지만 그의 모습을 정상적으로 보는 사람은 거의 없었다. 그런데도 2018년 10월 말 집권당인 민족해방전선(FLN)의 사무총장 자멜 울드 아베스(Djamel Ould Abbes, 1934 -)[34]는 81세의 부테플리카 대통령이 2019년 4월 대선에서 5선에 도전할 것이라고 발표함으로써 경악을 자아냈다. 거동조차 불편한 사람이 자신의 의지와는 상관없이 대통령 출마를 하겠다는 코미디 같은 상황이 연출된 것이다. 이때부터 국민들은 야당 인사들, 그리고 과거 독립운동을 했던 지식인들과 힘을 합쳐 대통령의 5선 연임은 불법이라고 반대하고 거리로 나섰다. 당시 그들의 반대 명분은 헌법 제102조였다.

"공화국의 대통령이 장기적인 중병 때문에 국정을 운영할 능력이 전혀 없을 경우 헌법재판소는 정당한 모임을 열어 적법한 모든 방법을 동원해 상황을 확인·검증한 후, 대통령이 국정운영을 할 수 없는 상태임을 선언하도록 의회에 만장일치로 제안한다"(알제리 헌법 102조, 2016년 3월 6일 개정 헌법).

그렇지만 권력의 실세인 군부와 집권당은 국민의 요구를 거부했다. 결국 부테플리카 대통령은 대통령 출마 선언조차 스스로 할 수

---

34) 부테플리카와 동향의 정치인으로 민족해방전선(FLN)의 사무총장을 맡았다. '히락'이 본격화되는 2019년 7월 부패 혐의로 체포되어 현재 감옥에 수감 중이다.

없는 상황에서도 5선 출마를 강행했다. 그렇다면 누가 이런 통치 체제를 감히 조종하고 있었나?

알제리 정치 체제는 단 몇 마디로 정의할 수 없이 매우 복잡한 특징을 갖고 있다. 프랑스의 북아프리카 전문가인 피에르 베르메랑은 알제리의 정치 체제를 '얼굴 없는 체제'(régime sans visage)라고 부르고 있다(Pierre Vermerent, 2010). 국가를 움직이는 주체에 얼굴로 내세울 대표가 없다는 것을 빗대어 한 말이다. 이는 여러 이해 당사자들이 권력을 나눠 먹고 있다는 것을 의미한다. 부테플리카 대통령을 얼굴 마담으로 전면에 내세우고 군과 정보부, 가족, 동향의 인맥, 독립운동 세대, 집권 여당 등이 국가를 공동 운영하고 부와 권력을 장악하고 있다. 국민은 재선까지 부테플리카의 통치를 용인했지만, 헌법 개정을 통해 3선, 4선을 거쳐 마침내 거동도 못 하는 사람이 5선을 하려 하자 더 이상의 독점과 부패를 용인할 수 없다고 판단했다. 그 결과 국민들이 거리로 나서 반정부 투쟁을 벌이기 시작한 것이다. 결국 부테플리카의 사임을 받아냈지만, 국민은 이에 그치지 않고 모든 구세력에 대해 퇴진을 요구했다. 이후 2019년 12월 19일 압델마지드 테분(Abdelmadjid Tebboune, 1945 -)을 새 대통령으로 선출해 평화적으로 정권을 교체했다. 하지만 그 또한 부테플리카 체제하에서 국무총리를 비롯해 여러 요직을 거쳤고 가정 비리 등이 있었다. 국민은 결국 테분 신임 대통령을 비롯해 부패 세력에 대한 퇴진을 요구하면서 여전히 히락을 이어가고 있다.

2016년 10월 모로코 베르베르어권 리프 지역의 알호세이마(Al

Hoceïma)에서 생선장수 청년 모호친 피크리(Mohcine Fikri, 1985-2016)가 당국의 물품 압수에 항의하다 숨졌다. 당국은 어종 보호를 이유로 판매 금지된 황새치를 청년 피크리가 팔고 있어 쓰레기 분쇄 차량에 쏟아부었는데, 이를 건지려던 피크리가 분쇄기에 몸이 끼이며 숨진 것이라고 발표했다. 하지만 국민들은 이 사실을 곧이 곧대로 믿지 않았다. '아랍의 봄'을 촉발시킨 튀니지의 청년 모하메드 부아지지(Mohamed Bouazizi, 1984-2011)가 생계 문제로 분신자살한 것과 같은 맥락의 사건이 모로코에서 발생한 것이다. 공권력의 단속 또한 튀니지와 비슷한 방식으로 자행되었다. 결국 어렵게 일하는 한 청년을 공권력이 강압적으로 단속하며 죽게 한 것에 국민들이 분노했다. '재스민 혁명'이 SNS를 통해 아랍 세계로 확산되어 민중 봉기가 된 것처럼,[35] 피크리의 사망 장면과 영상 또한 SNS를 통해 삽시간에 퍼졌다. 베르베르어권의 북부 지역민은 가뜩이나 차별정책에 불만을 가졌던 터라 이 사건을 계기로 항의 시위를 전개해갔다.

정부는 사태 규명을 위한 신속한 수사를 약속했지만 지지부진했고, 언론 또한 왕정의 눈치를 보며 사건을 함구해가자 시위는 북부 지역 전체로 확산하며 거세지기 시작했다. 허락이 지속되자

---

35) 튀니지의 경우 워낙 그 여파가 커 벤알리(Ben Ali) 정권을 몰아내고 국민이 승리하는 업적을 남겼다. 국민의 중심에는 '튀니지 국민 4자 대화기구'가 있었으며, 이듬해 튀니지의 평화에 공헌한 공을 인정받아 노벨평화상을 수여하기도 했다(임기대, 2017).

2017년에 정부는 민중을 강경 진압하기 시작했고 참가자를 무더기로 체포·구금했다. 자유, 존엄성, 사회 정의까지 외치면서 리프 공화국(Republic of Rif)[36] 깃발인 베르베르기가 시위장에 본격적으로 등장했다. 특히 2017년 5월 피크리가 사망한 알호세이마에서 수일 동안 시위가 지속되기도 했다. 시위는 일자리와 지역 개발을 요구하는 양상으로까지 번져갔다. 모로코의 히락이 전개되면서 나세르 제프자피(Nasser Zefzafi, 1979 -)가 지도자로 빠르게 주목받기 시작했지만, 그 또한 2017년 5월 29일 체포되었다.[37] 제프자피는 체포된 후 징역 20년형을 선고받았다. 반정부 운동에 연루된 다른 인물들도 15년의 중형을 선고받았다. 이런 강압적인 대응 방식에 맞서 반정부 시위에서 체포된 65명은 같은 해 5월 30일 국왕의 이름으로 석방되었다.[38]

하지만 북동부의 버려진 탄광에서 일하던 두 명의 젊은이가 사망하는 사건이 또다시 발생했다. 2017년 12월 22일, 형제 사이로 알려진 이들이 사망한 곳은 알제리와 국경을 맞대고 있는 제라다

---

36) 리프 공화국은 모로코 북부 리프 지역에 기반해 1921년 9월 독립 선언과 함께 수립되었다가 5년 후 없어졌다. 당시 아프리카 대륙에서 세력을 확장해갔던 프랑스와 스페인에 맞서 전쟁 끝에 폐망했다.

37) 제프자피의 경우 '리프 히락'의 지도자로 급부상했지만, 원래 그의 가문은 모로코 내의 대표적 진보 좌파 가문이었다. 부친은 민족대중연합(USFP)에서 활동했고, 조부는 내무부 장관을 역임했지만 좌파 정치인이었다. 삼촌은 1958-59년도 혁명 구성원이었다(Khalid Mouna, 2018, p.174).

38) 모하메드 6세의 즉위 18주년을 맞은 기념일에 전국에 복역 중인 1,178명을 사면했으며, 65명은 이 가운데 극히 일부에 해당한다. 시위자 180명 가운데 3분의 1 정도를 석방한 셈이다.

(Jerada)시로, 이 지역에서 또다시 시위가 폭발했다. 튀니지와 마찬가지로 사회의 부패와 저개발에 맞서 '히락'이 불붙으면서 상황이 일파만파로 번졌다. '히락'에 참여하는 사람들은 성역이었던 왕권과 국왕에 대한 불만을 행동으로 표출했다. 국왕이 절대적인 모로코에서 '신과 국가 혹은 국민'이라는 시위 구호가 울려 퍼졌다. 절대적인 존재였던 국왕이 독재자로 의심받기 시작한 것이다. 유독 북부 지역에서 이런 일이 발생했다는 것은 국왕의 베르베르인 차별로 인해 지역민의 불만이 증폭한 것으로 평가된다.

2019년에 들어서며 진보 진영의 시민운동가 중심의 시위가 격해졌다. 특히 '리프 히락'(Hirak du Rif) 시민 단체가 제프자피와 같은 투옥된 활동가를 석방해달라는 시위를 주도했다. 일부 언론 기자도 반정부 시위에 동참하는 현상이 벌어졌다. 아랍어 신문 아크바르 알-야움지(紙) 기자인 하자르 라이수니(Hajar Raissouni, 1991 -)는 '리프 히락' 지도자 제프자피를 인터뷰한 기사를 작성했다. 하지만 그는 2019년 8월 31일 체포되어 혼전 임신과 낙태 혐의로 징역 1년형을 선고받았다. 라이수니는 체포되어 있는 동안 자신과 가족, 동료 기자에 대한 심문을 받았다고 폭로했다. 이 와중에 시위에서 눈에 띈 것이 바로 베르베르 깃발이다. 전 국가적 시위 속에서 특히 북부 지역은 베르베르의 정체성과 권리도 함께 주장하며 반정부 정서가 확산했다.

알제리와 모로코에서 히락은 비폭력 민중저항운동의 표상이 되었다. 알제리의 경우 베르베르 도시를 중심으로 전국으로, 모로코

표 1. 알제리 '히락'의 전개 과정[39)]

일시	내용	특이 사항
2019.02.10	부테플리카 대통령, 치료차 머물던 스위스에서 5선 출마 선언	대리인을 통해 출마 선언 낭독
2019.02.16	카빌리의 케라타(Kherrata)—수도 알제 동쪽으로 300킬로미터 지점—지역에서 처음으로 5선 반대 평화 집회가 열림	
2019.02.22	수만 명의 시민들이 전국 대도시와 수도 알제에서 시위를 시작. '히락'이라는 용어가 처음 등장. 화요일과 금요일마다 시위가 열렸으며, '시스템' 전환과 대통령 퇴진을 요구	"부테플리카도, 사이드도 반대"(Ni Bouteflika, ni Saïd) 구호가 SNS로 급격히 확산
2019.03.11	군, '히락'과 같은 가치 공유한다고 선언하며 부테플리카 5선 도전 포기하겠다고 선언	
2019.04.02	군의 부테플리카 대통령 해임 선언. 하지만 '히락'은 지속됨	총 48개의 도(道) 가운데 40개의 도 참여
2019.04.05	'히락'에서 공식적으로 '시스템' 제거 선언. '히락'을 평화롭게 진행하자는 구호 등장. 대통령 선거 연기해줄 것을 요청	"알제리민족해방전선(FLN) 퇴진! 평화롭게!"(FLN dégage! Silmiya!) 구호
2019.04.09	상원의장 압델카레르 벤살라(Abdelkader Bensalah)가 임시대통령으로 취임. 시민과의 대화 시도. 시민 대표단은 과도기구 구성 제안하고 대통령측에서 제안하는 모든 안을 거부. 7월 4일로 대통령 선거 연기해줄 것을 요구[40)]	
2019.05.20	군 참모총장 가이드 살라 7월 4일 선거, 시스템 변환 요구 거부	군의 개입 가능성 시사
2019.06.05	헌법위원회의 후보 불인정. 선거인단 구성 불발. 또다시 대선 12월 12일로 연기할 것을 합의함	
2019.09.15	부테플리카 동생 사이드 부테플리카 부패 혐의로 체포, 군법원에 기소. 이후 측근들 소환 및 체포 시작	

2019.09.18	군은 타도시에서 '히락'에 참여하기 위해 '하라가' 행위 시 체포하겠다고 선언. 금요 행사로 정착하는 행사에 대해 위기 의식	
2019.09.25	아후메드 우야야, 압델말렉 셀락 전직 총리 징역 15년, 12년 선고 받음	
2019.12.12	압델마지드 테분 새 대통령으로 선출	투표율 40퍼센트, 득 표율 58퍼센트
2019.12.23	군 참모총장 가이드 살라 심근경색으로 사망	
2020.01.02	테분 대통령 집권 첫 내각 인선 단행. '히락'과 함께 새 국가 건설하겠다고 선언	
2020.01.22	향후 헌법 개정, 정치 체제 개편, 부패 추방, 사회 개혁 등을 약속	"우리는 멈추지 않 고 전진할 것이다!" (Nous n'allons pas nous arrêter!) 구호
2020.02.22	'히락' 1주년 대규모 행사 개최. 아무 사고 없이 평화롭게 진행	코로나바이러스 확 진자 발견(02.27.)
2020.03 – 현재	'히락'에 참여한 수많은 알제리인을 체포 및 구금하고 있지만 국제사회는 침묵	

의 경우 베르베르어권인 북부 리프 지역을 중심으로 확산해갔다. 코로나19가 발생하면서 다소 소강상태에 접어들었다지만 여전히 저항은 계속 이어지고 있다. 코로나19가 발생하기 전까지의 히락

---

39) 표 1, 2에서 제시한 '히락'의 진행 과정은 코로나19가 본격적으로 발생하기 이전 까지의 언론 기사, 해당 지역의 SNS 글, 알제리, 모로코 현지 조사 등을 토대로 작 성한 것이다.

40) 정상적인 대통령 선거가 열렸다면 예정된 날짜는 4월 18일이었지만, '히락'을 통 해 시민들은 7월 2일로 연기할 것을 주장했고 모든 정권 인사와 군의 퇴진을 요 구했다.

전개 과정은 표 1과 2에 정리되어 있다.

코로나19로 히락이 잠시 중단되었지만, 국민들은 여전히 현 정부에 대한 비판을 서슴지 않고 있다. 그들은 현 테분 대통령이 합법적으로 선출되었다 할지라도 알제리 전체의 시스템이 개선되지 않는 한 알제리의 미래는 없을 것으로 보고 있다. 국민들은 테분 대통령도 부테플리카의 인물이기 때문에 여전히 불신을 내보인다. 게다가 알제리 국기와 같이 공식적으로 등장한 베르베르기는 알제리인의 정체성이 어디에 있는지를 쟁점화하려는 태세다. 알제리 사회의 부정부패에 맞선 히락이 베르베르 문제와 맞물려 어떤 상황을 초래할지 지켜볼 일이지만, 알제리의 자유와 인권 문제가 베르베르 문제로 비화될 조짐은 확연해 보인다. '포스트 코로나' 시대에 히락이 어떻게 전개될지, 알제리 사회의 정체성에서 나아가 베르베르인의 정체성 확립과 관련해서도 주목해볼 사안이다.

모로코의 히락은 알제리의 히락과는 사뭇 다른 양상을 보인다. 모로코에서는 생계 문제로 촉발된 히락을 언론 검열과 인권 탄압의 문제로 확장해가고 있고, 전 국민적 참여라기보다 베르베르인과 진보층 젊은이를 중심으로 전개되는 양상이다. 또한 알제리와 같이 금요일마다 히락이 열리지 않고, 사안이 생길 때마다 열리고 있어 알제리에 비해 파급 효과가 상대적으로 떨어져 보인다.

그런데도 이 두 국가의 히락에는 공통점이 있다. 다름 아닌 베르베르 지역에서 일기 시작해 베르베르 깃발을 공식적으로 히락 현장에 내보였다는 점이다. 아랍 국가를 지향하는 두 국가에서 베르

표 2. 모로코 '히락'의 전개 과정

일시	내용	특이 사항
2016.10.30	10월 28일 사망한 모흐친 피크리의 장례식에 대규모 군중이 리프기와 베르베르 깃발을 들고 시위. 리프, 라바트, 카사블랑카, 마라케시 등에서 동시 시위	
2017.02.06	리프의 민족주의자 압델크림 알카타비[41] 추모 집회에 대규모 학생 집결 및 시위	
2017.05.29	'히락' 지도자로 부상한 나세르 제프자피 체포되며 '히락'에서 그의 위상이 급격히 상승	"제프자피 만세" (Vive Zefzafi), "우리 모두가 제프자피다"(Nous sommes tous Zefzafi)
2017.06.11	수만 명의 시위대가 라바트에 집결. 이슬람주의자, 좌파 및 아마지그 구성원들은 체포 구금된 사람에 대한 석방 요구	약 90명 체포. 그 가운데 7명은 기자
2017.06.26	'아이드 엘 피트르'[42] 당일 '히락'으로 인해 체포 구금된 사람에 대한 대규모 석방 시위	수십 명 중상
2017.07.20	'히락'이 당국에 의해 금지 조치됨. 동시에 국왕이 선별적인 사면을 실시. 정부를 비판한 하미드 엘 마흐다위[43] 기자 체포되어 3개월 구금	수십 명 중상 후 사망자 발생
2017.12.22	알제리와의 국경지대 제라다에서 국왕에 대한 분노의 '히락' 발생	
2019.04.05	나세르 제프자피 징역 20년 선고. 42명의 '히락' 참가자 징역 구형	
2019.08.23	나세르 제프자피와 5명의 '히락' 지도자, 모로코 시민권과 국왕에 대한 충성 포기 선언	
2019.08.31	기자 하자르 라이수니, 나세르 제프자피와 기자회견한 것으로 체포	
2020.02.23	사회 불평등, 정치적 난제 해결, 민주화를 위한 '히락'이 카사블랑카에서 열림. 진보 시민단체가 연합해 '히락'으로 체포된 인물 석방 요구	코로나바이러스 확진자 발견(03.02.)

베르 정체성에 대한 요구를 노골적으로 관철시키고 있다는 점에서 여타 마그레브 국가들과 대조를 이룬다. 두 국가의 히락은 독립 이후 아랍·이슬람화로 점철된 탈식민화 운동을 내부의 탈식민화 운동으로 시선을 돌린다는 점에서도 의미가 있어 보인다(Omar Oulamara, 2018).

그렇다면 앞에서도 지적했듯이 이들의 저항 의식이 단순히 현대 사회에 들어서며 갑자기 탄생한 것일까? 그들의 역사와 이슬람 수용 과정을 이해한다면 오늘날 모로코와 알제리에서 일고 있는 히락이 어느 날 갑자기 생겨난 게 아님을 헤아릴 수 있다. 베르베르인은 역사 속에서 누구의 억압에도 굴하지 않는 정신을 유지해왔고, 그런 정체성을 내보이길 원한다. 이미 로마 시대와 이슬람 정복 시대부터 표출된 베르베르인의 정체성을 현대 들어 새롭게 표출하는 것은 아닌지, 억압에 반해 맞서는 베르베르인의 자유를 갈망하는 정

---

41) 압델크림 알카타비(Abdelkrim el-Khattabi, 1882-1963)는 리프 전쟁 당시 스페인과 프랑스에 맞서 싸운 리프 지역 저항군 대장으로 모로코에서는 식민지배에 맞서 싸운 독립투사의 아이콘으로 통한다.

42) 아이드 엘 피트르(l'Aïd el-Fitr)는 아랍권 국가에서는 보통 '이드'라고 하며, 마그레브 지역에서는 '라이드'라고 부른다. '이드' 혹은 '라이드'는 축제라는 뜻이고, '피트르'는 축제가 끝났음을 의미한다. 라마단이 끝나는 샤왈(Chawal, 이슬람력 10월) 첫째 날에 아이드 엘 피트르가 열린다(김정위, 2002). 새 옷으로 갈아입고 가족과 친지에게 인사를 하는 이슬람 최대 축일이다. 이날 빠트릴 수 없는 행사가 모스크에서의 예배다. 이슬람 국가에서 가장 큰 소비시장이 형성되는 날로, 일 년 벌어 이 기간에 상당 액수를 소비한다는 말을 하기도 한다.

43) 하미드 엘 마흐디위(Hamid El Mahdaoui, 1979 -)는 반정부 글을 주로 기고하는 프리랜서 기자다. 국제사회는 이때부터 리프 지역의 '히락'을 주목하고 해외의 리프 디아스포라가 동참하기 시작했다.

서에서 자연스럽게 표출된 그들의 오래된 문화에서 비롯된 것은 아닌지를 생각해본다.

4. 문명으로서의 옌나예르(Yennayer)

이슬람이 도래하기 이전 마그레브 지역에는 여러 문명이 있었고, 베르베르인의 문화 또한 그들과 잘 공존하고 있었다. 페니키아와 로마와 같은 거대 문명권이 들어와 있었지만, 베르베르인은 자신들의 문화를 존속시키는 데 큰 어려움이 없었다. 하지만 이슬람이 들어오면서 지역의 정체성은 아랍·이슬람으로 재빨리 전환되기 시작했다. 이런 현상은 식민지배 독립 이후 아랍화 정책을 통해 더 가파르게 퍼졌다. 베르베르인이 가장 중요시하는 전통과 축일 또한 이슬람과 무관하다는 이유로 사라질 운명이었다. 하지만 이런 상황은 21세기 들어서며 조금씩 변화의 조짐을 보이고 있다.

현지 베르베르인들은 가장 중요한 베르베르 문명의 유산으로 '옌나예르'(Yennayer)를 꼽는 데 주저하지 않는다. 베르베르인이 아니라도 일부 보수 이슬람주의자를 제외한 마그레브 지역민은 이제 옌나예르를 지역의 독특한 문화이자 정체성을 드러내주는 요소로 생각하는 분위기다. 그렇다면 '옌나예르'란 무엇인가? 우리는 옌나예르에 대해 두 가지 측면에서 조명해보고자 한다. 첫째는 역사 속 문명으로서의 옌나예르, 둘째는 오늘날 베르베르운동과 더불어 정체성의 승화로서의 옌나예르와 마그레브 지역에서의 변화 양상, 그리고 그 의미를 보고자 한다.

베르베르어로 '나예르'(Nayer)라고도 일컫는 '엔나예르'는 마그레브를 비롯한 사하라 일대의 문명사적 맥락에서 상당히 중요한 의미를 갖는다. '새해의 첫째 날'은 아마지그어 '이세프 우스가스'(Ixef Usgwas)로 표기한다. '엔나예르'(Yen Ayer)는 오늘날 '월의 첫째 날'을 의미한다. 이 두 번째 단어는 베르베르인의 농력(농사 달력)을 가리킨다. 농력은 마그레브 지역의 농업 전통에서 시간을 어떻게 간주했는지를 짐작하게 한다. 과거 여러 문명이 그래왔지만 인간은 생존을 위해 농사를 지었고, 계절은 농사를 짓는 데 핵심 요소다. 마그레브 지역이 이슬람화된 이후 지역에서 사용하기 시작한 이슬람력은 농업을 고려한 달력이 아니었다. 그래서인지 이슬람력은 베르베르인의 일상적인 삶과는 다소 유리되어 있는 느낌이다. 베르베르인에게 농업은 삶 그 자체다. 이렇듯 엔나예르는 베르베르인의 삶의 흐름을 알 수 있는 중요한 척도이자 아랍·이슬람과 구별되는 독특한 요소다.[44)]

베르베르인은 계절에서 계절로 이행되는 관습으로 농력을 사용하고 있다. 실제로 여러 베르베르 공동체에서는 봄의 첫날, 여름의 첫날 등과 같이 첫날에 대해 각별한 의미를 부여하며 축제를 벌인

---

44) 엔나예르의 전통만을 두고 보면 베르베르 문명은 농경 문화권이었고, 아랍의 유목 문화권과는 다른 문화였다. 기독교가 아랍 유목민을 불쾌한 타자로 취급해 거리를 둔 것과 마찬가지로 베르베르인 가운데 여전히 그런 견해를 갖고 있는 사람이 많다. 이것이 기독교와 베르베르 전통이 유사하다는 것을 의미하지는 않지만, 적어도 아랍과는 다른 문명권에 있었음을 말하고자 한다.

다. 그렇다면 이 축제를 성행하게 하는 완벽한 의식, 범국가적 축제 속에 벌어지는 이 의식은 어떤 방식으로 펼쳐질까.

축제를 구성하는 요소에는 하늘에 바치는 희생물과 요리, 음악 등이 있다. 그들의 음식과 음악 세계는 마그레브 지역 곳곳을 돌아다니다 보면 쉽게 발견할 수 있으며, 그 수준 또한 상당할 정도로 베르베르인의 일상과 정신을 지배하는 핵심 요소다.

대부분의 농경사회와 같이 베르베르 사회에서도 동물은 특별한 존재이자 동반자다. 전통사회의 희생물은 동물이었으며, 지금도 일부 원시사회에서는 여전히 자행되는 제사 방식이다. 전통 베르베르 사회 또한 제사를 지내기 위해 동물을 희생물로 바치는 일은 아주 일상적이었다.

희생물로 쓰이는 동물은 지역별로 달랐다. 예를 들어 카빌리와 오레스 지역에서는 닭을 비롯한 가금류가 쓰였고 지금도 여전하다. 사하라의 음자브와 같이 험난한 지역에서는 양을 제사의 희생물로 삼았지만 때로는 염소를 바치기도 했다. 협곡에 있는 음자브 지역은 주로 오아시스에서 염소를 사육했으며 상대적으로 양이 타 지역에 비해 귀한 동물이었다. 모로코에서는 대체로 수컷 염소를 희생물로 삼지만, 북부 산악지역은 양을 희생물로 삼는다. 유목민이 많고 주로 양을 방목하는 사하라사막의 투아레그족은 다른 어떤 동물보다 양을 제물로 삼는 비율이 크다. 이렇듯 희생물로 바치는 동물의 종류는 지역별로 조금씩 다르지만 크게 볼 때 양과 염소, 가금류 순으로 사용하는 것 같다.

'옌나예르'에 베르베르인은 기본적으로 '꾸스꾸스'를 먹는다. 마그레브 지역에서 꾸스꾸스는 금요일의 음식[45]일 정도로 평판 나 있지만, 특히나 옌나예르에는 꾸스꾸스를 먹으며 자신들의 문화적 동질성과 정체성을 확인하는 풍습이 있다. 꾸스꾸스에는 반드시 넣어야 하는 것이 있다. 희생물이었던 동물을 비롯해 겨우내 먹으려고 저장해놓은 마른 야채와 과일—포도, 대추야자 등—을 꺼내 맛과 멋을 담아낸다. 마른 야채를 넣는 전통은 특히나 음자브를 비롯한 더운 사하라 일대의 습관이었지만, 냉동 보관이 용이한 최근에는 북부 지방과 별반 다르지 않게 요리해서 먹는다. 사하라 지역일지라도 신선한 야채를 곁들여 꾸스꾸스를 먹을 수 있다.

옌나예르 축제 동안에는 7가지 야채 재료를 넣어 먹으면서 베르베르 사회만의 특별한 전통을 이어가려 애쓴다. 이런 전통은 과거 이슬람이 들어오면서 희석되기도 했지만, 베르베르 문화권을 중심으로 전통을 되살려가고 있다. 특히 알제리의 카빌리와 모로코 대부분 지방에서 그러하다.[46] 7가지 재료는 당근, 고구마, 순무, 호박, 작은 양배추, 호박, 후추다. 전통적으로 그렇다는 것이지, 반드

---

45) 정확한 연대는 알 수 없지만 마그레브에서는 전통적으로 가족 구성원 모두가 금요일에 모여 꾸스꾸스를 먹는다. 이슬람이 들어온 이후에는 금요일 오전에 준비해 정오의 기도가 끝난 후 함께 식사하는 방식으로 가족과 부족 공동체를 상징하는 음식이 되었다.

46) 꾸스꾸스의 기원부터 분포, 요리 방식에 대한 자료는 많다. 이 책에서의 설명은 현지에서 본 경험과 각종 자료를 참고했다. 관심 있는 독자들은 프랑스어 사이트 '퀴진 데바'(Cuisine d'Eva)의 '꾸스꾸스'(couscous) 검색 결과와 영어 사이트 '푸드 펀 트래블'(Food Fun Travel)의 '꾸스꾸스 역사'(couscous history) 검색 결과를 참조할 것.

사하라의 꾸스꾸스
냉동 보관이 가능해진 지금은 사하라 지역일지라도 신선한 야채를 곁들인
꾸스꾸스를 먹을 수 있다.

시 지켜야 하는 원칙은 아니다. 시대가 변하면서 오늘날에는 7가지 재료에 새로운 재료를 가미하기도 하지만, 금요일에 먹는 가정식 꾸스꾸스만큼은 최대한 전통의 맛을 살리려고 애쓴다. 그래서인지 현지인들은 식당이 아닌 가정에서 먹는 꾸스꾸스 맛을 최고로 쳐준다.

엔나예르 축제 음식에 들어가는 7가지 재료는 길조를 상징하는 것이라 재료 수급이 어려운 시기에도 가정에서는 이를 최대한 따르려 한다. 지역에 따라 조금씩은 다르지만 보통 엔나예르 전날—크리스마스이브와 같이 — 만들어놓기도 하고, 엔나예르 당일 지역민과 함께 축제를 진행하면서 준비하기도 한다. 사람들이 살아가는 모습을 보다 보면 마그레브 지역이나 한국이나 비슷한 면이 없지 않아 보인다.

마지막으로 엔나예르와 관련된 전통에서 빼놓을 수 없는 것은 축제 행사나 게임, 음악, 다양한 예술 공연 등이다. 축제를 하다 보면 서구의 가면무도회와 같은 행사를 베르베르 지역 곳곳에서 볼 수 있다. 이 가면무도회에서 새해를 맞이하기 위해 밤을 새며 춤추고, 때로는 말을 타고 총포를 쏘아대며 즐긴다. 이 모든 행사는 새해를 맞이하면서 계급이나 지위의 고하를 떠나 지역민 간의 연대감을 표하기 위한 것이다.

이와 같은 선대의 전통과 관습을 넘어 현대 들어 베르베르인의 농력은 새로운 상징을 예고하고 있다. 특히 1980년대로 접어들면서 베르베르 농력은 정체성 확장의 요소로 자리 잡았고, 투쟁적 성

베르베르인의 축제 모습

▲ 오레스 지역 샤우이족의 축제 현장

▼ 모로코 수스의 베르베르 축제 현장

격까지 가미하게 된다. 베르베르력을 주창하는 일련의 과정은 마치 1966년 파리에서 창립한 베르베르 문화 연합회인 베르베르 아카데미(Académie Berbère) 창설 당시의 모습을 연상시킨다. 이 당시에는 여러 베르베르운동가들이 연합회의 창설을 주도했다. 작가인 모한드 아랍 베사우드(Mohand Arab Bessaoud, 1924-2002), 언어학자이자 약사인 모한드 사이드 하누즈(Mohand Saïd Hanouz, 1902-98), 작가이자 가수인 타오스 암루슈(Taos Amrouche, 1913-76) 등과 같은 지식인과 아마지그 투쟁가들이 베르베르 아카데미 창설을 주도해갔다.

이들 주도하에 베르베르 문자인 티피나그(tifinagh)가 새로 확립되었고, 베르베르인의 동질성을 확립하기 위한 깃발도 만들어졌다. 1970년대를 거쳐 1999년 스페인령 카나리아제도에서 개최된 세계아마지그대회(CMA, Congrès Mondial Amazigh)에서는 베르베르 깃발을 공식적으로 사용하는 데 합의하기도 했다. 깃발은 푸른색, 녹색, 노란빛의 삼색으로 이루어졌으며 중앙에 붉은색 베르베르 문자─알파벳 'Z'를 의미함─가 새겨져 있다. 이후 2000년대 들어 리프 지역의 나도르(Nador)를 위시한 CMA 행사에서도 베르베르 깃발이 공식 깃발로 사용되었다. 베르베르 아카데미를 통한 운동이 문자 확립과 정체성을 상징하는 깃발 제작과 같은 일련의 과정으로 이어지면서 베르베르운동은 더욱 확장성을 갖게 되었다.

베르베르 아카데미가 행한 일들은 정치적인 행위였다. 그것은 탈식민화의 물결 속에 있던 당시의 프랑스 상황과도 무관하지 않다.

그렇다 해도 프랑스 내 이민자 신분으로 자신들의 국가에 문제를 제기하고 스스로의 정체성을 되물으며 활동하기란 쉽지만은 않았을 것이다. 당장 타국에서의 생계 문제뿐만 아니라 모국에서의 감시로부터 자유롭지 않았다. 그런 상황에서 진행한 베르베르 아카데미 구성원들의 노력을 쉬이 여길 수 있을까.[47]

그들은 베르베르어 습득 문제나 문자 표기, 특히 선조들의 전통문화를 새롭게 규명하고자 했다. 당연히 이에 따른 체계적인 이론을 연구하고, 닥쳐올 논쟁의 문제까지 예상해야 했다. 더군다나 이시기에 북아프리카와 알제리의 베르베르 공동체에서 사용되었던 농력 등이 아랍·이슬람화 정책에 따라 사라질 위기에 있었던 시기가 아니었던가.[48] 본국에서는 엄두도 낼 수 없던 상황에 적어도 인권 감수성이 형성되어 있는 프랑스 사회에서는 '엔나예르'에 대한 논쟁을 지속해갈 수 있었고, 베르베르인 또한 자신들의 정체성이자 역사인 농력을 포기할 수 없었다.

베르베르 문화운동가들이 말하는 농력의 기원은 대략 기원전 500년부터 기원전 950년 경이다(Hamza Guessous, 2020). 2020년을 기준으로 950년을 더한다면 2970년 전이 되는 셈이다. 이런 베르

---

47) 이런 노력과는 별개로 현지인들 가운데 베르베르력이 프랑스 내 베르베르 투쟁가와 프랑스 정부의 묵인하에 만들어진 발명품과도 같은 것이라 주장하는 사람이 있다. 하지만 분명한 것은 로마나 아랍 이전부터 자신들의 정체성을 찾으려는 시도 자체를 폄하할 수는 없다는 것이다.

48) 특히 알제리를 중심으로 한 탈식민화 정책은 아랍·이슬람주의의 강화에 있었다(임기대, 2010).

베르 농력이 사회 전반에 영향력을 드러낸 것은 언어 문제가 사회 곳곳에서 새롭게 조명받기 시작한 최근의 일이다. 21세기 들어 베르베르 문화와 예술 운동이 활발히 전개되는 와중에 베르베르 농력을 기리는 행사 또한 문화운동의 일환이 될 수 있었고, 그 결과 엔나예르는 알제리에서 종교 축일을 제외한 유일한 축일이 될 수 있었다. 모로코에서도 엔나예르를 국가 차원의 축일로 지정해달라는 목소리가 갈수록 높아지고 있다.

베르베르 학자들은 2970년 전으로 거슬러 올라가는 엔나예르의 기원을 이집트 파라오가 된 베르베르 출신의 쉬스나크(Chichnaq) 1세 — 셰송크 1세(Sheshonq 1er)라고도 부른다 — 신화에서 찾는다. 그는 이집트 파라오로 즉위한 첫 번째 베르베르인이며(Ammar Negadi, 2016), 스물두 번째 파라오 왕국의 지배자였다. 그가 지배한 왕조는 기원전 715년까지 지속되었다. 쉬스나크 1세 치하에서 왕국은 이집트를 통일했고, 팔레스타인까지 침략할 만한 능력을 갖췄다. 쉬스나크 1세는 예루살렘을 공격한 인물로도 꽤나 유명하다. 성경에서 그의 이름은 '시삭'으로 묘사되고 있다.[49] 성서에 따르면 남유다의 왕 르호보암 5년, 시삭이 예루살렘을 공격해서 성전보물 및 왕궁의 보물을 약탈해 갔다고 한다. 이때의 연도 기원전 750년이 성서에서 언급되고 있는 것이다. 기록으로 베르베르인이 성서에 언급된 것은 이 연도가 유일하다.

---

49) 성경에 나오는 쉬스나크 1세의 기록은 상당히 구체적이다. 자세한 내용은 열왕기 상 11장 40절, 14장 25절, 역대하 12장 2-9절을 참조할 것.

베르베르 문명이라는 맥락에서 '엔나예르'는 오랫동안 언급되지 않았다. 잘 알려졌듯이 지중해 문명에서 주류는 기독교와 이슬람 세력이었으며, 역사는 이들 간의 교류와 충돌, 공존으로 설명되고 있었다. 이 과정에서 두 세력은 나머지 소수 문명에 대해 큰 아량을 베풀지 않았다. 당연히 베르베르력에 관심을 가질리 만무했고, 문명사적 맥락에서 연구 대상조차 되지 못했으며, '주변'적 위상에 머물러 있었다.

흥미로운 사실은 예루살렘과 북아프리카의 베르베르 파라오 왕조와의 관계 등이 성경에까지 언급되고 있는데 이에 대한 그 어떤 역사적 설명이 없다는 것이다. 그만큼 베르베르와 관련한 내용은 문명 교류라는 맥락에서 논외 대상이었다. 기독교와 이슬람이 지배자적인 위치에 있다 보니 소수문화는 당연히 주변인, 주변문화로 치부되어 알려지지 않은 것이다.

이런 상황에서 2018년 알제리에서 엔나예르가 공식 축일이 되면서 쉬스나크 1세는 이제 공식적인 기원이자, 용어, 인물이 되었고 문명사의 한 쟁점에 서게 되었다. 여기에서 중요한 점은 베르베르라는 공동체 구성원의 기억에서 하나의 믿음이 되어 구전으로만 전해지던 것을 체계화하고 공론화하기 시작했다는 것이다. 새 베르베르력을 구상했던 사람들은 다른 문명권이 달력을 사용했던 것처럼 문명을 가진 베르베르인의 모습을 그려내려고 했을 것이다. 그 결과로 기원전 950년으로 거슬러 올라가 파라오 왕조 시대를 선택한 것은 아니었을까. 물론 투쟁 과정에서 빈약한 자료에 근거해 만든 것이기에 여전히 논란의 소지도 있지만, 이제 베르베르인은 역사적 사실로서의 '엔나예르'를 굳게 믿어가고 있다.

5. 오늘날의 베르베르 문명을 위하여

베르베르인이 이렇게까지 역사성을 규명하려 애쓰는 것은 그만큼 북아프리카에서 자신들의 문명이 가치 있음을 강조하려는 것일 터이다. 특히 토착민의 축제 의식으로 '엔나예르'는 거의 3,000년 전 이상으로까지 거슬러 올라가며, 지역민은 그 어떤 다른 문명도 베르베르 문명에 앞서 존재하지 않았다는 자부심을 갖는다. 타자에 의해 짓밟힌 자신들의 역사가 부정당하고, 아랍에 의해 '아랍인'으로만 표상되는 정체성에 대한 반감의 표시라고 할까. 게다가 베르베르인의 일반 정서가 '구속받지 않고 자유로운 기질을 갖고 있는 사람'(이마지겐)이지 않은가. 이들이 아랍에 지배당한다는 것에 거부감을 갖고 역사성을 찾으려는 노력은 일견 당연해 보인다. 그렇기에 모로코와 알제리 두 국가에서 베르베르어가 공용어로 지정되고, 알제리의 경우는 엔나예르까지 국가 축일로 공포되었다는 것은 더 의미가 있어 보인다.

국가적 차원에서 '엔나예르'에 대한 인정은 베르베르 문화와 정체성에 대한 기나긴 투쟁의 산물이다. 즉 권력은 더 이상 소수문화, 토착문화에 대해 주변문화로만 치부할 수 없다는 것을 인정한 셈이다. 이런 결정은 알제리 사회의 정치, 사회 분야를 크게 변화시킬 것으로 보이며, 실제로 그 여파는 모로코를 비롯해 베르베르 문화가 상대적으로 척박한 튀니지까지 미치고 있다. 혼란을 거듭하는 리비아의 경우도 마찬가지다.

투쟁적인 면에서 알제리의 '엔나예르'는 정권이 장기 집권을 획책할 때 어떤 일이 발생하는지 보여주었다. 모로코에서도 국왕의 통치가 강압적일 때 국민들이 어떻게 행동해야 하는지 민중 시위, 즉 '히락'(Hirak)을 통해 보여주고 있다. 히락은 대중저항운동의 성격도 띠지만, 베르베르인의 정체성을 드러내면서 폭압적, 강압적 통치에 대한 거부감을 보여주는 상징적인 사건이다. 엔나예르 축제는 알제리 전 영토는 물론 베르베르인이 있는 마그레브 전체로까지 확장될 전망이다. 알제리 이외에도 베르베르인의 문화를 조명하는 행사가 베르베르인이 있는 곳곳에서 벌어지고 있기 때문이다. 갈수록 사회 기저의 문화가 수면 위로 상승하고 다변화되는 상황에서 엔나예르는 그 중심에 자리할 수 있을 것 같다.

하지만 투쟁으로서의 '엔나예르'만을 넘어, 현재의 호의적인 환경을 적극 활용해 평화적인 노력에도 경주해야 한다. 미디어에서도 엔나예르가 하루, 이틀의 단발성 행사로 그치지 않도록 알제리인의 역사와 정체성을 구체적으로 담아내야 한다고 말하고 있다. 다행히도 현지 미디어는 엔나예르에 대해 배타적이지 않다. 베르베르 텔레비전 채널이나 라디오 채널 등이 개국된 것도 좋은 징조다. 언론과 학계는 엔나예르를 둘러싼 신화와 관습에 대해 언급하고 있다. 각종 학술적 연구나 토론회 등이 수시로 개최되고 있어 고무적이다.[50) 베르베르인이 아닌 일반 알제리인이 '엔나예르'의 기원과 의미를 명확히 모른다 해도 자연스럽게 알아갈 환경이 마련된 것이다. 코로나19로 어수선한 형국에 공통의 기억을 알아갈 수 있는 이런 상황은 국가 화합 차원에서도 바람직해 보이며, 인접 국가에도 긍정적인 영향을 줄 수 있을 것이다.

베르베르어의 공식어 지정, 엔나예르의 축일 지정, 그리고 베르베르어 아카데미 창설을 이룬 현 상황에 문화적 정체성 형성을 이어갈 다음 단계는 무엇이 있을까? 이를 이어갈 과정은 마냥 순탄치만은 않아 보인다. 아랍 문화가 곧 마그레브의 문화라고 주장하는 반대 진영의 논리 또한 만만치 않고, 위정자들 대부분이 아랍민족주의를 내세운 정치를 하려고 하기 때문이다. 이런 상황에 베르베르인의 투쟁적인 태도는 납득이 되지만, 시대는 변해가고 있으며 대화와 타협은 그 어느 때보다 요구되는 형국이다.

베르베르 문제는 늘 정치적이고 이념적인 투쟁의 영역에서 진행되어왔다. 이제 베르베르인은 투쟁적인 방법을 견지하면서도 학문적 기반을 다지기 위한 아카데미 기구 등을 구체적으로 활성화시켜야 할 것이다. 학문적 논의가 존재하지 않는 베르베르운동은 투사·반정부·반아랍이라는 이미지에 머무를 수밖에 없으며, 운동의 지속성 또한 확보될 수 없다. 베르베르 전문가들이 활동할 수 있는 공간과 학술적 성과 프로그램이 마련된다면 아카데미의 방향성이

---

50) 엔나예르에 대한 한국어 내용은 임기대(2018, 367-391쪽)를 참조할 것.

명확해질 것이다. 더불어 베르베르 고유의 문자인 티피나그 문자를 비롯해 흩어져 있는 베르베르어를 하나로 묶어 표준화하는 시도로 베르베르인의 결속을 도모해볼 수 있지 않을까. 이 모든 작업은 이슬람적 정체성에 대한 존중, 아랍과의 충돌이 아닌 화합과 공존을 통해 진행되었을 때에야 지속가능한 운동으로서의 가치를 지닐 것이다.

정체성 제고를 넘어 현장의 구체적인 내용을 담은 법령 제정은 전 영역에서 체계적인 베르베르어 사용에 한 걸음 다가가는 길이다. 효용성을 끌어올리는 시도 속에서 베르베르어는 아랍어, 프랑스어와 같은 반열에 오를 수 있을 것이다. 여러 정책이 펼쳐지는 상황에서 베르베르 정체성을 좀더 확고히 다질 수 있는 방안으로, 필자가 현지인을 만나면서 느낀 세 가지 방향을 정리해본다.

첫째, 공용어로 지정된 모로코와 알제리의 교육 기관에서 베르베르어를 정식 과목으로 채택해 교육한다. 더불어 체계적인 교육을 뒷받침할 수 있는 교사를 양성하고, 교사 양성을 위한 대학 내 정규 학과를 개설한다. 학문 후속 세대와 일상에서 필요한 인재 양성을 할 수 없다면 단기적 성과에 그칠 수 있기 때문이다.

과거 식민지배 시절 알제대학교에 베르베르어학과가 개설된 적이 있다.[51] 식민지 분열이라는 목적이 있긴 했지만, 당시처럼 학과 개설이 되지 않으면 후진 양성과 실제 사용이라는 선순환구조가 조

---

51) 1880년 처음 베르베르어학과가 개설되었다. 이외에도 고등사범학교에서의 교육 과정, 1885년에는 카빌어 취득 자격증 발급도 이루어졌다(Salem Chaker, 1996).

성될 리 없고, 체계적인 학문 연구의 부재는 베르베르 문명 연구의 단절을 초래할 수밖에 없을 것이다. 단순히 베르베르어권 지역에 국한된 것이 아닌 마그레브 지역의 중심 도시 대학으로 확장해 베르베르어를 적극 활성화할 필요성이 있다. 모로코의 왕립 아마지그문화원(IRCAM, Institut Royal de la Culture Amazighe)과 같은 기구 또한 교육 기관과 연계해 교사 양성을 주도하고 모로코 전체 베르베르인의 교육과 실용성을 향상시킬 수 있는 방안 모색에 주력해야 한다.

둘째, 공적 영역—국가 기관이나 미디어, 건물 외관, 공공장소, 안내표지판 등—에서의 베르베르어 사용이다. 형식적인 측면에 그친다고 볼 수도 있지만, 이는 국가 이미지를 형성하는 과정이기도 하다.

예를 들어 알제리의 경우 불과 십여 년 전까지만 해도 베르베르어권 지역인 카빌리를 제외하곤 대부분 지역에서 베르베르어를 보기 쉽지 않았다. 하지만 현재는 수도 알제를 비롯해 모든 공적 영역에서 베르베르어를 사용하고 있다. 이는 베르베르어 사용이 국가적이고 공식적이며 일상적으로 사람들이 쉽게 다가설 수 있게 되었음을 상징하게 된다.

베르베르어에 대해 호감을 갖고 있지 않던 사람도 일상과 공적 영역의 자연스러운 노출 속에서 베르베르어 문화에 대한 반감이 줄어들 수밖에 없을 것이다. 이런 의미에서 모로코의 환경은 알제리에 비해 훨씬 나아보였지만, 문화유산 보호라는 차원에서만 국한된

것이 아닌지 의구심을 갖게 한다.[52)]

마지막으로 베르베르어 사용과 더불어 해결해야 할 과제가 있는데, 바로 표기의 통일과 관련한 것이다. 현재 베르베르어 표기는 가능한 세 가지 표기법—네오-티피나그, 아랍어, 알파벳—가운데서 선택하고 있다. 선호도에 차이를 보이는 이런 현상은 베르베르 지역마다 정치·종교적 색채가 다르기 때문이다.

과거에 비해 오늘날의 문자 표기 방식은 상당히 유연해졌다. 특히 알파벳 문자 표기를 선호하는 카빌리 지역은 투쟁을 멈추고 절충안을 들고 나서면서 어느 정도 혼용하며 사용하는 추세다. 다른 베르베르어권 지역은 티피나그 문자로 대략 표기 방식이 정해진 듯 보이지만, 여전히 아랍어와 병행해 사용하고 있다. 분명한 것은 모로코와 알제리에서 마그레브 지역의 어느 곳보다 티피나그 문자 사용이 확연히 증가했다는 점이다. 여기에 지식인 집단, 특히 카빌리 출신 베르베르 디아스포라 지식인은 알파벳 문자 사용을 압도적으로 선호한다. 카빌리 지역이 티피나그 문자를 사용하면서도 여전히 알파벳 표기로 많은 베르베르어 문헌 자료를 표기하고 있는 것은 구체적인 사례가 될 것이다.

이와 같은 여러 문제를 베르베르 공동체는 여전히 고민하고 있으

---

52) 모로코는 마그레브 지역 어떤 국가보다 오래전부터 관공서를 비롯한 공식적인 영역에서 베르베르어 사용을 추진해왔지만, 현재는 알제리에 비해서도 일상에서의 사용 빈도가 낮아 보인다. 이는 정책과 실제 사용 측면에서의 정책이 유리되었기 때문인 듯싶다.

며 앞으로도 고민해야 한다. 중앙 정부 차원에서도 적극 수용하고 토론해야 하는 주제다. 엔나예르가 국경 축일이 되었다는 것은 분명 고무적인 일이지만, 언어와 더불어 향후 마그레브 지역에서 베르베르 문명이 안착하기 위해서는 여전히 기나긴 논의가 필요해 보인다.

생각해볼 문제

1. 스페인의 안달루시아 지역이 이슬람 문명권이었다는 사실은 익히 잘 알려져 있다. 그런데 이 안달루시아 문화를 일군 주체가 아랍이었는지 혹은 다른 주체는 없었는지 생각해보자.

2. 북아프리카 지역에 이슬람이 처음 들어왔을 당시의 이슬람 종파는 어떤 것이 있었는지 생각해보고, 오늘날 마그레브 지역이나 서아프리카의 이슬람 종파와 무엇이 다른지 생각해보자.

3. 이슬람의 이바디즘은 현대 마그레브 사회에도 시사하는 바가 적지 않은 이슬람 종파다. 이 종파와 현재 마그레브 지역에서 벌어지는 민중 시위, '히락'(Hirak)에 대해 살펴보자.

4. 튀니지의 제르바섬은 그 어떤 지중해 지역보다 다문화가 공존하는 곳이다. 어떤 면에서 다문화적 특징이 살아 숨 쉬고 있는지 문화예술적 측면에서 생각해보자.

5. 베르베르인의 최대 명절 '엔나예르'가 우리의 전통 명절과 닮은 점은 무엇인지를 생각해보자.

참고문헌

김정위, 『이슬람 사전』, 학문사, 2002.

롤랜드 올리버, 배기동 옮김, 『아프리카』, 여강출판사, 2001.

마티외 리구스트, 「알제리 민중시위의 거대한 뿌리, 1960년 2월」, 『르몽드 디플로마티크』, 2021. 1. 29.

박규현, 「유대인의 마그레브 정착과 유대교도화한 베르베르인에 대한 연구」, 『한국프랑스학논집』 115, 2021, 91-116쪽.

손주영, 『이슬람 칼리파제사』, 민음사, 1997.

아이라 M. 라피두스, 신연성 옮김, 『이슬람의 세계사 1』, 이산, 2009.

임기대, 「독립 후(1965-78) 알제리의 언어 교육정책: 탈식민화 과정에 관한 연구」, 『프랑스학연구』 52, 2010, 359-384쪽.

───, 「'알무라비툰'을 통해 본 마그레브 테러 집단 간 대결 양상에 관한 연구」, 『지중해지역연구』 18, 2016, 29-60쪽.

───, 「'재스민 혁명' 이후 이슬람 국가 튀니지의 민주화 구축: 튀니지 국민4자 대화기구」, 이문영 편, 『평화를 만든 사람들: 노벨평화상 21』, 진인진, 2017, 410-428쪽.

───, 「안달루시아와 마그레브에서 베르베르 부족 '바누 이프렌'(Banu Ifren)에 관한 연구」, 『비교문화연구』 57, 2019, 339-367쪽.

───, 「음자브(M'zab) 지역과 이바디즘: 마그레브 이슬람의 '특이성'에 관한 연구」, 『한국아프리카학회지』 58, 2020a, 115-146쪽.

───, 「중부 마그레브 지역 베르베르 '쿠타마'족에 관한 연구」, 『한국아프

리카학회지』 61, 2020b, 209-234쪽.

임기대,「모로코와 이스라엘의 외교 관계 복원과 서사하라 문제에 관한 연구」,『지중해지역연구』 23, 2021a, 71-100쪽.

──,「시칠리아 이슬람화와 '이프리키야'(Ifriquia) 베르베르인의 역할에 관한 연구」,『비교문화연구』 63, 2021b, 139-171쪽.

Ammar Negadi,「Les origines du calendrier amazigh」, Le Matin d'Algérie, 2016. 1. 10.

Chikh Bekri, Le premier état algérien, Alger: ENAG Editions, 2005.

Hamza Guessous,「Amazigh Activists: Denying Validity of Yennayer is Cultural Exclusion」, Morocco World News, 2020. 1. 14.

Ibn Khaldun, Histoire des Berberes et des dynasties musulmanes de l'Afrique septentrionale, Paris: Paul Geuthner, 1956.

Khalid Mouna, Identité de la marge: Approche anthropologique du Rif, Bern: Peter Lang, 2018.

Kim Gwangsu & Lim Gidae, "A Study on the Recent Situation and Reorganization Process of Terrorist Groups in Maghreb and Sahara",『한국아프리카학회지』 51, 2017, pp.103-144.

Mohammed Messen, L'Islam tolérant et pacifiste: Bref aperçu sur l'histoire et les principes de l'ibadisme, Alger: El Ibriz, 2014.

Omar Oulamara,「La création d'une académie berbère est l'aboutissement d'un long combat」, Liberté, 2018. 1. 11.

Pierre Vermerent, Maghreb: Les Origines de la révolution démocratique, Paris:

Plurie, 2010.

Salem Chaker, "ENSEIGNEMENT (du berbère)", *Encyclopédie berbère*: XVI, 1996I.

Virginie Prevost, "La formation des réseaux ibadites nord-africaines (VIIIe-XIIe siècle), *Espaces et réseaux en Méditérranée (Vie-XVIe siècle)*, vol. II, Paris: Editions Bouchène, 2010, pp.167-186.

5
베르베르 디아스포라(Diaspora)

"현재 프랑스 국적의 마그레브 출신자는 대략 600만 명 이상이며,

이 가운데 3분의 1 정도가 베르베르인이다."

베르베르인이 분포해 있는 마그레브(Maghreb) 및 사하라-사헬 지역은 지정학적 위치로 인해 다양한 문화가 교차하고 혼성해온 곳이다. 베르베르 문화는 이 일대 지역민의 문화적 정체성을 형성하는 데 중요한 역할을 해왔다. 특히 베르베르 문화는 로마 시대 지중해 문화의 한 축을 형성했고, 이슬람을 수용하면서부터는 사하라-사헬 지대를 통해 아프리카 대상로를 개척하며 이슬람 문화를 아프리카로 확장시키는 데 크게 기여했다. 그러나 아랍화가 진행되고 삶의 구조에 변화가 생기기 시작했고, 프랑스의 식민지배까지 더해지면서 베르베르인은 마그레브 지역이라는 영토를 벗어나 흩어져 살아갈 수밖에 없게 되었다.

20세기를 전후해 베르베르인은 프랑스와 밀접한 관계를 맺었다. 프랑스는 식민정책을 통해 아랍과 베르베르인을 갈라놓기 위한 정책을 펼쳤다. 우수한 인력을 프랑스로 보내 중요한 노동력으로 활용하기도 했다. 처음에는 학업 우수 인재를 선발했고, 선발된 인재에게 프랑스에서 공부할 기회를 부여했다. 이민 정책 과정에서도 당연히 베르베르인이 우선 배려 대상이었다. 그때부터 베르베르인의 마그레브 이외 지역 이민의 역사는 본격적으로 시작되었다. 프랑스를 비롯한 유럽에서 이민자 1세대, 2세대, 3세대 수가 꾸준히 증가했고, 현재 베르베르어 사용자는 프랑스 전체 인구의 약 3퍼센트—약 200만 명—정도로 추산되고 있다. 게다가 프랑스의 아랍어 화자 수까지 고려한다면 마그레브 전체 이민자 수는 훨씬 많아진다. 베르베르 문화를 포함한 마그레브 문화가 프랑스 내에서 새로운 문화 창출에 이바지하고 있는 것이다. 마그레브 지역에서 이민한 사람들을 이해하지 못하고는 프랑스 사회와 문화의 다양성을 정확히 이해하지 못할 정도다.[1] 이렇듯 마그레브 지역은 그 자체로도 다양하고 이질적인 문화가 겹쳐 있으면서, 프랑스를 비롯한 유럽 문화, 지중해 문화를 이해하는 데도 중요하다. 베르베르 투아레그족은 사하라 이남 아프리카와도 고유의 관계를 만들어내고 있다. 이런 지역을 아프리카 지역, 혹은 아랍·이슬람 지역으로만 인식하는 것이 얼마나 협소한가. 주지하다시피 이는 서구인이 근대 이래로 행했던 중심주의적 세계관의 폐해다.

이번 장에서는 베르베르인의 프랑스를 비롯한 유럽 내 이민 과정과 '디아스포라'에 대해 생각해보고자 한다. 그 과정은 식민지배 당

---

1) 유학생의 경우에도 2012년 기준, 프랑스에서 학위 취득을 한 외국인 70만 명 가운데 알제리 출신 학생이 6만 6,000명을 차지하며, 전체 외국인 학생 가운데 10퍼센트를 차지하고 있다(EL WATAN, 「Parmi les quelques 700,000 《très diplômés》 étrangers que compte la France, 66,000 sont des algériens, soit environ 10%」, 2012. 1. 12).

시부터 시작되어 현재 유럽을 비롯한 전 세계 지역에 흩어져 진행 중이다. 베르베르 '디아스포라'는 베르베르 정체성 운동에서 매우 중요한 역할을 하고 있으며 이에 대한 내용을 살펴보는 것은 글로벌 시대 베르베르인의 활동과 향후 마그레브 지역의 변화상을 파악하는 데도 유용해 보인다.

1. 베르베르인 '디아스포라'와 정체성

마그레브 지역을 벗어난 이민자 베르베르인에게 자신의 정체성 표출 방식은 매우 중요하다. 베르베르인은 자신들을 가리켜 북아프리카 출신의 마그레브인 ── 프랑스에서는 '마그레뱅'(Maghrebin) 이라고 한다 ── 이라고도 하고, 알제리, 모로코, 튀니지인이라고도 한다. 내부적으로는 스스로를 더 세분화해 '아랍인' '마그레뱅' '알제리인' '모로코인' '튀니지인' '아마지그' '베르베르' '투아레그족' '카빌' '리팽' '샤우이' '모자비트' '슐뢰흐' 등의 언표를 각기 다르게 사용한다. 즉 국가 혹은 지역에 따라 자신들을 지칭하며, 역사적 과정에서 겪게 된 문제에 따라 자신들을 일컫는 용어가 다르다. 더 나아가 국제적인 사안이 생기곤 할 때, 특히 미국을 비롯한 유럽과의 대결 국면에서 이들은 모두 '아랍'으로 자리매김하는 경향을 보인다. 이런 경향은 이스라엘과 팔레스타인 간의 문제, 즉 유대인과 아랍의 대결 국면과 차이를 드러내기 위함이다. 마찬가지로 마그레브 지역에서도 이런 식의 정체성 대결 국면은 몇몇 지역에서 확연히 드러난다. 이렇듯 베르베르인이 생각하는 국가, 지역에 따른 정체성은 각기 다르기에 마그레브 지역의 특징을 몇 마디로 규정하기는 생각보다 복잡하고 미묘하다.

그렇다면 디아스포라는 정체성의 구분에 있어 어떤 지점에 있을까? '디아스포라'(Diaspora)라는 용어는 본래 이산(離散)을 의미하는 그리스어라고 한다. 팔레스타인 땅을 떠나 세계 각지에 거주하는 이산 유대인과 그 공동체를 가리키는 말이지만, 이는 사전상의 의미에 지나지 않는다(서경식, 2006, 13쪽). 오늘날 디아스포라는 조금 더 확대된 의미를 담고 있다. 유대인은 물론 그리스인, 아프리카인, 베르베르인, 베트남인 등 원인과 성격에 따라 다양하게 지칭되고 있다. 그런 의미에서 디아스포라(dispoara)는 소문자로 사용되는 것이 더 자연스러워 보인다.

베르베르인의 디아스포라 개념은 여러 형태가 있을 것이다. 그 예로 자기가 속한 공동체로부터 강압적으로 이산을 강요당한 사람들 및 그 후손이 있다. 제1·2차 세계대전, 베트남 전쟁 기간에 강제 징병을 당한 베르베르인 가운데 돌아오지 못한 사람들 말이다. 이들은 프랑스를 비롯한 유럽은 물론 베트남을 포함한 동남아시아, 더 나아가 남태평양에까지 광범위하게 퍼져 있다.[2] 이 지역에서는 여전히 마그레브 지역의 후손들이 살아가고 있다. 자발적이지만 어쩔 수 없이 공동체를 떠나야 했던 '디아스포라'도 있다. 알제리 독립전

---

2) 프랑스의 식민지배를 받으면서 베트남 지역으로 징병된 마그레브인, 이들은 이후 이곳에서 돌아오지 못하고 누벨 칼레도니아 등까지 흩어져 살게 되었다.

알제리에서 만난 피에—누아(pied—noir)
알제리 동부의 콩스탕틴에서 만난 피에—누아다. 그는 프랑스와 알제리 국적으로 살아간다.
생김새는 프랑스 사람이지만 전형적인 알제리 사람과 흡사하게 행동하며
아랍어와 프랑스어, 베르베르어를 구사한다.
그와의 대화에서 고국으로 돌아가지 못한 지난한 삶이 느껴졌다.

쟁(1954-62)을 통해 형성된 특수한 집단, 즉 '하르키'(Harki)의 사례가 그에 해당한다. '하르키'는 우리의 친일파를 연상하면 쉽게 이해될 수 있을 것 같다. 이들은 알제리 독립전쟁 당시 프랑스군에 소속되어 활동한 사람들이다.

베르베르 '디아스포라' 가운데서도 프랑스와 알제리 정부 양국에서 그리 호의적으로 인정받지 못한 집단이 있다. 바로 알제리 출신의 프랑스인을 가리키는 '피에-누아'(pied-noir)[3]와 그의 후손들이다. 이들은 마그레브 지역민은 아니지만 알제리에서 출생하고 자란 사람으로 마그레브 지역민과 집단적인 정체성과 기억을 공유한다. 프랑스를 비롯한 유럽에 정착해 마그레브 지역 문화를 확산시키는 데 일조했다. 그들은 여전히 현대 프랑스 사회에서 마그레브와 중요한 관계를 맺고 있다. 우리에게도 잘 알려져 있는 프랑스의 축구 영웅 지네딘 지단을 비롯한 여러 운동선수, 대중음악 라이(Raï)를 확산시킨 음악가들, 알베르 카뮈를 비롯한 수많은 작가들, 그리고 이브 생 로랑과 같은 패션디자이너, 자크 데리다와 자크 아탈리 등의 현대 사상가와 수많은 정치인들이 있다. 프랑스뿐만 아니라 이스라엘과 같은 국가에도 상당수의 정치인들이 포진하고 있

---

[3] '피에 누아'의 사전적 의미는 알제리 독립 이전의 알제리 출신 프랑스인들을 일컫는 것으로 알려져 있지만 그 어원에는 다양한 설이 있다. 1) 1830년 프랑스군이 알제리에 상륙할 당시 그들이 신은 검은색 신발을 일컫는 토착민들의 말이었다는 가설, 2) 알제리 포도밭에서 포도주를 담기 위해 발로 포도를 압축시킬 때 신었던 검은색 신발의 이름에서 유래했다는 가설이 있다. 하지만 알제리의 프랑스인은 자신들이 1962년 프랑스에 도착했을 때 본국의 프랑스인들이 자신들을 '피에 누아'라고 부른 사실을 처음 알게 되었다고 한다.

다.[4] 이들 모두를 '디아스포라'라고 규정할 수는 없지만 적어도 그들이 디아스포라와 직·간접적인 관계를 맺고 있음은 부인할 수 없을 것이다. 이외에도 난민이나 불법 체류자 등 현대사회에서 발생하고 있는 부류까지 포함한다면 훨씬 더 광범위해진다.

베르베르인 디아스포라는 마그레브 지역에서 벌어지고 있는 베르베르운동과 정책의 향방을 이끌어가고 있다. 그만큼 이들은 본국의 변화를 주도하고 있지만, 우리의 관심과 이해는 상당히 단편적 수준에 머물러 있다. 서두에서 언급했듯이 이 지역민을 모두 아랍 혹은 마그레브라는 통합 단위로 보았기 때문일 것이다. 이슬람교를 믿는다고 해서 이 지역을 이슬람으로만 설명하는 논리와 같은 맥락으로 토착문화가 무시된 것이다. 더 다양하고 풍부한 지역의 내용을 담아내기 위해서는 미시적인 단위의 연구를 통해 지역을 살펴보아야 한다. 이 과정에 필연적으로 수반되는 것이 지역의 역사와 문화 현상이다. 게다가 마그레브 지역에는 '베르베르'라고 하는 이질적이며 동시에 동질적인 집단이 있지 않은가. 지난 2011년 튀니지의 '아랍의 봄', 이후 전개된 리비아 내전, 최근까지 이어지고 있는 '히락' 등과 관련한 여러 분석이 있었지만, 그 어떤 분석도 명쾌하

---

4) 이스라엘 '디아스포라'의 경우 대부분 유대인이다. 오늘날 이스라엘의 정치계에서 막강한 영향력을 행사하는 사람들은 미국의 유대인만 있지 않아 보인다. 모로코 출신 이스라엘 사람이 현재 80만 명 이상이며, 러시아 출신 유대인 다음으로 가장 많다. 특히 2020년 이스라엘 네타냐후 정부의 각료 가운데 3분의 1이 모로코 출신이라는 것은 여러 면에서 시사하는 바가 적지 않다(*JEUNE AFRIQUE*, 「Dix ministres d'origine marocaine dans le nouveau gouvernement de Netanyahou」, 2020. 5. 21).

피에−누아의 흔적

©위키미디어

▲ 알베르 카뮈가 수학한 알제대학교 정문 모습

▼ 이브 생 로랑의 고향 오랑의 전경

지 않다. 그저 혼란과 분열, 내전 등으로 비춰지고 그 이상의 심층적인 내용이 없다. 지역에 내재한 문명에 대한 인식 부족이 팽배해 있기 때문이다. 지중해와 아프리카의 접점지대로 베르베르인이 공유하고 있는 문명, 그리고 토착문화로서 구축된 베르베르 문명 세계를 이해할 때에야 마그레브 지역의 풍부한 사례들을 만날 수 있다. 베르베르인의 디아스포라 문제는 이런 이해의 과정에 중요한 요소다.

2. 정주민에서 이주민으로: 최초의 프랑스 내 베르베르인 '카빌족'

프랑스와의 관계에서 가장 오랜 디아스포라 역사를 갖고 있는 베르베르인은 단연 카빌리 사람이다. 카빌리 사람, 즉 카빌족은 베르베르인은 물론 마그레브인 전체를 통틀어 프랑스에 최초로 이주한 부족이다. 카빌족은 알제리와 프랑스의 식민 관계 속에서 유난히 두드러지게 나타난다. 이들의 관계는 정확히 프랑스가 알제리를 침략한 1830년, 이후 카빌리를 완전히 장악하면서 본격화되었다. 프랑스가 마그레브 지역 40개 이상의 베르베르 부족 가운데서도 카빌족을 선택한 것은 일종의 전략이기도 했다.

까미유 리슬레(Camille Risler, 2004)에 따르면 1871년 카빌리를 완전히 장악한 프랑스 식민군은 프랑스의 행정 방식과 프랑스어 교육, 그리고 기독교까지 카빌리에 이식시키려 했다. 카빌족을 선택한 것은 일종의 전략적 선택이었는데, 역사적으로 카빌족이 아랍에 가장 많은 반감을 갖고 있는 데다 이들이 지중해 지역과 교류를 하며 지중해 문화에 상당히 익숙해 있었기 때문이다. 지중해 문화에 익숙하다는 것은 열린 공간을 지향하며, 외부와 끊임없이 교류하고 소통하는 사람들이라는 것이다. 종교적으로도 기독교적 요소가 있던 데다 다신교와 애니미즘적 전통도 살아 있어, 여러모로 아랍과 대립시키기에 더없이 좋은 지역이었다. 다신교와 애니미즘적 전통은 지중해적 문화이기도 하지만 서아프리카 문화와도 무관하지 않다. 이런 맥락에서 카빌리가 서아프리카 베르베르 부족인 산하자(Sanhadja)족과 같은 집단에 속한다는 것이 우연의 일치는 아닌 듯하다(임기대, 2020a). 주지한 바와 같이 산하자족은 중세 시대 베르베르인을 가리키는 명칭으로 알모라비드와 알모하드 왕조 등을 구축한 종족이다. 카빌족은 서아프리카 지역의 베르베르인과 언어를 비롯해 여러 면에서 공통된 기억을 갖고 있다. 반면 카빌리와 인접한 오레스 지역 등은 같은 베르베르인이면서도 반목하고 대립했다. 프랑스는 이런 베르베르인 간의 관계를 자신들의 식민지배 전략으로 적극 활용하고자 했다. 특히 카빌리와 오레스 지역이 지리적으로 인접해 있는 것을 고려한다면 이런 전략은 어느 정도 성과를 낼 수 있었던 것 같다.

산하자족은 모로코의 아틀라스산맥과 오레스 위쪽 산악지대, 그리고 세네갈, 니제르강 사이의 사하라사막을 지배한 베르베르인이었다. 사막이라는 지리적 특징으로 인해 눈만 제외하고 얼굴 전체를 가리는 베일을 쓰기도 한다. 서아프리카의 세네갈과 모리타니,

카빌리 사람이 주축이었으며, 오늘날 '세네갈' 이름의 기원이 된 부족이다.[5] 이들의 주 무대가 서아프리카와 사하라였다는 것은 이들 대부분이 유목민이었음을 말한다. 사하라의 투아레그족 상당수 또한 산하자족과 관련이 있다(Gabriel Camps, 2007, p.133). 투아레그족과 산하자족은 대개 부계사회인 다른 베르베르 부족과는 달리 모계사회인 것이 큰 특징이다.[6]

산하자족의 일파인 카빌족은 산악지대에 주로 살다 보니 정주민과 유목민적 삶을 병행한다. 특히 티지-우주 지역이 카빌족이 대거 운집해 사는 산악지대다. 베자이아(Bejaïa)와 지젤(jijel)은 해안가에 위치한 산하자족 지역으로 산악지대와는 다소 다른 정체성을 갖는다. 해안가에 위치해 있다 보니 훨씬 개방적인 성향을 보이지만 지젤의 경우 아랍화의 선봉에 섰던 지역으로 상당히 보수적이다. 지젤은 9세기의 쿠타마족이 거주했으며, 이 지역에 시아파의 파티마 왕조가 들어섰을 때 대거 시아파로 개종해 아랍화했다. 쿠타마족은 마그레브 지역에 시아파가 들어서는 데 가장 큰 공헌을 했다. 다른 베르베르 부족이 시아파에 맞서 싸울 때였으니 부족 간의 갈등이 얼마나 심했을지 이해할 수 있을 것이다(임기대, 2020a, 2020b).

---

5) 프랑스 위키피디아 '세네갈 이름의 기원'(Étymologie du nom Sénégal) 항목을 참조할 것.

6) 가장 대표적인 사례로 결혼에 대한 선택권을 들 수 있다. 여성의 집에 축제를 열어 상대를 초대한 후 여성에게 선택할 기회를 주는 것이 투아레그족의 전통이다 (Hélène Claudot-Hawad, 2001, p.65). 이슬람이 부계사회인 점을 고려한다면 의외의 내용이다.

오늘날 사하라사막 도시에는 북부 해안지역의 카빌족이 많이 이주해 살고 있는데, 같은 부족이라는 연대감이 작용했을 것이다. 카빌족은 교역에도 뛰어난 역량을 발휘해 사하라 일대를 비롯해 서아프리카까지 적극 진출했다. 카빌족의 '디아스포라'는 사실 프랑스를 비롯한 유럽 쪽에만 형성된 것이 아니라 이렇듯 사하라 이남까지 광범위하게 확산해 있다. 이들 산하자족은 오늘날 알제리의 수도와 그 유명한 카스바(Casbah)[7] 건설을 주도하기도 했다. 수도 알제는 볼로긴 이븐 지리(Bologhine ibn Ziri, ?-984)라는 인물이 베르베르 지리드 왕조(Zirid dynasty, 972-1148)의 수도로 정하면서 역사 속에 등장했다(임기대, 2020a). 이후 이 왕조는 알제리 수도 알제를 언급할 때 빠지지 않고 등장하며, 알제의 가장 오래된 구역 카스바 입구에는 볼로긴 이븐 지리를 기리는 동상과 그의 이름에서 차용한 지명이 있다.

이와 같은 역사가 있던 카빌리 지역은 19세기 후반 프랑스 식민지배를 받으면서 분열과 갈등의 온상으로 대상화되었다. 프랑스 식민 당국은 카빌리에 카빌어학교 8개를 세웠다(Camille Risler, 2004, p.108). 당연히 비용 부담과 관리 또한 프랑스 정부의 관할이었다. 당시 알제리인 전체의 취학률—3퍼센트—이 상당히 저조했던 것에 비추어 볼 때 학교 건립은 아주 파격적이었다. 하지만 엘리트 무

---

7) 알제의 카스바는 1992년 유네스코 세계유산으로 등재되었다. 페니키아, 카르타고, 베르베르, 로마, 비잔티움에 아랍까지 거쳐간 이 지역은 전통적인 생활 방식과 이슬람 문화가 어우러진 독특한 형태의 도시로 그 가치를 인정받았다.

알제의 상징 카스바와 볼로긴

▲ 지중해가 내려다보이는 알제의 카스바

▼ 볼로긴 이븐 지리의 이름을 딴 도시 볼로긴의 전경이다. 알제시와 바로 인접해 있다.
널찍하게 펼쳐진 운동장은 오마르 하마디 경기장(Omar Hamadi Stadium)이다.

카스바의 볼로긴 이븐 지리 동상
이븐 지리는 오늘날 알제리 수도 알제를 창건한 인물이다.

슬림을 중심으로 무슬림적 정체성이 강했던 알제리인은 프랑스 학교에 입학하는 대신 중동의 대학으로 유학 가는 사례가 빈번했다. 프랑스의 식민지배에 동화되길 꺼린 것이다(임기대, 2009). 그럼에도 카빌리에 집중적으로 프랑스식 교육기관이 세워졌고 대부분의 취학 인구도 카빌족이 차지했다. 프랑스 식민 당국은 이들 가운데 소수 학생을 선발해 프랑스로 보냈다. 친프랑스 베르베르인을 양성하기 위한 전략이었던 셈이다. 그러나 이들은 이후 프랑스에서 투쟁의 주체가 되기도 했다. 아랍민족주의가 아닌 베르베르 정체성에 기반한 독립운동이었다. 독립 이후에는 아랍민족주의 세력과의 갈등으로 이어지면서 결국 베르베르인의 더욱 가열한 정체성 투쟁 운동의 원인이 되기도 했다(임기대, 2016a).

프랑스가 카빌족을 대상으로 추진한 분리정책은 카빌족에 대한 특별 대우라고도 할 수 있다. 이는 이후의 과정에서 확연히 드러난다. 문화정책이란 것이 한 국가의 정체성 형성 과정에 어떻게 영향을 미치는지, 이를 위해 얼마나 철저한 정책을 펼쳐야 하는지를 프랑스와 알제리의 카빌족은 잘 경험한 터였다.[8] 오늘날 유독 카빌족이 프랑스에 많이 분포해 있는 것도 초기 이주 과정과 이후 정착 과정에서 받은 우선 배려와 무관하지 않다.

프랑스의 식민정책은 알제리 내에서 프랑스어를 사용하는 카빌족을 대량으로 양산했고 오늘날 카빌리 현지에서조차 아랍어 사용

---

8) 식민지배 당시 시기별(초기·중기·말기), 분야별(음악·미술·교육·언론 등) 식민화 과정에 대해서는 Camille Risler(2004)를 참조할 것.

과 비교해 프랑스어가 밀리지 않는 결과를 낳았다. 상대적으로 다른 베르베르어권 지역보다 아랍어 사용이 덜하고, 베르베르어를 장려하는 분위기가 팽배하다 보니 베르베르 정체성이 크게 부각되어 민중 시위 '히락'을 비롯한 반정부 투쟁도 여전하다. 무역 능력이 뛰어나다 보니 알제리 경제계의 큰손 역할 또한 하고 있다. 특히 디아스포라 카빌족은 카빌리를 비롯한 오레스 지역에서 경제 투자를 하고 있다. 이중적 '뉴 노멀'을 겪는 상황에서도 카빌족의 투자는 알제리 경제의 희망이 되고 있다. 프랑스 내 친알제리 기업은 대개 카빌리 출신이다. 대표적인 기업으로 항공사 '애글 아쥐르'(Aigle Azur)[9]가 있다.

이런 점은 모로코의 경우도 흡사하다. 모로코의 경우 자국 출신 해외 이주자가 인구 대비 전 세계에서 가장 높은 국가 가운데 하나다. 특히 프랑스를 위시한 유럽 국가에 압도적으로 높게 형성되어 있다(임정혜, 2020). 모로코 베르베르인의 경우 프랑스와 벨기에, 네덜란드로의 이주가 많아 모로코 경제에 크게 기여하고 있다. 이런 현상에는 국왕 하산 2세(Hassan Ⅱ, 1929-99)[10]의 이주 정책이 큰 역할을 했다(임기대, 2021a).

---

9) 1946년 프랑스와 알제리 노선만을 특화해 생긴 항공사다. 현재 경영 악화와 코로나19로 노선을 잠정 중지한 상태다.

10) 국왕 하산 2세(재위 기간 1961-99)는 두 번의 쿠데타를 겪으며 불안한 와중에도 경제 상황 타개를 위한 적극적인 이주 정책을 실시했다. 외화벌이를 한다는 비판도 제기되었지만 국내의 실업 문제 타개를 위해서는 어쩔 수 없었다. 게다가 유럽 내의 경제 상황도 좋지 않아 이주민을 통한 경제 활성화를 모색하고 있던 터였다(임기대, 2021a, 224쪽).

본격적인 프랑스 진출은 우수한 학생 선발이 우선이었고, 식민정부의 엘리트 양성이 주 목적이었다. 이는 알제리나 모로코 모두 마찬가지였다. 하지만 터전에서 생활하기 위한 '이주'(migration)가 아닌 프랑스 내 단순 대체 노동력으로서의 임시 파견이었다. 20세기 초의 '이주'는 프랑스 내 부족한 노동력을 대체하기 위한 것에 불과했고, 그들의 삶은 열악하기 이를 데가 없어 공동체를 구성하기에는 터무니없는 환경이었다. 당장의 생활을 꾸려가기도 어려운 상황에 정체성을 내세운 연대가 어떻게 가능했겠는가. 오로지 단기간에 돈을 벌어 본국으로 돌아가는 게 유일한 목표였을 것이다.

20세기 이전에는 우수한 학생 일부만이 프랑스로 갈 수 있었다. 주지한 바와 같이 주로 카빌족이 대부분을 차지했다. 1906년 마르세유에서 발생한 이탈리아 노동자들의 파업으로 프랑스 당국은 이를 대체할 인력이 필요했고, 상대적으로 프랑스 문화에 익숙한 카빌족을 노동자로 파견했다. 이미 알제리 식민경영자인 콜롱(colon)이 현지에서 이들을 보아왔고, 평가도 부정적이지 않았기에 대체인력으로 카빌족만 한 집단은 없다고 생각했을 터이다. 카빌족은 주로 마르세유의 유명한 비누 공장과 올리브 공장에서 일했다. 공장에서의 노동은 이미 콜롱과 오랫동안 일하며 숙련된 카빌족이 아니던가.[11]

프랑스 내 마그레브 최초의 이주민과 노동자는 이렇게 탄생했고,

---

11) 마그레브의 여러 지역 가운데서도 카빌리는 현재까지도 알제리 내 최대 올리브 생산 지역이다. 이곳의 제조는 여전히 전통 방식을 고수하고 있다.

1920년대까지 마그레브의 프랑스 노동 이주자 5명 가운데 4명이 카빌족이었다고 한다. 이렇듯 카빌족은 프랑스와 그 어떤 다른 부족보다 같이 일하기에 좋은 정서적 연대감을 갖고 있었다. 그렇다고 그들이 협조만 한 것은 아니다. 카빌족은 이후 독립 투쟁과 독립 전쟁에서 프랑스에 맞서 적극 싸우기도 했다.

카빌족의 이주 과정과 식민정책은 지역민의 생활방식을 바꿔놓았다. 카빌족은 전통적으로 농업 ─ 그랑 카빌리(Grande Kabylie) 지역 ─ 과 해양업 ─ 프티 카빌리(Petite Kabylie) 지역[12] ─ 에 종사해 왔다. 하지만 프랑스의 식민지배와 이민은 카빌족의 생활방식을 송두리째 바꾸어놓았다. 정착 생활을 하던 그들은 점차 유목민이나 이주민이 되어갔다. 물론 이들 베르베르인 모두가 유목민이나 이주민으로 변한 것은 아니다. 어떤 부족은 정착민으로 살기도 하고, 모자비트족처럼 이슬람을 더 추종하는 집단도 생겼다.[13]

카빌족은 카빌리 지역에만 국한하지 않고 알제리 내 대도심을 비롯한 전국 각지에 흩어져 살고 있다. 수도 알제시의 경우 인구의 80퍼센트를 카빌족이 차지하고 있다고 현지인들은 전한다. 알제시

---

12) 수도 알제에서 동쪽 방향으로 약 70킬로미터 이후 지역부터 펼쳐지는 동부 산악과 해안지대다. 산악지대를 가리켜 일반적으로 '대(大)카빌리'라 부르고, 해안지대를 '소(小)카빌리'라 부르기도 한다. 이들 지역을 대표하는 도시는 각각 티지-우주와 베자이아다. 이 구분은 문화적·언어적 차이를 고려하지 않은 편의상의 구분이다.

13) 베르베르인 가운데서도 카빌족과 다른 지역 베르베르인, 그리고 카빌족과 아랍인의 차이, 정착민과 유목민의 차이에 대한 연구는 Pierre Bourdieu(1961)를 참조할 것.

를 건립한 핵심 부족이 카빌족과 같은 산하자족이었기에 어쩌면 당연한 일이다. 그들은 알제가 생길 때부터 터줏대감처럼 군림했고, 그 자리를 오랜 기간 지켜냈다. 식민지배 기간에 카빌족은 해외로 적극적으로 이주했고, 가장 많은 이주 국가는 단연 프랑스였다.[14] 폐쇄적이고 저항적이었던 카빌족이 21세기 전 지구촌 시대에 '비영토화'된 지역에서 베르베르인의 디아스포라 공동체를 구현하기 시작한 것이다. 기존 마그레브 지역에서처럼 고정된 영토는 없지만 전 세계 곳곳에서 그들만의 공동체를 구현해가고 있다.

카빌족이 프랑스로 이주한 마그레브 최초의 이주민이라는 데 이견을 보일 사람은 없을 것이다. 그만큼 식민시대부터 지금까지 프랑스 내에서 이들의 존재감은 괄목할 만하다. 식민지배라는 알제리와 프랑스의 특수성이 주요인이지만, 이들이 프랑스어와 문화를 가장 빨리 받아들인 것도 존재감을 드러내는 데 한몫했다. 이렇게 일찍부터 관계를 맺고 있는 카빌족——심지어 전체 베르베르인——은 현재 프랑스 내 베르베르 공동체의 가장 중요한 구성원이 되었다. 하지만 공동체를 구성한 카빌족의 존재감이 언제부터 프랑스에서 부각되었는지에 대한 명확한 자료나 통계는 없다(Salem Chaker, 2004).[15] 단순히 몇몇의 유학생과 노동자가 오기 시작했다는 기록

---

14) 최근에는 프랑스보다 캐나다 퀘벡 지역으로 이주하는 경향을 보인다. 프랑스의 이민제한정책과도 무관하지 않지만 캐나다에서는 적극적인 이민을 권하고 있기 때문이다. 프랑스어권 벨기에와 네덜란드에도 많은 베르베르인이 있는데, 앞서도 언급했듯이 주로 모로코 출신의 베르베르인이다.

15) "베르베르인의 존재나 정체성이 프랑스인에 의해 명확히 인식되지 못했다 할지

만이 전부라서 그 기록만으로 그들이 공동체를 구성했다고 생각할 수는 없다. '프랑스령 알제리인' 신분이었던 이들은 이민자 신분으로 인정되어 프랑스 당국의 외국인 집계 통계에 포함되지 않았다. 독립 이전에는 외국인이 아니었기 때문이다(Benjamin Stora, 2004, p.47). 하지만 그들은 프랑스인이었음에도 무슬림이라는 이유로 프랑스 본토 사람과 엄연한 차별을 받았고, 이는 오늘날 프랑스 내 각종 문제의 근원이 되고 있다.

3. 프랑스 내 '베르베르' 디아스포라

베르베르인, 정확히 프랑스 내 카빌족의 이주는 프랑스 내 '마그레뱅'—북아프리카 출신의 마그레브인—의 정체성을 이해하는 데 중요한 의미를 갖는다. 그것은 마그레뱅이 모두 동일한 정체성을 갖지 않는다는 이유도 있지만, 프랑스가 다문화 국가라는 사실 때문이다. 프랑스는 잘 알려져 있듯이 세계 곳곳에서 유입된 여러 인종과 문화가 공존하는 국가다. 유입된 사람들 가운데 하나가 마그레브 이민자이며, 이들 가운데 베르베르인의 문화는 프랑스 내에서도 그 목소리가 높아지고 있다.

프랑스 내의 카빌족은 프랑스의 다문화 정책에 힘입어 베르베르 운동에 적극적으로 동참하고 있다. 단순히 베르베르운동, 카빌리의

라도, 베르베르인은 프랑스 내 외국인 출신 공동체의 가장 중요한 구성원 가운데 하나다"(Salem Chaker, 2004).

프랑스 베르베르 디아스포라
▲ 프랑스 파리 제13구에 위치한 베르베르협회
▼ 프랑스 마르세유 시내의 꾸스꾸스(베르베르 전통음식) 식당 'Le Bracelet D'argent'이다.

정체성 회복이라는 차원을 넘어 프랑스 내 베르베르운동을 주도하며 소수자 운동에도 적극적으로 뛰어들었다. 카빌족이 주도하는 프랑스 내 베르베르 공동체는 양성평등, 이민자 문제, 실업 문제, 인종 차별 등 다양한 방식의 사회 운동에 적극적으로 참여하고 있다. 베르베르어와 문화를 보존, 확산시키는 운동을 하면서도 프랑스의 가치에 부합한 운동을 펴나가며 프랑스의 일원이 되고자 하는 것이다.

이렇게 카빌족은 마그레브 지역을 넘어 '비영토적인'(Non-territory) 측면에서도 존재감을 내세우며 그 영역을 확장해가고 있다. 마그레브를 비롯한 사하라–사헬 지대 이외의 다른 영역에서도 베르베르운동이 확장되고 있음을 보여주는 현상이다. 이렇듯 영토가 있던 베르베르인이 '비영토적인' 지역에서 자신들의 문화를 구체적으로 구현해내며 디아스포라 공동체를 구성하고 있다(임기대, 2016a). 이는 모로코가 벨기에와 네덜란드에서 디아스포라를 구축한 것과 비슷한 경우가 될 것이다(임기대, 2021a).

이와 같은 디아스포라는 단번에 형성된 것이 아니다. 앞서도 언급했듯이 초기 식민지배 당시의 학생 선발로 시작해 이후 단기 혹은 임시 노동자로서의 이주가 지속되었다. 본격적인 프랑스 내 이주는 제1차 세계대전의 징병을 포함해 이민이나 노동, 유학을 위해 떠난 1920년대 전후다. 1931년에는 카빌리의 주(州) 티지–우주(Tizi-Ouzou)의 전체 인구 22퍼센트가 프랑스로 이주했다. 당시 불붙기 시작한 프랑스의 사회주의, 이후 1930년대 '네그리튀드'(Négritude)[16]의 영향을 받아 카빌족은 물론 보통의 알제리인까지 대거 참여해 독립운동 단체를 결성하기도 했다. 이때부터 정체성 찾기 운동이 진행되었지만, 본격적인 독립운동은 아니었다. 다른 한편 카빌족을 비롯한 알제리인은 단체 '젊은 알제리인'(Jeune Algérien)을 창립해 독립운동을 펼쳐갔다.[17] 하지만 독립운동 방식에서 운동 참여 주체들 간의 이견이 팽배했다. '젊은 알제리인'은 인권적인 차원에서 프랑스인과의 관계를 고려한 독립운동을 주장했다. 즉 프랑스를 존중해야 하며, 그들과의 관계를 배제한 독립운동에는 반대했다. 아랍민족주의자들의 프랑스에 맞서 독립운동을 하자는 주장과는 배치되는 것이었다. '젊은 알제리인'은 오늘날 프랑스와 알제리를 비롯한 마그레브 지역 베르베르운동의 모태가 되고 있다. 초기 카빌리의 베르베르운동은 프랑스의 보편적 가치를 배제하지 않고 그 가치를 유지하는 독립운동을 지향했다.[18] 반면

---

16) '네그리튀드'란 흑인이라는 사실을 인식해 흑인으로서의 운명, 역사, 문화를 수용하자는 것이다. 흑인의 독창적이고 고유한 문화를 부정하는 백인들에 맞서 흑인 문화와 예술의 고유한 '뿌리 찾기' 운동으로 서구 제국주의에 맞선 해방 수단으로 자리했다. 세네갈의 상고르와 카리브해 프랑스령 마르티니크의 세제르가 1930년대 프랑스에서 시작한 문화정치운동이다. 이후 제2차 세계대전을 전후한 시점에 피식민지배 국가의 독립운동에 많은 영향을 주었다(임기대, 2020c, 361쪽).

17) 네그리튀드나 '젊은 알제리인', 이후 프랑스 내 알제리인이 주도한 '베르베르 아카데미'는 이주가 상대적으로 늦은 모로코 출신의 베르베르인이 공동체를 결성해 활동하는 데도 상당한 용기를 주었다(임기대, 2021a, 223쪽).

18) "1980년 4월의 베르베르의 봄은 알제리 이데올로기의 제도적 조합을 확실히 뒤흔들어 놓았다. 먼저 이 운동은 알제리에서 문화적 정의와 사람들의 다양성에 대한 문제를 제기함은 물론 다른 차원에서 알제리 역사를 회복하도록 했다"(Benjamin Stora, 2004, p.298).

또 다른 알제리인은 아랍적 정체성에 근거해 민족주의 운동을 전개해야 한다고 주장했다. 결국 독립운동을 함께하던 두 진영 간의 확연한 노선 대립은 끝내 서로 등을 돌리게 하고 말았다.

이렇듯 임시 노동자, 유학생으로 구성되어 독립운동을 시작한 '젊은 알제리인' 등이 있었지만, 본격적인 이주가 시작된 것은 1950년을 전후해서다. 1947년 프랑스에서는 경제 재건을 위한 많은 노동력이 필요했다(박단, 2013, 151쪽). 초기의 이주가 노동 혹은 전쟁 목적이었다면, 1920년대부터 1950년대까지의 이주는 이전과는 많이 달라졌다. 이 시기는 카빌족 위주의 이주에서 알제리인을 비롯한 전체 마그레브 사람으로 이주 대상이 확장된 시기였다. 체계적인 대규모 이주 정책이 알제리, 모로코, 튀니지 사람들을 프랑스로 보내기 시작했다.

식민지배 초기의 카빌족 이주는 특수한 사례로 기록되어 일부 자료가 남아 있지만, 이후 국가 단위의 노동력이 파견되면서 이주가 만연해지자 지역별 혹은 부족별 파견 현황을 목록화하지 않았다. 실제 이런 사실을 알려주는 지표는 거의 존재하지 않는다. 다시 말해 이주와 관련한 카빌족, 나아가 베르베르인만의 통계 지표가 별도로 존재하지 않는다는 것이다. 게다가 이들은 법적으로 모두 프랑스인이었기 때문에 알제리와 프랑스를 왔다 갔다 하는 이들의 숫자를 특정 부족을 중심으로 집계하기란 사실상 불가능했을 것이다. 이는 모로코의 경우도 그리 다르지 않았다. 프랑스를 비롯한 유럽에 가장 많은 부족이 카빌족인데, 전체 알제리인의 이주민 수를 통해 카빌족 이민자 수를 유추해볼 수 있을 것 같다.

19세기 말부터 제1차 세계대전 때까지는 정치·군사적 측면과 상업적 측면에서만 이주가 이루어졌다. 하지만 제2차 세계대전을 전후해서 카빌족의 이주 경향은 확연히 달라지기 시작했다. 카빌족 스스로 돈을 벌기 위한 방편으로 선택한 것도 있지만, 콜롱을 비롯한 알제리 내 지역 유지, 그리고 프랑스에 있는 고용주와의 이해관계가 맞물려 프랑스로 건너가는 일이 빈번해졌다.

'영광의 30년'이라는 제2차 세계대전 이후의 프랑스는 많은 인력을 필요로 했고 자연스레 프랑스와 밀접한 관계에 있던 카빌리 지역에도 영향을 미쳤다. 이주민의 수가 때로는 저평가되기도 했지만, 1950년대와 1961년을 전후한 시기 카빌리 지역의 성인 30-40퍼센트가 외국—특히 프랑스—으로 이주했을 정도로 증가했다. 알제리 전역으로 이주 경향이 확대되었다고는 하지만 카빌리 지역민의 비율이 여전히 압도적이었고, 이들이야말로 진정한 이민의 형태를 보였다.

1950년 프랑스로 들어온 2만 3,000명의 이주민 가운데 1만 9,095명이 카빌족이었다. 알제리 독립전쟁이 발발한 1954년에는 21만 2,000명의 이주민 가운데 절반 이상이 카빌족이었다. 카빌족이 프랑스와 밀접한 관련을 맺고 있다 보니 전쟁 당시 프랑스로의 이주가 급증한 것으로 보인다. 이민 1세대와 2세대, 3세대를 이루는 이들 카빌족은 오늘날 프랑스 전역에서 이주민으로서의 삶을 살고 있다. 가장 많이 이주한 1950년대를 기점으로 카빌족은 프랑스

표 1. 1975년 이전 프랑스의 알제리인과 카빌족 이민자 수 및 유형

연도	수 및 비율	이주/이민 유형
1871	수백 명 (통계 미정)	이민자라기보다 카빌족 가운데 뛰어난 일부 학생을 선발한 형태. 일종의 유학이었으며 프랑스와의 연결 고리 역할로 활용
1906	통계 없음	카빌족이 마르세유 올리브 공장과 비누 공장에 투입. 최초의 노동 이민으로 등장
1914	1만 3,000명	노동 인력으로 파견. 전체 알제리인은 대략 1만 3,000명이었지만 그 가운데 카빌족이 1만 명을 차지할 정도로 다수였음
1914- 1918	27만 명	알제리 전역에서 1차 세계대전을 위한 병력과 노동자 동원. 전쟁 이후 본국으로 복귀. 순수 카빌족은 약 1만 5,000명
1931	22퍼센트	20-50세 사이 카빌리의 티지-우주(Tizi-Ouzou) 인구 22퍼센트가 프랑스에서 노동자로 생활. 대부분 독신 생활을 영위[19]
1947- 1953	74만 명	이 가운데 56만 1,000명이 알제리로 귀국. 18만 5,000명만이 프랑스에 남음
1950	2만 3,000명	이 가운데 1만 9,095명이 카빌족
1954	21만 2,000명	절반 이상이 카빌족이었으며 카빌리 인근 도시에서도 프랑스로의 이주가 증가하기 시작함[20]
1961	35만 명	프랑스 내무부는 알제리인을 43만 6,000명으로 집계해 크게 대조를 보임[21]
1975	90만 명	1974년 프랑스와 알제리 이민 금지

---

19) 당시 카빌리 인구가 얼마나 되는지는 알 수 없지만, 카빌리 주도 전체를 가리키는 것 같지는 않다. 티지-우주를 중심으로 한 산악지대 카빌족의 수치로 보인다 (Jean-François Troin et al, 2006, p.346).

20) 이때까지만 해도 알제리인은 주로 카빌인이 차지했지만 이후에는 알제리의 오랑, 콩스탕틴, 세티프 심지어 사하라 출신의 이주민이 다수 형성되는 게 특징으로 보인다(David Assouline, Medhi Lallaoui(s.d), 1997, p.14). 전후 프랑스에서 알제리인의 전반적인 이민자 경향과 특징에 대해서는 박단, 2013, 152쪽을 참조할 것.

전체로 확산해갔다. 우리가 잘 알고 있는 축구 선수 지단의 가족 또한 1953년 카빌리에서 마르세유로 이주했다. 당시 카빌족의 거주 지역 분포는 표 2에서와 같이 나타난다.

카빌족의 프랑스 내 정착은 주로 수도 파리와 일 드 프랑스(Ile de France) 및 당시 직물 산업이 발달한 리옹 근교와 프랑스 북부 지역 등에 집중되었다. 전통적인 이민자 도시 마르세유를 포함한 프랑스 남쪽의 부슈 뒤 론(Bouches-du-Rhône)은 늘 상위권을 형성하고 있다. 이 지역 이주민은 거의 카빌족 출신이라고 봐도 무방할 것 같다. 표 1에서 제시한 1950년 한 해 동안의 프랑스 내 알제리인과 카빌족의 이주 분포를 보면 당시 얼마나 많은 카빌족이 프랑스에 갔고 다양한 지역으로 퍼졌는지를 알 수 있다. 이제는 이민 2, 3세대가 생겨나면서 더 큰 공동체가 구성되었고, 이들을 중심으로 베르베르 문화운동이 전개되기 시작했다. 카빌족을 비롯한 베르베르인은 일반 마그레브 사람과 지역적으로 다른 곳에 거주하며, 대(大)카빌리 혹은 소(小)카빌리인가에 따라서도 분포를 달리한다.

파리의 경우 5구, 11구, 15구, 18구, 19구에 집중적으로 카빌족이 분포해 있다. 이들 지역에서 카빌족은 티지-우주를 중심으로 하는 대카빌리(산악지대)인지 혹은 베자이아를 중심으로 하는 소카빌리

---

21) 알제리 독립 후인 1962년 인구조사 때조차 '누가 알제리인인가'의 문제, 즉 알제리인은 알제리인인가 아니면 프랑스인인가와 같은 문제가 발생했기 때문에 이때의 조사에도 그 혼동 양상이 그대로 나타난 것이다(David Assouline, Medhi Lallaoui(s.d), p.16).

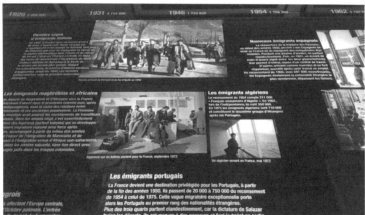

▲ 프랑스 국립이주역사박물관 외관
프랑스 파리에 있는 박물관이다. 알제리인과 모로코 베르베르인의
이주 과정과 이민 경로 등을 볼 수 있다.
▼ 프랑스 국립이주역사박물관 내 마그레브 이주민의 이주 과정

표 2. 1950년 프랑스 내 지역별 알제리인과 카빌족의 수[22]

지역	알제리인 전체 이민자 수(명)	카빌족 이민자 수 (명)
파리 센(Paris Seine)	12,062	9,349
모젤(Moselle)	1,587	1,422
론(Rhône)	1,499	1,299
북쪽(Nord)	2,304	1,295
가르(Gard)	956	835
르와르(Loire)	764	764
뫼르트/모젤(Meurthe et Moselle)	477	477
센마리팀(Seine-Maritime)	399	399
아르덴(Ardennes)	160	160
앵(Ain)	130	130
이제르(Isère)	234	126
아즈(Oise)	125	125
센/우아즈(Seine et Oise)	120	120
사부아(Savoie)	102	102
부슈뒤론(Bouches du Rhône)	2,292	2,292

(해안지대)인지에 따라 지역권을 달리해 살고 있다. 최근에는 파리 동북부 지역이나 북부 '방리외'(banlieu, 파리 인근 지역) 지대에 카빌족 거주지가 형성되어가고 있다.

---

22) K. Direche-Slimani, "kabylie: L'émigration Kabyle", *Enayclopédie berbère 26*, 2004.

"Les gens de Tizi Ouzou vont se retrouver dans les XVe, XVIIIe et XXe arrondissement de Paris, alors que les gens de la vallée de la Soummam vivront dans le Ve et le XIe"(티지-우주 출신 사람들은 파리 15구, 18구, 20구에서 볼 수 있는 반면, 숨맘 계곡[23] 사람들은 5구와 11구에 살고 있다).[24]

파리에서 카빌족의 거주지가 다르게 나타나듯이 프랑스 전역에서도 비슷한 현상이 관찰된다. 이는 알제리 내에서도 존재하는 이들 간의 문화적 차이로 인한 것으로 생각된다. 즉 마그레브 지역에서도 두드러지는 베르베르인만의 정체성, 베르베르 지역에서도 카빌리가 차지하는 특수성, 카빌리에서도 대카빌리와 소카빌리의 차이에 따라 이주 지역에서조차 분포를 달리하고 있다.

1962년 알제리의 독립은 베르베르인의 이주 형태를 바꾸어놓았다. 독립 이전 프랑스 내의 카빌족 신분은 '프랑스령 알제리' 시민이었고, 법률적으로도 '프랑스인'이었다. 하지만 1962년 독립 이후에는 프랑스 국적이 선택의 영역이 되었고, '가족 재결합 정책'(Le regroupement familial)[25]까지 가세하며 더 많은 카빌족의 이주를 초

---

23) 알제리 현지에서 숨맘(Soummam) 계곡이 차지하고 있는 위상은 크다. 사하라에서 흘러들어온 물이 이 지역으로 흘러들어와 식수로 공급되고, 식음료로 생산되기도 한다. 독립전쟁 당시에는 대프랑스 투쟁 지역의 거점으로 활용되기도 했다. 소(小)카빌리의 중심 도시 베자이아에 인접해 있다.

24) *MARIANNE TV*, 「Qui sont les Berbères de France?」, 2011. 1. 31

25) 1974년 지스카르 데스탱 전 프랑스 대통령은 7월 법안을 통해 정치적 망명자를 허용하고 마그레브 무슬림들의 귀국을 권장했다(박단, 2013).

래했다. 그 수가 크게 늘어난 카빌족은 프랑스 내에 공동체를 만들기 시작했다. 현재 프랑스 국적의 마그레브 출신자는 대략 600만 명 이상인 것으로 알려져 있다. 이 가운데 3분의 1 정도가 베르베르인이며, 대부분이 카빌족이다. 프랑스의 베르베르어 화자를 200만 명 정도로 추산할 때 120-150만 명가량이 알제리의 카빌족이고, 나머지는 모로코 등의 국가에서 온 사람들이다.

"La langue berbère dans ses variantes est la deuxième langue la plus parlée de France. Ils sont entre 1,5 et 2 millions de personnes à communiquer dans cette langue nord-africaine"(다양한 형태의 베르베르어는 프랑스에서 두 번째로 많이 사용되는 언어다. 북아프리카의 이 언어로 의사소통하는 사람들은 150만 명에서 200만 명으로 추산된다).[26)]

카빌족과 베르베르인은 프랑스에서 자신들의 정체성을 확보하기 위한 공동체를 만들어갔다. 자신들의 고유한 영토도 아닌 프랑스에서 이민자의 신분으로 활발히 운동했다는 면이 주목할 만하다. 베르베르 공동체의 정체성 찾기 운동 가운데 가장 눈여겨볼 수 있는 것은 단연 언어 사용 문제다. 이미 가족 재결합 정책 이전부터 카빌족은 그들이 있는 곳이라면 늘 그러했듯이 아랍어보다 카빌어

---

26) 1999년, 지역 언어 및 내부 언어 다양성 증진 자문 위원회(Comité consultatif pour la promotion des langues régionales et de la pluralité linguistique interne)에 의한 통계다.

사용에 적극적이었다. 게다가 공동체까지 만들어지고 공론의 장이 형성되니 카빌어 사용에 대한 인식은 더욱 확산되었다.

카빌족은 이미 카빌리 현지에서 정부의 아랍어 정책과는 무관하게 카빌어를 사용하고 있었다. 카빌리는 알제리 내에서도 카빌어, 아랍어, 프랑스어가 고루 사용되는 지역이고, 특히 가정에서는 대부분 카빌어를 사용한다.[27) 그만큼 모국어에 대한 자부심이 남다르다. 가정에서의 베르베르어 사용이 사실 카빌족에만 국한된다고는 할 수 없다. 모로코의 수스 지역이나 리프 지역에서도 가정이나 길거리에서의 베르베르어 사용은 일상적이다. 그만큼 베르베르인들에게 생활 언어로 자리하고 있다는 것인데, 유독 카빌족은 더 두드러진 경향을 보인다. 카빌족은 자연스레 구사하는 자신들의 언어에 저항성을 담아 시와 노래로까지 승화한다. 이런 문화·예술적 행위를 통해 정체성을 확고히 하고, 아랍어에 대해서는 배타적인 입장을 취한다. 실제로 카빌어를 알지 못하는 현지 알제리인과 함께 이지역을 방문했을 때 카빌족은 상대가 같은 알제리인이라 할지라도 상당히 냉소적인 반응을 보였다.[28)

카빌족이 들어오면서 형성된 프랑스 내의 베르베르 디아스포

---

27) 학교, 거리, 행정 기관, 가정 등에서 카빌족의 3개 언어 사용 방식에 대해서는 파리드 벤목타르(Farid Benmokhtar, 2013)를 참조할 것. 모로코, 말리 등의 베르베르어권에서는 가정과 일상의 공간에서 베르베르어 사용이 압도적으로 높다.

28) 냉소적인 반응에 대해 현지 알제리인은 불쾌감을 견디지 못해 카빌리 지역을 떠나고자 한다. 필자는 아랍어만 하는 알제리인과 카빌리 현지 방문을 했을 때의 상황을 기술한 바가 있는데, 그만큼 카빌리 지역의 특수성이 타 지역에 비해 남달랐음을 보여주고 있다. 자세한 내용은 임기대(2016b)를 참고할 것.

라 공동체는 여러 사업, 그 가운데서도 정체성과 관련한 문화·예술 사업을 우선적으로 전개했다. 출판물이나 음악 간행물을 베르베르어로 발간하고, 베르베르인끼리 연대할 수 있는 문화적 네트워크를 구축해갔다. 1966년 파리에서 창설된 '베르베르 아카데미'(Académie Berbère)는 베르베르 문화운동을 주도했다. 정체성의 중심에 언어가 있음을 인지한 베르베르 아카데미는 역사적으로 흩어져 있던 문자를 취합해 통일된 문자 표기를 만들었고, 베르베르 깃발을 제작해 베르베르인의 연대 의식을 견고히 했다. 오늘날 네오-티피나그와 베르베르 깃발이 베르베르인이 있는 지역에서 널리 사용되는 것은 베르베르 아카데미의 헌신 덕분이다. 그들은 특히 노래를 통해 프랑스 사회에 자신들의 존재감을 알렸다. 카빌족을 위시한 많은 베르베르 활동가들이 프랑스 문화·예술계에서 성공을 거두었고, 프랑스인에게 베르베르인의 존재를 알렸다. 본국 마그레브 지역에서도 이들의 노래가 확산되었고, 지역민들은 자신들의 언어로 부르는 노래에 자부심을 가졌다.[29]

1979년에는 베르베르문화협회(ACB, Association de Culture Berbère)를 결성해 문화·예술과 더불어 베르베르운동을 주도해갔다. 현재 프랑스 내에는 약 100여 개 이상의 베르베르 공동체가 활동하고 있는 것으로 알려져 있다.[30] 그들은 음악과 예술, 전시회, 강

---

29) 베르베르 가수와 관련한 내용은 6장에서 다루고 있다.
30) 하지만 이 통계의 정확성에 대해서는 확인할 수가 없다. 단지 베르베르 공동체 활동가가 필자에게 암시해준 숫자가 100여 개 정도라는 것이다.

연 등을 통해 자신들의 존재감을 알리고 서로의 결속력을 다지고 있다. 이런 활동은 코로나19가 광범위하게 퍼진 상황에서도 '줌' (Zoom, 비디오 커뮤니케이션의 일종) 등을 통해 지속되고 있다.

프랑스에서 베르베르 문화운동은 기나긴 이주와 이민의 산물이지만, '문화주의'의 맥과 특유의 '공동체 의식'[31]을 가진 카빌족의 기질이 중요한 역할을 했다. 그들은 이민 초기부터 현재까지 베르베르인이 하나가 되는 데 중요한 역할을 했고, 이를 토대로 본국에 영향력을 발휘하고 있다. 디아스포라 공동체를 통해 카빌족이 일궈온 노력은 가히 대단하다. 생활고 등의 난관 속에서도 그들은 프랑스 사회 내에 반향을 일으켰고 이제 프랑스 사회가 주목하는 베르베르 문화의 한 축을 형성하고 있다. 카빌족은 분명 알제리, 나아가 모로코 등의 베르베르인과 더불어 프랑스와 마그레브 지역의 변화를 선도해가고 있다.

오늘날 프랑스에서 마그레뱅 — 북아프리카 출신의 마그레브인 — 을 만날 때 우리는 "Vous êtes algérien ou marocain?"(당신은 알제리인이세요, 혹은 모로코인이세요?) 혹은 "Vous êtes arabe?"(당신은 아랍인이세요?)라고 묻는다. 하지만 가장 많은 이민자를 차지하는 알제리인이 "Non, on est kabyle"(아니요, 우리는 카빌족입니다)라

---

31) 이에 대해서는 여러 해석이 있을 수 있지만 필자의 견해로는 카빌리에서만 존재하는 타지마트(Tajimat)의 역할이 큰 것으로 보인다. 타지마트는 카빌리에서 여전히 부족 단위나 혈연관계, 교육 등을 실질적으로 총괄하는 카빌리의 통치 기구로 현지에서는 알제리 중앙 정부에 맞서는 조직체와도 같다. 카빌족은 어딜 가든 이 조직의 틀 안에서 움직이며 공동체를 구성해간다(Maché Alain, 2006, pp.78-116).

고 대답하는 상황에 직면하는 경우가 많다. 이런 현상이 의미하는 바는 무엇일까? 프랑스와의 오랜 이민 역사도 떠오르지만 무엇보다 프랑스 내 아랍인과 차별을 두고자 하는 속내가 있어 보인다. 아랍과 다른 자신들의 정체성을 내보이려는 시도는 단순히 프랑스에서만이 아닌 마그레브 현지에서도 매한가지다. 이런 이유가 파리의 5구, 11구, 15구, 18구, 19구에 카빌족이 밀집하며 자신들의 공동체와 상업 지구를 형성해가게 했을 것이다.

파리는 물론, 전통적으로 알제리인이 많은 니스나 릴, 낭트, 낭시, 특히 마르세유에는 카빌족과 샤우이족이 많이 거주한다. 이들 지역 또한 파리와 같은 상황일 것이라 짐작하는 것은 지나친 상상일까. 분명한 것은 카빌족을 위시한 베르베르인 이주가 다각화되면서 그들의 디아스포라 공동체가 곳곳에서 만들어지고 정체성을 드러내는 움직임 또한 다방면에서 진행되었다는 점이다. 특히 노동 이주를 본격적으로 받아들인 1950년대를 전후해서 공동체 형성이 본격화되었고, 이는 향후 마그레브 지역에도 영향을 끼치며 새로운 문화 지형을 만들어가고 있다.

'디아스포라' 공동체를 형성하면서 카빌족 위주의 베르베르운동이 베르베르인 전체의 운동으로 확산되었고, 곳곳에서 베르베르어를 배우고 자신들의 정체성을 확인하려는 움직임이 늘었다. 그러다 보니 마그레뱅을 만나 출신지를 물어보면 지역에 따라 자신을 규정하는 방식이 다르다. 특히 가장 많은 인구수를 자랑하는 카빌족은 '아랍인'이라고 답하는 경우가 거의 없다. '카빌족'이라는 언표 속에는 '우리는 아랍이 아니다'라는 의미가 함축되어 있다.[32] 마그레뱅 간에도 자기 정체성의 표현이 제각기 다르며, 이는 디아스포라 베르베르인의 또 다른 특징이 되어가고 있다.

4. 프랑스 이외의 디아스포라

21세기를 전후해 베르베르 디아스포라는 프랑스는 물론이고 전세계 곳곳으로 퍼졌다. 특히 모로코 출신의 리프족과 수스 지역의 베르베르 디아스포라가 주목할 만하다. 슐리흐(chleuh)라고 일컫는 수스 베르베르인의 경우 노동력의 필요로, 리프족은 정치적인 이유로 이주를 시작했다. 특히 리프족은 베네룩스 3국—벨기에와 네덜란드, 룩셈부르크—에 많이 진출해 있다. 약 100만 명 이상의 리프족 디아스포라가 이 지역에 집중되어 있다. 더불어 스페인의 안달루시아 지역에도 리프족이 많이 거주하는데, 이는 안달루시아가 역사적 맥락에서 리프족과 맺고 있는 특수성에 기인한다. 안달루시아는 약 800년을 이슬람의 지배 아래 있었으며, '레콩키스타'(Reconquista) 이후에는 오늘날 리프 지역이나 알제리 서부지역으로 대거 이주해 정착했다. 모로코의 리프족은 알제리 베르베르인이 대다수를 차지하는 프랑스에도 이주했지만, 그보다는 베네룩스 3국에 많이 이주해 있다. 해당 국가에서 이주 노동자를 받아들여야

---

32) *TAMURT*, 「En France, les kabyles ne sont plus considérés algériens!」, 2016. 9. 9.

할 정도로 인력이 부족했기 때문이지만, 무엇보다 모로코 내부의 문제가 가장 큰 원인으로 작용했다.

1960년대와 70년대에 모로코인은 광산과 공장 노동을 위해 이주를 선택했고, 유럽 국가들 또한 이들의 노동력이 필요했다. 산악지대의 리프족은 프랑스 식민지배 동안의 경험으로 공장과 농장 일에 익숙해 있었다. 이미 숙련된 노동력을 갖고 있었기에 상대적으로 이주가 용이했고, 게다가 당시 모로코는 정치적인 탄압이 있었다. 특히 1971년과 1972년 발생한 연이은 쿠데타로 인해 모로코 정국은 매우 불안했다. 1971년의 쿠데타는 당시 국왕 하산 2세 정권에 대항하는 군사 쿠데타로 국왕의 42회 생일 연회에서 발생했다. 프랑스, 스페인, 벨기에 등의 외교관과 정부 요인을 포함해 92명이 사망하는 사건이었다. 1972년 쿠데타는 하산 2세가 프랑스에서 귀국하는 과정에서 탑승한 비행기가 반란군 전투기로부터 공격을 받아 8명이 사망하고 40명이 부상당한 사건이었다(임정혜, 2020, 136쪽). 하산 2세는 늘 불안에 시달렸다. 오늘날 모로코 사회에서 국왕이 '안정'이라는 단어를 자주 언급하는 것도 선왕인 하산 2세 때의 트라우마 때문이다. 이후 강압적인 정권을 펼치면서 베르베르 지식인이나 활동가들이 대거 연행되고 구금되었다.[33] 이런 국왕과 정부에

---

33) 그 유명한 타즈마마르트(Tazmamart) 교도소 ─ 알제리 서부와 모로코 동부의 경계 아틀라스산맥에 위치해 있는 정치범 수용소 ─ 는 하나의 상징적인 억압 장소가 되었다. 수많은 베르베르 정치지도자들이 재판과정 없이 납치 혹은 구금되면서 국왕에 대한 반감이 증폭되었다(임기대, 2021a, 219쪽).

대해 비판적이었던 리프족은 유럽으로 떠났고, 유럽의 브뤼셀과 암스테르담 등에 디아스포라 공동체를 이루었다.

리프족의 이주는 유럽 이전에 알제리에서 먼저 이루어졌다. 특히 알제리 서부에 거주한 리프족이 본국으로 송환되며 갈 곳이 없어지자 유럽으로의 이주를 선택한 것이다. 알제리 서부는 역사적으로 리프족과 같은 문화를 공유한다. 프랑스의 식민지배를 일찍부터 받기 시작한 알제리에 노동력이 부족해지자 산악지대에서 힘겹게 살던 리프족이 대거 알제리로 넘어왔다. 리프족은 알제리에서, 특히 포도 등의 농작물 재배가 성행했던 지역에서 고급 노동자원이 되었다. 역사적으로 같은 문화권에 있던 이 지역에서 서로 간의 융합은 그리 어려운 일이 아니었다.

리프족은 알제리에서 가족을 이루며 살았고, 지역민 간의 결혼 또한 빈번했다. 알제리가 독립할 때까지 리프족은 중요한 노동력이 되어 지역 경제를 책임졌다.[34] 알제리가 독립한 이후에도 이들은 모로코로 떠나지 않고 알제리에 남으려 했지만 하산 2세의 강압 통치와 이후 벌어진 모로코와 알제리 간의 서사하라 문제로 인해 알제리 정부는 자국 내 모로코의 리프족을 대거 추방했다.[35] 하산 2세의 녹색행진으로 확산된 서사하라 문제는 리프족에게는 비극적인

---

34) 물레이 이스마일대학 미문 아지자(Mimoun Aziza) 교수의 글을 참조할 것(http://tamsamane.free.fr/emigration.htm).

35) 서사하라 문제는 현재 알제리와 모로코의 외교 단절(2021. 8. 24)로 이어지며 양국은 물론 마그레브와 서지중해 지역을 불안하게 하고 있다(임기대, 2021b).

사건이었으며 이들은 이후 유럽으로 떠나거나 일부만 알제리에 남아 힘들게 살아가고 있다.

프랑스 이외로의 이주가 모로코 베르베르인에게만 국한된 현상은 아니었다. 알제리인 또한 벨기에 등으로 이주했지만 상대적으로 모로코에 비해 그 수가 미미했을 뿐이다. 자신들의 공동체가 프랑스에 더 많은 것도 모로코로의 이주를 더디게 했다. 주지한 바와 같이 모로코 디아스포라 베르베르인에는 '정치적' 활동 경력을 가진 인물이 많다. 과거 하산 2세 때의 베르베르인에 대한 통치와 억압이 그들을 자극했기 때문이다. 하산 2세는 베르베르인이 자신의 정적일 수 있다고 판단해 이스라엘과도 비밀스러운 관계를 맺었다. 물론 여기에는 모로코 출신 유대인들의 역할이 컸다. 오늘날 이스라엘 내 모로코 출신의 유대인이 많다는 점은 모로코와 이스라엘이 얼마나 깊은 유대 관계를 맺었는지 짐작하게 한다.[36]

오늘날 모로코는 마그레브의 다양한 국가에 디아스포라 공동체를 형성하고 있다. 총인구 3,700만 명(2020년 통계) 가운데 약 400만 명 이상이 디아스포라를 형성하고 있어 전체의 10퍼센트 이상이 해외에서 살고 있는 셈이다. 이 가운데 유럽에만 300만 명이 넘는 이민자가 있다. 1970년 이후 유럽 내 모로코 출신 이민자 통계를 보면 다음과 같다.

---

36) 현 이스라엘의 네타냐후 정부에 모로코 출신 유대인이 10명이 포진하고 있고, 이스라엘 인구 가운데 약 100만 명 정도가 모로코 출신의 유대인이다. 모로코와 이스라엘의 오랜 역사를 짐작할 수 있다(임기대, 2021b).

표 3. 1970년대 이후 유럽 주요 국가 모로코 출신 이민자 수[37)]

연도	프랑스	스페인	이탈리아	벨기에	네덜란드	독일
1975	260,000	9,000		66,000	33,000	26,000
1982	431,000	26,000	1,000	110,000	93,000	43,000
1998	728,000	200,000	195,000	155,000	242,000	98,000
2012	1,147,000	672,000	253,000	214,000	316,000	73,000

표 3에서 확인할 수 있듯이, 프랑스 이외에 벨기에와 네덜란드로의 이민도 꾸준히 증가했다. 스페인과 이탈리아의 경우 비자 시스템 도입으로 90년대 이후 대폭 증가했으며, 불법 이민자 혹은 불규칙한 이주가 지속된 것으로 보인다. 1990년대 이후 프랑스에는 여성들의 이주가 크게 증가했다. 가족 재결합과 돈벌이를 위한 취업 등이 주요 동인이었다.

이와 같은 이주 증가로 모로코인의 베르베르 문화운동도 탄력을 받게 된다. 1970년 프랑스의 '베르베르 아카데미' 활동에 자극을 받은 모로코 출신 베르베르인은 자국으로 돌아와 베르베르운동을 주도해갔다. 북부의 리프 지역 나도르(Nador)에서 '알인티라카 아타카피아'(Al Intilaqa Attaqaffia)가 설립되면서 가뜩이나 왕정에 불만이었던 지역민이 하나로 규합했다. 이 단체는 '우리는 아랍이 아니다'를 주창하며 모로코의 범아랍화 정책에 반대했다(James N. Sater, 2007, p.62). 카빌리 지역과 같은 맥락이었던 셈이다. 그 결과

---

37) 표 3은 하인 드 하스(Hein de Haas, 2014)에서 제시한 내용을 표로 요약 정리한 것이다.

1981년 정부로부터 정치적 탄압을 받고 1981년 강제 폐쇄되기도 했다.

1979년에는 '아가디르 여름학교'(Université d'Été d'Agadir)가 결성되면서 베르베르운동을 전개했지만,[38] 베르베르인의 열악한 환경과 경제, 정당 등의 복잡한 현실로 원활한 활동을 할 수가 없었다. 이런 상황에서 유럽으로의 이주는 신념을 폭발시키는 탈출구가 되어주었고, 이들은 적극적인 활동을 통해 이주 지역과 자국을 연결하며 초국가적(transnational) 차원의 베르베르운동을 전개해갔다.

모로코 출신 베르베르인은 자국 내에서 어떤 방식으로 베르베르어를 사용하고 표기할 것인가의 논쟁을 이끌어가기도 했다. 예를 들어 베르베르 문자인 네오-티피나그(Neo-tifinagh)를 어떤 방식으로 사용할 것인가의 문제는 2000년대 초반 내내 모로코 사회를 뜨겁게 달구었다. 베르베르어 교재나 교육 수준, 교사 양성, 이후의 사용 방안에 대한 여러 논쟁이 있었지만 해결책은 여전히 선명하지 못하다.

타마지그트(Tamazight) 방송 채널과 라디오 채널이 개국되었고 편성 회차도 갈수록 증가하고 있지만, 정권을 잡은 정의개발당(PJD, Parti de la Justice et du Développement)과 이스티크랄(Istiqlal)당의 베르베르어 활성화에 대한 반대로 양 진영이 극단적으로 대립

---

38) '아가디르 여름학교'는 베르베르 대중문화예술에 대한 내용 위주의 행사와 문화의 다양성에 대한 요구를 해왔다. 이후 1991년 아가디르 헌장을 채택해 모로코 베르베르운동에 탄력을 받게 했다(임기대, 2021a, 225쪽).

하는 상황이 발생하기도 했다. 이후 모로코 내에서는 큰 진전이 없었고, 북부의 리프 지역을 중심으로 베르베르운동이 확산되며 오늘날 모로코 사회를 뒤흔드는 히락으로 발전했다(임기대, 2020d).

알제리와 마찬가지로 모로코 출신 베르베르 디아스포라 또한 다양한 형태로 변모해갔다. 오늘날 모로코의 경제 활성화에도 기여하고 있는 그들은 서유럽에서 보고 듣고 익힌 인권, 문화, 노조 문제 등에서 '소수자'에 대한 관심을 표명하고 있다. 베르베르인 가운데서도 특히 왕정에 호의적이지 않은 리프족은 자국에서 그러했듯이 유럽에서는 더더욱 자신들의 정체성 문제에 침묵으로 일관하지 않았다. 그들은 국경을 넘나드는 경제적 지원과 활동 속에서 오늘날 자신들의 존재를 초국가적으로 드러내고 있다. 이는 디아스포라 문제에서 거주국에 동화된 삶과 고국의 정체성이 상보적 관계에 있음을 말해준다. 프랑스나 벨기에, 네덜란드에 살면서 자국과의 관계가 약화된 것이 아닌, 오히려 상보적 관계를 형성하면서 정체성의 위상을 높이려 하고 있다.

최근 들어서는 유럽 국가 이외에 캐나다로의 이주가 활발해지고 있다. 특히 프랑스어권 퀘벡 지역으로의 이주가 두드러진다. 베르베르인만 집계한 통계가 따로 있는 건 아니지만 해외 이주에 적극적인 카빌족이나 리프족을 고려하면 알제리와 모로코 출신의 상당수가 베르베르인일 것으로 추정된다. 특히 1990년대 알제리 내전을 계기로 알제리 출신 베르베르인의 캐나다 이주가 활발해졌다.

반면 프랑스로의 이주는 마그레브 지역 이주민 유입에 대한 부정적인 정서와 심해지는 인종차별로 인해 회피하는 경향이 나타나고 있다.[39] 갈수록 체류에 필요한 행정 서류가 복잡해지고 일자리 찾기도 힘들어지면서 프랑스 내 이주를 꺼리는 현상이 벌어졌다. 그러다 보니 상대적으로 이민에 적극적인 캐나다를 선호하게 되었으며, 이미 여러 공동체가 형성되어 이민은 지속적으로 증가하는 추세다. 그럼에도 아직 유럽에서와 같은 거대 공동체는 이루지 못했다. 현재 캐나다의 베르베르 이주민은 대략 5만 명 정도로 추산되고 있다.

---

39) 그렇다고 프랑스로 이민을 가지 않는 것은 아니다. 베르베르인을 비롯한 마그레브인은 현재 가족과의 만남 등을 위해 프랑스에서 잠정 체류하는 경우가 많아지고 있어 이주의 형태도 조금 달라졌다. 분명한 것은 굳이 프랑스가 아니어도 전 세계 곳곳으로 이주가 증가하고 있다는 점이다.

생각해볼 문제

1. 베르베르인의 '디아스포라'와 피에-누아(pied-noir)와 하르키(Harki) 등의 관계를 비교분석해 생각해보자.

2. 프랑스와 벨기에 내의 베르베르 공동체가 어떤 방식으로 존재하고, 본국—알제리와 모로코—과의 관계는 어떤지 생각해보자.

3. 프랑스가 왜 식민지배 기간에 베르베르인, 특히 카빌족을 분할 통치 대상으로 삼았는지 생각해보자.

4. 프랑스 내 마그레브인의 분포 유형과 베르베르인의 분포 유형을 분리해 살펴봄으로써 다문화 사회 프랑스의 다양한 이주 양상을 확인해보자.

5. 모로코의 베르베르 디아스포라는 어떤 지역 중심으로 이루어졌으며, 베르베르인이 정치·경제적 이유로 자국을 떠난 배경에 대해 살펴보자.

참고문헌

박단,『프랑스 공화국과 이방인들』, 서강대학교출판부, 2013.

서경식·김혜신 옮김,『디아스포라 기행』, 돌베개, 2009.

임기대,「알제리 식민지배 초기(1830-70)의 프랑스의 언어 문화 정책」,『프랑스학연구』48, 2009, 439-469쪽.

──,「프랑스 내 '베르베르인'의 이민 과정과 그 위상에 관한 연구」,『비교문화연구』42, 2016a, 131-163쪽.

──,「베르베르의 중심, 알제리를 가다」,『7인 7색 아프리카』, 한국외국어대학교 지식출판원, 2016b, 193-244쪽.

──,「중부지중해 지역의 '산하자' 베르베르족의 정체성에 관한 연구」,『한국프랑스학논집』112, 2020a, 191-221쪽.

──,「중부 마그레브 지역 베르베르 '쿠타마'족에 관한 연구」,『한국아프리카학회지』61, 2020b, 209-234쪽.

──,「아프리카 공공외교의 안팎과 미래」, 송기돈 외 지음,『공공외교 이론과 사례』, 오름, 2020c, 353-392쪽.

──,「모로코와 알제리에서의 '히락'과 베르베르적 정체성에 관한 연구」,『한국프랑스학연구』110, 2020d, 163-191쪽.

──,「모로코와 벨기에의 베르베르 '디아스포라'와 '베르베르-되기'에 관한 연구」,『한국프랑스학논집』114, 2021a, 215-242쪽.

──,「모로코와 이스라엘의 외교 관계 복원과 서사하라 문제에 관한 연구」,『지중해지역연구』23, 2021b, 71-100쪽.

임정혜, 「프랑스 내 모로코 이주민에 대한 역사적 접근과 모로코의 이주 정책」, 『프랑스어문교육』 69, 2020, 129-149쪽.

조명진, 『유로피안 판도라: 유럽통합의 과거, 현재, 미래』, 안티쿠스, 2012.

Benjamin Stora, *Histoire de l'Algérie coloniale(1830-1954)*, Paris: La Découverte, 2004.

Camille Risler, *La politique culturelle de la France en Algérie: Les objectifs et les limites(1830-1962)*, Paris: L'Harmattan, 2004.

David Assouline, Medhi Lallaoui(s.d), *Un siècle d'immigration en France: 1945 à nos jours*, Paris: Syros, 1997.

Direche-Slimani, K., "Kabylie, L'émigration kabyle: Entre tradition économique et histoire politique", *Encyclopédie berbère*, pp.4046-50.

Gabriel Camp, *Les Berbères: Mémoire et Identité*, Arles: Actes Sud, 2007.

Hein de Haas, 「Maroc: Préparer le Terrain pour Devenir un Pays de Transition Migratoire?」, *Migration Policy Institute*, 2014. 4. 8.

Hélène Claudot-Hawad, *Eperonner le monde: Nomadisme, cosmos et politiques chez les Touaregs*, Aix-en-Provence: Édisud, 2001.

James N. Sater, *Civil Society and Political Change in Morocco*, Routledge, 2007.

Jean-François Troin et al., *Le grand Maghreb: Algérie, Libye, Maroc, Mauritanie, Tunisie: mondialisation et construction des territoires*, Paris: Armand Colin, 2016.

Pierre Bourdieu, *Sociologie d'Algérie*, Paris: PUF, 1961.

Maché Alain, *Histoire de la grande Kabylie, XIXe-XXe siècle*, Alger: Editions

Bouchènes, 2006.

Rochdy Alili, "L'histoire de l'Islam au Maghreb", in *Maghreb, peuples et civilisations*, Sous la direction de Camille et Yves Lacoste, Paris: La Découverte, 2004.

Salem Chaker, "Pour une histoire sociale du berbère en France", *Les Actes du colloques*, Paris: Inalco, 2004.

JEUNE AFRIQUE, 「Dix ministres d'origine marocaine dans le nouveau gouvernement de Netanyahou」, 2020. 5. 21.

MARIANNETV, 「Qui sont les Berbères de France?」, 2011. 1. 31.

TAMURT, 「En France, les kabyles ne sont plus considérés algériens!」, 2016. 9. 9.

6
베르베르 예술과 음식

"실타래처럼 늘어놓은 나의 이야기가 끝났습니다, 군주님.

우리는 꿈의 문 앞에 있습니다."

예술이 지닌 가치는 인류에게 늘 중요한 화두였다. 예술이 인간의 삶과 사회에 어떤 변화를 가져올지에 대한 질문은 인류 역사만큼이나 오래되었으며, 현대 들어서도 그 관심은 수그러들지 않고 있다. 베르베르인의 예술 세계 또한 오랜 역사를 지니고 있다. 마그레브 지역 원주민인 베르베르인은 기독교와 이슬람이 들어오기 전부터 이미 다양한 문명을 일궈왔다. 그들이 쌓아온 예술적 가치는 이슬람화와 함께 사라졌을 것으로 생각되기도 하지만 여전히 사회의 한 축에 당당히 자리하고 있다. 자연을 보이는 그대로 재현해내고자 했던 그들의 예술적 감각은 삶의 중요한 일면을 드러내고 새로운 영감이 되고 있다.

최근 한국에 '먹방' 프로그램이 우후죽순처럼 생겨났다. 해외까지 휩쓴 '먹방' 열풍은 우리의 식욕을 돋움과 동시에 해당 음식이 있는 나라에 대한 호기심도 끌어들인다. 코로나19로 잠시 주춤하고 있지만, 여행의 진수는 바로 그 나라의 음식을 맛보는 데서 찾을 수 있기 때문이다. 프랑스인은 "태양 없이는 살아도 와인 없인 살

수 없다"고 말한다. 이 말은 프랑스인의 와인에 대한 사랑을 극단적으로 표현해주는 말이다. 그만큼 식문화는 국민의 정체성을 담아낸다. 이슬람화된 마그레브 지역에서 베르베르인은 음식을 통해 아랍인을 자신들의 세계로 끌어들였다. 프랑스인 또한 베르베르의 음식에 찬사를 보내고 있다. 그래서일까, 오늘날 베르베르 음식은 단순히 마그레브 지역에 국한되는 것이 아니라 전 세계를 누비는 독창적인 음식이 되고 있다.

경계가 모호해진 시대에 민족의 정체성도 모호해질 것으로 생각하지만, 오히려 경계가 개방된 이 시대에 그동안 감춰진 베르베르인의 예술적 가치는 더욱 드러났고, 꾸준한 상품화 전략과 함께 전 세계인의 이목을 끌고 있다. 우리나라에서도 베르베르인의 음식을 맛보는 게 더 이상 그렇게 낯설지 않다. 이런 상황을 그저 지구촌화 현상의 일환으로만 인식할 수 있을까? 단언컨대 그렇지만은 않아 보인다. 베르베르인은 자신들의 예술적 가치와 음식에 대해 당당히 보여주고 이야기할 수 있는 구체적인 행동과 상황을 만들어갔다. 베르베르의 끝없는 투쟁 의식과 문화를 보존해내려는 그들 노력의 결과물임을 간과할 수 없다.

이번 장에서는 아랍 문화가 지배적인 마그레브 지역의 베르베르 예술, 의상이나 전통 악기, 자기, 조형예술 등의 미(美)적 가치와 내용을 살펴보고 꾸스꾸스(Couscous)와 같은 베르베르인의 정신적 혼을 담아낸 음식을 보여주고자 한다.

1. '베르베르' 음악과 대중 시

아랍이 마그레브 지역에 들어오면서 베르베르인은 곳곳에 흩어져 살아야 했다. 당연히 자신들의 문화적 유산을 체계적으로 보존할 수 없었다. 한동안 잊힌 듯했던 그들의 정체성은 프랑스의 식민지배 이후 달라지기 시작했다. 식민정책의 영향으로 언어를 비롯한 베르베르의 문화적 가치가 새롭게 주목받았고, 그들의 음악을 비롯한 예술 세계 또한 조명받았다(임기대, 2009). 프랑스로부터 독립한 이후에도 아랍·이슬람화 정책 등으로 베르베르 공동체 내 저항의식이 싹트면서 베르베르 음악은 억압에 대한 저항의 아이콘으로 자리 잡았다(김광수·임기대, 2018). 이런 움직임은 2011년 발생한 '아랍의 봄' 이후 마그레브 전 지역을 강타했으며, 대중의 마음까지 사로잡았다. 방송 채널에서도 베르베르 예술을 재조명하기 시작했고 가정, 학교, 마을 등 장소를 불문하고 음악, 우화, 노래, 장신구 등의 여러 예술 장르가 등장했다. 그 가운데서도 가장 주목받는 장르는 단연 베르베르인의 음악이었다.

베르베르인의 음악은 일상적인 운율과 자연스러운 몸짓의 형태를 보인다. 여타 농경사회와 마찬가지로 그들 또한 농사와 관련한 여러 축제 및 행사를 가지고 있다. 올리브를 비롯한 농작물 재배, 가축 농사 등의 일을 할 때면 가족이나 부족 단위로 음악을 연주했다. 지금도 시골 곳곳에서는 이런 행사들을 쉽게 목격할 수 있다.

여자들은 우유 젓기나 맷돌질, 아이 재우기, 밭 밟기 등의 노동을 하며 때에 맞는 노래를 부른다. 한국의 전통 사회에서 시골 아낙네들이 빨래를 하거나 마실 나갈 때 다 함께 노래를 흥얼거리는 모습을 연상케 한다. 베르베르인은 '엔나예르'(Yennayer) 전통을 살려 기본적으로 농력(農曆)에 근거한 마을 단위 행사를 한다. 특히 가족 모임이나 결혼식, 할례와 같은 중요한 의식에 대대적인 행사를 연다. 전통 악기로 작은 악단을 조직해 흥을 돋우며 돌아다니곤 하는데, 유럽의 카니발(carnival)이 떠오르지만 그보다는 조직적이지 않고 자연스러운, 동네 사람끼리 만나 노는 소박한 분위기다.

이슬람 전통에서 가수는 큰 주목을 받지 못했다. 베르베르 전통도 가수란 직업에 그리 호의적이지 않지만 적어도 베르베르의 몇몇 지역—특히 해안가—은 지중해 문명의 영향으로 노래하는 사람을 비하하지는 않는다. 유목사회 전통이 강한 투아레그족 또한 음악이 많이 발달해 있기에 노래하는 사람을 그리 경멸하지 않는 분위기다. 최근에는 오히려 유럽으로 이주한 베르베르인 덕분에 가수란 직업을 선망의 대상으로 보고 있다. 많은 베르베르 젊은이들이 노래를 정체성 표출의 수단뿐만 아니라 유럽에서의 활동 기회로 활용하고 있다.

베르베르인의 노래는 전반적으로 시적 운율을 지니고 있으며, 사람들의 정서를 잔잔하게 자극하는 매력이 있다. 그렇다고 흥겨운 노래가 없는 것은 아니다. 마치 전통적인 프랑스의 샹송[1]을 연상케

---

1) 전통적인 프랑스의 '샹송'이라 함은 중세 시대의 음유시인을 일컫는다. 보통 '트루바두르'(Troubadour)라고도 부르며, 이는 중세에 무예와 예술창작에 두루 능

베르베르인의 축제 모습
▲ 오레스 지역 샤우이족의 축제 현장
▼ 모로코 수스 베르베르인의 축제 현장

하는 베르베르의 음악은 자신들 삶의 애환과 기쁨을 시를 읊듯이 노래한다. 알제리 독립운동 당시에는 민족성을 일깨우는 노래가 주를 이뤘고, 독립 이후에는 베르베르의 정체성을 노래하는 대중 가수들이 출현했다. 현재는 '히락'으로 표출되는 민중의 정서를 노래에 담아 정부를 비판하는 힙합(Hip hop) 가수들도 있다.[2] 이렇듯 베르베르 음악은 서정적인 노래부터 경쾌한 노래까지 다양한 영역을 아우른다.

유럽을 비롯한 전 세계적인 베르베르 가수로는 알제리를 중심으로 모로코, 투아레그족의 음악이 주를 이룬다. 대중적 측면에서 리비아 출신의 베르베르 가수는 아주 드문 편이다. 여기에서는 대표적인 몇몇 베르베르 가수를 소개하고자 한다.

■ 루니스 아이트 망겔레트(Lounis Aït Menguellet, 1950 -)

알제리 카빌리 출신이지만 모든 베르베르어권 지역에서 유명한 가수 겸 시인이다. 그는 베르베르 정체성을 카빌어 가사로 노래한다. 초창기에는 간략한 구절로 노래를 부르다가 최근 들어서는 긴 가사의 노래를 부르고 있다. 특히 기타 반주에 노래 부르는 것으로

한 기사(騎士)를 칭하는 단어로 12세기 남프랑스에서 활약한 음유시인을 총칭하는 말로 사용된다. 베르베르인의 음악 또한 비슷해 현지에서는 '베르베르의 샹송' '알제리(모로코)의 샹송'이라고 부르는 사람도 간혹 있다.

2) 대표적인 랩퍼로는 라자 메지안느(Raza Meziane, 1988 -)를 들 수 있다. 그녀는 알제리의 가수이며 작곡가, 변호사로 활동하다 반정부 투쟁에 앞장서며 체코로 이주해 가수 활동을 지속해가고 있다. 2019년 BBC에서 선정한 세계에서 가장 영향력 있는 100인에 선정되기도 했다.

도 유명하다. 카빌리 가수들이 주로 악기 하나만을 가지고 노래한다는 점을 대중에게 각인시켜준 인물이기도 하며, 1980년에는 정부가 카빌어 사용 금지를 권고하자, 가장 신랄하게 정부 비판에 앞장섰던 인물이다. 그와 관련한 여러 저서가 프랑스어와 아랍어, 베르베르어로 출간되기도 했다.

■ 이디르(Idir, 1949~2020)

베르베르인이라면 그 누구도 이의를 제기하지 않는 베르베르 최고의 전설적 가수다. 본명은 하미드 쉐리에(Hamid Cheriet)이지만, '이디르'라는 예명으로 프랑스와 알제리, 마그레브 지역에서 매우 유명하다. 기타는 물론 플루트와 '다르부카'(Darbouka)[3]를 사용해 노래를 부른다. 솔로로 활동하면서 몇몇 동료 가수들과 함께 노래하기도 했다. 이디르는 베르베르 음악이 국제적인 명성을 쌓는 데 크게 기여한 인물이다. 또한 베르베르의 영웅이자 암살된 가수 루네스 마투브(Lounès Matoub)를 기리는 여러 번의 추모공연을 주최해 베르베르인의 영혼을 달래고 정신적 지주가 되어주었다.[4] 그가 부른 노래「나의 사랑하는 아버지」(A vava inouva)는 전 세계적으로

3) 북의 일종으로 중동과 북아프리카, 발칸반도에서 매우 유명한 악기다. 전형적인 베르베르 악기라고 볼 수는 없지만 베르베르인이 많이 사용하고 있다.
4) 주최한 것으로 끝나지 않고 루네스 마투브를 옹호하는 발언을 곳곳에서 했다. 그의 유명한 말은 여러 베르베르인, 특히 카빌리 사람들에게 회자되고 있다. "마투브는 카빌리의 음유시인이었고 그들은 그의 입을 막고 싶어 그를 살해했다" "그는 자유를 노래했고 우리의 자유, 베르베르인의 자유를 노래했다" "그는 체게바라였다"(김광수·임기대, 2018).

도 유명한 노래다. 2020년 5월 2일 파리에서 폐암으로 사망해 많은
사람들의 안타까움을 자아냈다. 알제리 출신 축구 선수 지네딘 지
단이 가장 존경한다는 인물이다.

■ 하쌴 이드바사이드(Hassane Idbassaïd, 1967 -)

모로코 현대 베르베르 음악을 빛내고 있는 인물로, 모로코 남부
수스 지역의 티지니트(Tiznit)⁵⁾ 출신이다. 베르베르의 전통 악기와
서구 악기를 접목시켜 새로운 베르베르 음악을 선보이고 있다. 다
른 베르베르 가수와 달리 정체성의 문제보다 과거와 현재의 베르베
르 음악을 어떻게 조화시킬지, 어떻게 더 많은 지역과 사람에게 베
르베르 음악을 알릴지를 고민하며 활동하는 가수다. 1990년대 이
후 유럽 등을 순회하며 베르베르 음악을 공연하고 수많은 앨범을
발매하고 있다. 다른 이 지역 출신자와 마찬가지로 프랑스를 비롯
해 벨기에, 심지어 일부 북유럽 국가에서도 활동한다. 모로코 베르
베르인을 비롯한 모로코인들이 이들 지역에 디아스포라를 형성하
고 있기 때문이다(임기대, 2021a).

이들 이외에도 유명세를 타고 있는 가수들이 많지만, 일일이 열
거할 수 없어 아쉬운 마음이다. 베르베르 예술 세계에서 간과할 수

---

5) 모로코 남부 베르베르 중심지 아가디르(Agadir)에서 약 80킬로미터, 마라케시에서
270킬로미터 거리에 있는 전형적인 베르베르 도시다. 인구는 10만 명이 되지 않는
비교적 중소도시이지만 베르베르 색채가 상당히 강한 곳이다.

없는 것이 투아레그족 음악이다. 사하라 이북 지역의 베르베르 음악이 아랍·지중해성 음악과 상당 부분 혼용되어가는 것에 비해 사하라의 투아레그족은 여전히 전통적인 음악풍이 많이 남아 있다. 그런 면에서는 투아레그족 음악이 가장 베르베르적인 음악일 것이다. 투아레그족 음악은 사하라 이남 국가들과 문화적인 영향을 주고받아 해안지역 베르베르 음악과 닮은 듯하면서도 달라 보이고, 서정적이며 목가적인 분위기를 물씬 풍긴다. 투아레그족의 삶을 영화로 다룬 「팀북투」[6]에서도 볼 수 있지만, 사하라의 가장 험난한 지형에서 나름의 예술 전통을 지키고 있는 그들이 아니던가. 그들의 음악에 대한 자부심은 그 어떤 민족보다 크다.

투아레그족의 기타는 사하라에서 가장 오래된, 그리고 가장 인기 있는 악기다. 이 악기에서 뿜어져 나오는 소리는 투아레그족의 정치적 여정과 서정적인 사랑, 환각적인 사하라의 바위를 연상시키며, 서양 음악의 영향을 받은 신시사이저(synthesizer) 및 드럼 머신이 발산하는 매혹적인 소리 그 자체다. 투아레그족의 기타 연주 행위와 그 소리는 이미 프랑스를 비롯한 유럽에 신선한 문화적 충격을 주며 뮤지션들의 영감을 자극하고 있다. 각종 미디어에서 보여주는 그들의 음악은 원초적 아름다움과 서정미를 뿜낸다.

---

6) 영화 「팀북투」(Timbuktu, 2014)는 모리타니 출신 압데라만 시사코가 제작한 것으로 말리 북부의 투아레그족이 사는 곳 '아자와드'(Azawad, 방목지대)에서 자행되고 있는 이슬람 극단주의자의 모습을 담고 있다. 2014년 칸 영화제 심사위원상을 비롯해 2015년 세자르상 시상식에서 작품상, 최고감독상 등 7개 부문을 석권하기도 했다. 2014년 부산국제 영화제에 출품되어 영화인의 시선을 끌기도 했다.

투아레그족의 악기(사하라 타만라세트 소재 박물관 소장)
투아레그족의 악기는 그들의 정치적 여정과 서정적인 사랑,
환각적인 사하라의 바위를 연상시킨다.

■ 루네스 마투브(Lounès Matoub, 1956-98)

베르베르 가수를 언급할 때 빼놓을 수 없는 카빌리의 전설적인 가수다. 그에게는 수많은 수식어가 늘 따라붙는다. '아마지그 가수' '아마지그 투사' '카빌리 정체성의 상징' 등 베르베르의 정체성과 관련해 루네스 마투브는 전설이자 아이콘이 되었다. 그는 베르베르 문화와 베르베르인의 자유를 위한 민주화 투쟁에 적극 참여한 가수다. 그가 부른 노래의 대부분은 투쟁에 굴하지 않고 싸우다 죽은 베르베르 희생자를 위한 추모곡이다. 그 유명한 1980년 '베르베르의 봄'(Berber Spring)[7]이 발생했을 때, 루네스 마투브는 프랑스 알제리 공동체에서 공연을 하느라 현장에 오지 못했다.

루네스 마투브는 정권에 강한 불만을 표시했다. 정권에 대한 그의 도발은 미움을 사게 되었고, 결국 1998년 자신이 사랑한 고향 카빌리의 한 산악지대에서 피살되었다. 현재까지 누가 그를 살해했는지는 알려지지 않았지만, 카빌리 사람들은 공권력이 그를 암살했을 것으로 확신하고 있다. 마투브를 추모하는 행사는 지금까지 카빌리를 비롯해 베르베르어권 지역과 프랑스 등에서 지속되고 있고, 베르베르 정체성 운동에서 그의 음악은 여전히 연주되고 있다. 그의 생가와 사망 장소는 오늘날 많은 사람들이 그를 추모하는 기념비적

---

7) 현지인은 'Tafsut Imaziɣen'이라고 부르기도 한다. 1980년 알제리 정부의 아랍화 정책에 맞서 카빌리 사람들이 들고일어난 반정부 투쟁이다. 베르베르인은 이후 알제리의 민주화, 소수어 및 소수문화 보호, 인권 등에 대한 문제의 수정을 지금까지 요구하고 있다. 알제리 내 인권 운동은 큰 틀에서 '베르베르의 봄'과 직간접적인 관련을 맺고 있다.

▲ 마투브 루네스 생가 모습
▼ 생가에서 5-6킬로미터 근처에 있는 마투브 루네스 피살 장소

인 장소가 되었다. 그가 베르베르인의 아이콘이라는 사실은 마그레브인과 베르베르인이 정서적으로 어떻게 다른지를 극단적으로 보여주는 사례에 속한다.

'베르베르의 봄' 당시 정부는 군병력을 투입해 강압적인 작전을 취했다. 그런 상황에서도 루네스 마투브는 두려워하지 않고 베르베르인을 위해 노래했다. 그는 「엘-와드 아이씨」(El Wad Aïssi)라는 노래를 통해 '베르베르의 봄'으로 희생된 사람들을 위로하고자 했다. 그 가사를 다음 표 1에 소개한다.[8]

우리가 베르베르인과는 다른 역사와 삶의 방식을 가졌기 때문에 그들의 노랫말에 서린 애환을 정서적으로 다 이해할 순 없을 것이다. 그러나 사람들이 노래를 따라 부르고 눈물을 흘리며 루네스 마투브를 기리는 것을 보면 그의 노래가 얼마나 베르베르인의 심금을 울리는지 짐작할 수 있다. 투쟁적이면서도 운율이 느껴지는 그의 노래는 은은하고 잔잔한 애환이 배어 있다.

루네스 마투브 이외에도 베르베르인, 특히 '베르베르의 봄'이 발생한 카빌리의 음악을 듣노라면 이와 같은 시적 아름다움을 만끽할 수 있다. 일반적인 시와는 달리 슬픔을 표현하는 방식에 조금 더 경쾌한 맛을 가미해 기쁨과 슬픔을 함께 아우른다는 점이 베르베르 음악이 사람들의 사랑을 받는 이유가 아닌지 싶다. 그들의 노래는 단지 베르베르인만이 즐겨 찾는 음악이 아니다. 튀니지, 니제르 등

---

8) 이 노래의 가사는 김광수의 논문(2019, 135-179쪽)에서 발췌한 것이다. 한국어는 필자가 일부 수정했음을 밝힌다.

표 1. 루네스 마투브의 「엘-와드 아이씨」 가사 전문

한국어	타마지그트어	프랑스어
〈엘-와드 아이씨를 애도하며〉	\<Yeḥzen Lwad Aɛisi\>	〈El-Wad Aïssi en deuil〉
엘-와드 아이씨를 애도하며.	Yeḥzen Lwad Aɛisi	Deuil sur El-Wad Aïssi
폭동이 시작된 이래로.	Mi-gebda imenɣi	Depuis le début des émeutes.
밤이 되자 군인들의 폭력이 시작 되었다.	Yebb°eḍ-iten lɛesker deg-yiḍ	Nuit venue, soldats grimpant à l'assaut.
모든 마을 사람들에게 경고했다.	Tuddar slant irk°elli	Tous les villages alertés,
사람들이 티지로 몰려들었다.	Ṣubbent ɣer Tizi	Le peuple afflua vers Tizi.
거리 전체에 거품이 일었다.	Kul abrid a yettfeggiḍ	Toutes les rues bouillonnaient;
왜 저들은 들끓는 건가?	Aayen a yettfeggiḍ	Pourquoi bouillonnaient-elles ?
이것은 치매가 아니다!	Ur telli t-tisselbi	Ce n'est pas là démence !
우리는 자유를 원한다.	Neḥwaǧ tilelli	Nous voulons la liberté,
그들이 우리를 당황하게 하기 전에,	Uqbel a ɣ-ḥeṛṛen ɣer lhiḍ	Allons, avant qu'ils nous mènent au peloton.
어서 전진을.		
	Akken nella zik an-nili	
우리가 그랬던 것처럼,	Ma yella imenɣi	Tels que nous fûmes, nous serons;
우리도 다음과 같아질 것이다.	W'immuten a d-yennerni mmi-s	Si des luttes se déclarent,
투쟁이 일어나면,	A wid iḥekmen ayenni	Le fils succédera à son père succombant.
아들은 굴복한 아버지를 이을 것이다.	Ur nelli d ulli	Hommes du pouvoir, pourquoi ce supplice ?
권력자들, 왜 이따위 고문을 하는가?	Tamurt iban-d llsas-is	Voyez, nous ne sommes pas un troupeau;
보아라, 우리는 양 떼가 아니다:	Tamaziɣt at-tennerni	Les fondations de notre patrie sont visibles.
우리 조국의 근원이 가시권에 있다.	Arṣeḍ ad yeffi	Tamazight épanchera ses richesses
타마지그는 풍요로운 재물을 부을 것이다.	Kul lḥaǧa tesɛa bab-is	Et nous crèverons l'abcès funeste:
그리고 우리는 치명적인 농양을 죽일 것이다.		Il n'est pas d'être qui n'ait de racines.
뿌리가 없다는 것이 아니다.		

게다가 선언된 불, 그것은 스스로 소멸될 것인가?	I tmes i-gcɛɛlen m'at-texsi	Et ce feu déclaré, s'éteindra-t-il?
고난에 대해 걱정하지 마라.	Yeqqim-d usteqsi	Demeure l'angoisse face à l'épreuve.
녹은 철분을 먹었다.	Uzzal igezm-it ṣṣdid	La rouille a rongé le fer.
그러나 군대는 티지(Tizi) 억압 파종. 알제쪽의 도로가 잘 리고,	Ma d lɛeskeṛ yebb°eḍ Tizi D lbaṭel i-gebb°i Ɣer Lezzayer yegzem webrid	Mais l'armée occupe Tizi, Y semant l'oppression. Vers Alger les routes sont coupées,
왜 자르지?	Ayen yegzem webrid	Pourquoi sont-elles coupées ?
우리 지구가 흔들렸다.	Tendeh tmurt irk°elli	Notre terre est ébranlée:
싸울 준비, 방어!	Begset ya lɣaci	Soyez prêts à combattre, garde !
그들이 우리를 그들의 멍에 아래에 두게 하라!	Ɣurwat a ɣ-cudden s lqid	Qu'ils ne nous remettent sous leur joug !
우리의 피가 흐를 경우, 명예가 돋보인다.	Teg°ra-d s idim ma yeɣli Nnif a d-yali	Si notre sang devait couler, L'honneur en jaillirait.
우리는 항상 곤경에 처했다.	Si zzman nesfa-d ur nerkid	Nous sommes depuis toujours dans les troubles,
왜 문제가 되는가?	Ayen ur nerkid	Pourquoi dans les troubles ?
로마인이 우리를 훼손했다.	Ṛṛuman seg-neɣ yebbi	Les Romains nous ont mutilés.
우리를 침략한 자가 약탈한다.	Wi d-yusan yebb°i	Qui nous envahit nous pille:
그리고 우리는 정복당했다.	Nezga nezdeɣ di ttweḥid	Et nous demeurons subjugués.
지난 수 세기가 그랬음에도 불구하고, 우리는 스스로를 수습하고 있다.	Xas ɛeddan leqrun nugi	En dépit des siècles passés, nous nous insurgeons:
검의 예리함 아래서만 우리가 새로운 말에 따르겠다.	Neched s ujenwi Mi ɣ-d-bb°in awal ajdid	Ce n'est que sous le tranchant de l'épée Que nous nous sommes soumis à la parole nouvelle.

무기와 개와 함께 그들은 준비가 끝났다.	S yeqjan d leslaḥ begsen	Avec armes et chiens, ils se sont apprêtés;
함정을 놓기 위해 진실을 분출한 자들.	Akken ad kublen	Afin de prendre au piège
이렇게 포획한 사람 중에 얼마나 많은 사람들이 운명에 대해 알고 있나?	Widak i d-yeggurreεn tidett	Ceux qui ont éructé la vérité.
그들은 가슴에 열정을 넣었다.	Acḥal deg widak ḥebsen	Combien parmi ceux capturés,
그들은 한 무리가 되어 그들을 보냈고,	Ur neẓri ma ddren	Combien dont nous ignorons le sort?
그들의 무기로, 그들은 지적했다.	S iciwi rran-aɣ tirgett	Ils ont posé un brasier dans notre poitrine.
산이시여 "그것을 삼켜 먹으시라!"	T-tirebba i ten-id-ceggεen	Ils les envoyèrent par meutes,
	S leslaḥ nnsen	De leurs armes, ils désignèrent
	Wehhan-asen adrar ččet-ett	La montagne: "Dévorez-la!"
그들은 24세였고,		
그들이 압수한 티지에서 불이 났다.	Di ṛebεa u εecrin yid-sen	Ils étaient vingt-quatre,
그러나 그들은 형제가 있다는 것을 잊어버렸다.	Begsen-d bb°in-ten	Dont ils se saisirent
그들을 풀어낼 준비가 되었다.	Mi tzehher tmes di Tizi	Lorsque le feu grondait à Tizi.
그들은 모두 그들의 말을 전했다.	Ttun sεan atmaten	Mais ils avaient oublié qu'ils avaient des frères
	Aa ten-id-yessufɣen	Prêts à les libérer.
사람들은 그들을 학대하고 괴롭혔다.	Myefkan lεahed irkelli	Ils s'étaient tous donnés parole.
그들이 학대한 적은 없다.		
고백하지 마라.	Beḥten-ten wwten-ten	Ils les harcelèrent, les frappèrent:
주르주르산맥은 그(것)들을 자유롭게 보는 것을 기뻐한다;	Ulac acu ur sen-xdimen	Pas de sévices qu'ils ne leur firent subir
그는 모든 아이들을 필요로 한다.	A d-inin ayen ur nelli	Pour avouer ce qui n'est pas.
그들은 엘-와드 아씨에서 만났다.	Ǧerǧer yefreḥ mi d-ffɣen	Le Djurdjura se réjouit de les voir libres;
엉망으로 만들어놓은 사람들에 관해서,	Yark° yeḥwaǧ-iten	Il a besoin de tous ses enfants.
오늘날 우리는 그들을 패퇴시켰다.	Mlalen-d di Lwad Aεisi	Ils se rencontrèrent à El-Wad Aissi.
역경의 지붕이 무너졌다.	M a d widak yessefsaden	Quant à ceux qui sèment les saccages,
	Assa nerna-ten	Aujourd'hui, nous les avons vaincus:
	Ssqef n teεdawt yeɣli	Le toit de l'adversité a croulé

314

베르베르인이 소수인 지역에서도 이들의 음악은 사랑받으며 널리 알려져 있다. 이들 음악이 마그레브 지역민의 정서와 깊이 교감하고 있는 것은 아닌지, 이방인인 필자의 관점에서 드는 생각이다.

2. 구전문학

베르베르 문학은 짧은 양식의 구전문학이 주를 이룬다. 전 세계적으로도 최고라고 할 수 있는 풍부하고 질 높은 구전문학의 보고가 베르베르 문학에 담겨 있다고 평가하는 이도 있다. 그 이유로 구전문화의 지속성을 들고 있는데, 문자문학에서의 경쟁으로 다른 언어로 옮겨졌다면 생길 해석상의 변형과 오염에서 벗어나 그 신선함을 유지할 수 있었기 때문이다(Camilles et Yves Lacoste, 2004, p.189).

산악지대부터 사하라 일대의 각종 설화나 신화는 기독교와 이슬람이 들어오기 전부터 있었다. 이런 문화는 베르베르어를 사용하고 있든 그렇지 않든 간에 전 지역에서 빠짐없이 공유되는 현상이다. 최근에는 네오-티피나그가 공식적으로 사용되면서 구전문학을 문자로 옮기기도 한다. 그렇지만 여전히 활자화된 문학 작품 가운데 네오-티피나그로 쓰인 것을 발견하기는 쉽지 않다.[9]

---

9) 이는 필자 개인의 경험이다. 마그레브 지역을 돌아다니다 보면 일반 가정에 보관되어 있는 작품은 있지만, 공공 기관에서는 쉽게 볼 수 없다. 대학교 도서관에서도 쉽게 보이지 않는다. 모로코의 왕립 아마지그 문화원과 같은 베르베르 전문 기관을 제외하고는 발견하기 쉽지 않다.

구전문학은 화자와 청자 간 즉석 상호작용으로 연출된다. 텍스트를 통한 전달과는 달리 일종의 공연과도 같이 생산과 수용이 동시에 일어나며 청중이 문학에 함께 참여하기도 한다. 그 과정에서 구전문학은 청중의 참여를 유도하는 노래와 공연, 시 등이 복합되어 있는 독특한 장르 형태를 지닌다.

베르베르 구전문학의 주된 내용은 이슬람과는 무관한 베르베르인의 오랜 전통을 이야기한다. 지중해의 고대 신화와 산악지대나 사하라의 민간 신앙과 신화 등이 주된 이야기다. 이슬람이 들어오며 상당 부분 퇴색되어 밀려났지만, 최근 들어 조금씩 글로 출간되는 것을 보면 자신들의 언어와 이야기에 대한 관심이 증가하고 있음을 알 수 있다. 동물이나 성적인 소재를 다룬 이야기도 있고, 자칼이 등장하는 이야기도 있다. 아랍과 오스만 터키의 지배 당시에는 지배자들 앞에서 베르베르인이 구전문학을 희화해 읊기도 했다고 한다. 마지막을 매듭짓는 문장은 늘 "실타래처럼 늘어놓은 나의 이야기가 끝났습니다, 군주님. 우리는 꿈의 문 앞에 있습니다"였으며, 이때쯤이면 군주는 잠에 떨어졌다고 한다(Jean Servier, 2017).

카미유·이브 라코스트(Camilles et Yves Lacoste, 2004, p.193)에 따르면 투아레그족의 젊은 남녀는 시를 짓는 재주가 뛰어나고 주로 사랑을 주제로 행복과 불행을 노래했다고 한다. 시는 베르베르인에게 노래와 동일시된다. 옌나예르와 같은 베르베르력의 중요한 행사에 등장하는 노래이자 마력을 부르는 주문 가운데 하나이기도 하다. 옌나예르는 풍요와 번영을 기원하며 행진하는 유럽의 카니발과도 같다. 하지만 구전문학은 흥겨운 것에만 있지 않다. 정치와 사회를 풍자하며 권력자를 희화화하기도 하는 구전문학은 여론을 주도해 사회 변화를 이끌어내기도 한다. '베르베르의 봄'과 문화의 최전선에서 아랍에 맞서는 투사들은 이와 같은 구전문학에서 새로운 시와 노래를 끌어오고 있다. 많은 베르베르 음악가들은 이런 종류의 노래를 직접 부르기도 하며, 문학가와 언어학자, 시인을 겸하기도 한다.

구전문학에서 기억은 중요한 역할을 한다. 베르베르인 가운데는 기억력이 아주 뛰어난 사람이 많다. 베르베르 구전문학은 일반 대화에서도 상투적으로 사용되며 맥을 이어왔다. 이런 구전문학이 제대로 남겨지지 않은 것은 페니키아, 로마, 아랍의 침략을 받으며 베르베르어가 제대로 뿌리를 내릴 수 없었기 때문일 것이다. 베르베르인은 자신들의 언어로 통일된 중앙집권 국가 혹은 왕조를 별로 경험하지 못했으며, 그로 인해 아쉽게도 자신들의 문학을 체계적으로 정리해두지 못했다. 최근 들어 범람하는 콘텐츠들 사이에서 이들의 영향력이 조금은 줄어들 수밖에 없게 되었지만, 많은 문화예술 운동가들의 베르베르 음악과 구전문학을 새롭게 정립하려는 시도들은 계속 이어지고 있다.

3. 조형예술

베르베르인의 조형예술은 체계적인 자료가 부족해 연대기적으로 설명하기 어렵다. 고대 페니키아나 로마 시대에도 베르베르인의 여러 조형예술은 가치가 없다고 판단되어 당시 고고학자의 관심 밖에 있었다. 그들은 오로지 페니키아의 유물에만 관심을 두었다. 마그레브 지역의 고대 박물관에 베르베르 관련 조형예술품이 그리 많지 않은 것도 당대 학자들의 관심이 어땠는지를 보여준다. 그나마 남아 있는 것이 문자와 관련한 비문(碑文)이 유일하다. 그렇지만 일상의 영역에서 발견되는 베르베르인의 조형예술은 상당히 정교하면서도 아름답고 자연적이다. 그 발생 기원은 모르지만 가정과 작은 단위의 부족에서 전통을 잘 이어왔기 때문일 것이다.

■ 베르베르의 조형예술 일반

베르베르의 조형예술에서 장신구를 빼놓을 순 없다. 장신구는 은(銀) 바탕에 녹색, 청색, 황색, 적색 등의 색채를 대칭으로 장식하는 기법으로 만들어진다. 금을 사용한 장신구를 선호하지만 일반적으로 남성의 금 장신구 착용을 금하기도 한다. 베르베르 여성의 장신구는 부의 척도를 나타내는 것으로 사용하기도 하지만, 요즈음 마그레브 지역에서는 대표적인 관광 상품이 되었다.

도기와 더불어 직물 제조는 베르베르 여성들이 가사와 병행하는 대표적인 작업이다.[10] 직물의 색채 장식도 장신구와 거의 비슷한 방식이다. 장식의 여러 기법은 이렇게 직물이나 공예, 자기 등에 다

---

10) 여성들의 사회 참여, 경제력 등을 고려하면 부업이 아닌 생업이라고 하는 것이 적절해 보인다.

양하게 변주해서 적용한다. 양탄자나 자수, 팔의 문신 등에도 비슷한 방식의 그림을 그려놓는다. 재료가 어떤 것이든 일반적으로 장식 문양은 비슷하다.

문양을 이야기할 때 빼놓을 수 없는 것이 몸에 하는 '헤나' (Henna)다. 헤나는 베르베르 지역별 다양한 방식으로 구현된다. 우리가 알고 있는 헤나는 특히 모로코에서 발달했는데, 잎을 짓이긴 후에 문양을 새겨 넣는 방식이다. 오늘날 모로코의 관광지라면 전국 어디에서든 볼 수 있는 대표 관광 상품이 되었다. 모로코 여성들은 헤나를 물과 달걀 같은 물질과 섞어 정기적으로 머리에 바르거나 손에 물을 들이기도 하는 등 다양하게 멋을 내는 데 쓰고 있다.

베르베르 문화권에서 가장 좋아하는 테마는 장식 면에 여백을 남기지 않고 정확하게 분할하는 기하학적 무늬로, 곡선보다는 직선을 선호한다. 원 모양을 제외하고 곡선은 매우 드물다. 점선이나 뱀 모양의 구불구불한 선, 삼각형이나 마름모꼴을 다른 모양과 결합해 만든 장신구가 유독 눈에 띈다. 천을 짜는 것과 장신구에 즐겨 사용하는 색은 흰색과 적색이다. 지역에 따라서 이 색의 농도는 조금씩 다를 수 있으며, 약간 옅은 노란색을 가미하기도 한다. 사하라 투아레그족의 경우 흑갈색과 청색, 검은색으로 된 장신구가 많다. 현대 들어 조금씩 세련된 색채로 변형되고 있지만 전통적인 색 배합은 유지되는 편이다.

프랑스나 유럽 국가의 마그레브 출신 이민자 가운데 유독 이마나 턱에 문신을 한 여성을 쉽게 볼 수 있다. 이들은 마그레브 출신 가

헤나 작업 방식
모로코의 대표 관광 상품 헤나. 현지인들은 머리카락을 물들이기도 하는 등
다양한 방식으로 사용한다.

운데서도 아랍인이 아닌 베르베르인, 베르베르인 가운데서도 카빌리 출신 지역민이라고 생각할 수 있다. 이마나 턱 밑의 문신은 거의 대부분 여성들이 한다. 문신을 하는 이유는 미용 목적과 더불어 문신 부위에 따라 특정 병을 막을 수 있다는 미신적인 예방 차원에서다. 현대 의학과 상관관계가 있을지는 의문이다.

문신은 이슬람교와는 하등의 관계가 없는 고대 베르베르인의 의식 가운데 하나로 알려져 있다. 모양은 점선이나 십자가처럼 간단한 문양에서부터 부족을 표시하는 상징까지 다양하며, 시술은 주로 남자들이 한다. 문신을 하고 나면 매일 닦아내고 염료를 다시 발라줘야 한다. 얼굴 이외에도 발목이나 장딴지 등, 팔이나 가슴에 문신을 하는 경우도 있다. 앞서도 언급했지만 이는 지역에 따라 천차만별의 모습으로 나타난다.

조형예술은 베르베르인의 삶에 깊이 파고들었으며, 일상의 장식 기법이 되었다. 베르베르어권 지역에 가면 도심 입구부터 이들의 작품을 판매하기 위한 상점 등이 길거리에 즐비하다. 이는 여성의 경제 활동에서도 중요한 영역이 되고 있다. 어디 베르베르어권뿐이랴, 마그레브 지역 전역에서 조형예술 상품들을 곳곳에서 마주하게 된다. 현지인들은 외국인에게 선물하는 용도로 이들 작품을 많이 활용한다.

사하라 일대로 가다 보면 투아레그족을 쉽게 만날 수 있다. 투아레그족의 조형예술 세계는 일견 단순한 형태를 보인다. 주로 모래를 사용한 작품이고, 양탄자나 접시 등이 눈에 띈다. 양탄자나 접시

베르베르인의 장신구와 공예품

▲ 투아레그족의 액자와 공예품으로 모래를 사용한 작품이 눈에 띈다.

▼ 베르베르인의 장신구 사진이 담긴 액자.

는 해안지역에서 만드는 것과 형태 면에서 비슷하다. 하지만 색채는 오히려 간결한 편이다. 모로코와 튀니지의 공예품 장인들은 이 분야에서 정교한 멋을 낼 줄 아는 사람들이다. 이들 지역에서 공예산업은 관광산업의 일환으로 활발히 돌아가며 지역의 경제에 직접적인 영향을 주고 있다. 반면 알제리의 경우 천연자원이 많아서 공예산업에 많은 투자를 하지 않는다. 그래서인지 해안가와 사하라 일대 조형예술품은 투박하고 정교하지 않다.

튀니지는 베르베르인이 극소수임에도 여러 형태의 베르베르 공예상품을 만들어내고 있다. 그들의 문화를 적극 활성화하겠다는 의지가 반영된 것인지는 명확하지 않지만, 베르베르 공예품을 관광지 어느 곳에서든 쉽게 볼 수 있다. 정교한 기술 또한 알제리에 비해 훨씬 돋보인다. 이렇듯 베르베르인의 조형예술은 지역별로 상이하지만, 큰 틀에서는 비슷한 모습을 보인다.

■ 베르베르인의 의복

과거 베르베르인의 의복에는 여타 부족처럼 계층적 요소가 있었지만, 현대사회에 들어서며 그런 구분은 사라졌다. 하지만 지역별, 부족별로 모양의 차이는 있으며, 천의 질감에 따라 부의 소유 등을 간접적으로 내비치는 경향을 보인다. 이 모든 것은 시대를 거친, 외부 문화와의 혼합에 따른 결과물이다.

특히 마그레브 지역을 완전히 장악한 로마 시대의 흰색 토가와 비슷한 방식으로 몸을 감싸는 하이크(Haik)는 가장 전통적인 복장

모자비트족의 전통의상 하이크(Haik)

몸 전체를 흰색 천으로 덮는 복장으로 오늘날 모자비트족 여성들에게서 나타난다.
수도 알제의 카스바에서도 흔히 볼 수 있다.

에 해당한다. 이슬람이 들어오고 아랍화가 진행되면서 베르베르인은 아랍인의 엄격한 의복 규정을 강요받았다. 남자들은 머리에 천으로 된 터번을 둘렀고 여자들은 머리부터 다리까지 다양한 방식으로 가렸다.

베르베르 남성들은 부족에 따라 천차만별이지만 대체적으로 헐렁한 바지를 입는다. 남성이든 여성이든 지역이나 부족별로 의상 차이가 뚜렷하지만, 더 확연한 차이를 보이는 것은 여성 의상이다. 여성들의 의상은 공예품처럼 화려하고 장식적이다. 유럽의 패션계 영향을 받기도 하고 중동의 세련된 이슬람 패션의 영향을 받기도 한다. 특히 젊은층에서 이런 분위기가 만연하다. 도시에서는 생활 수준을 짐작게 하는 명품의 천으로 만든 의상이 눈에 띈다.

■ 베르베르의 자기와 양탄자

베르베르인의 자기와 양탄자는 고급 제품이면서도 일상 속에 깊이 자리하고 있다. 의상과 마찬가지로 자기와 양탄자 또한 지역색을 잘 반영해준다. 해안가인지 산악지대인지 혹은 사하라 일대인지에 따라 색채의 화려함과 장식이 다르게 나타난다. 세라믹이 유명한 튀니지의 제르바섬이나 모래가 많은 사하라사막과 같은 곳은 지역의 상징을 작품 속에 녹여내고 있다.

오래전부터 발달한 모로코의 양탄자 산업은 도시의 지명도까지 올려준다. 양탄자는 베르베르인의 장식품 가운데서도 장인 정신의 경지를 보여주는 물건이다. 세대에서 세대로 이어지는 양탄자 산업

베르베르의 자기
▲ 카빌리 해안 지역의 자기
▼ 모로코의 자기

은 베르베르 문화와 아랍·이슬람, 안달루시아 문화의 총체적 복합
물이라고 현지인들은 말한다. 아랍인만의 전유물을 넘어 오랜 역사
를 담아낸, 화려하면서도 지역의 특색이 살아 있는 베르베르 양탄
자에 대한 자부심의 발로가 아닌지.

4. '베르베르' 음식

베르베르 음식의 예술성 여부의 문제는 여기에서 논할 주제가 아
니다. 하지만 오늘날 우리가 음식을 예술적 가치로까지 승화시키고
있다는 점을 고려한다면 이들의 식문화 또한 충분히 나름의 가치가
있을 것이다. 역사 속에서 여러 문명이 개입하며 베르베르만의 음
식이 무엇이라고 정의할 수는 없어도 몇 가지 음식은 공동체 정신
을 암시하는 문화유산으로 자리하고 있다.[11]

수천 년, 아니 그 이상의 역사를 간직하고 있을 베르베르인의 빵
은 이 책을 쓰고 있는 지금 시점에도 여전히 미각을 돋운다. 이 책
에서는 베르베르인의 대표 음식과 빵 몇 가지를 소개하고자 한다.

■ 빵
빵의 주재료인 밀은 우리의 쌀과 마찬가지로 마그레브 지역민의

---

11) 2020년 유네스코는 베르베르 공동체를 넘어 마그레브 지역 4개국—알제리, 모
리타니, 모로코 및 튀니지—의 공동체 정신을 담은 꾸스꾸스를 세계무형문화유
산에 등재했다.

주식이다. 빵은 요리된 형태가 다양할뿐더러 전통적인 제조법에서부터 현대적인 제조법까지 그 방식에 따라 지역별로 천차만별로 나타난다. 빵은 베르베르 문화에서도 중요한 먹거리다. '꾸스꾸스'와 함께 먹거나 마그레브 지역에서 많이 생산되는 올리브유를 뿌려 먹는 등 다양한 방식으로 즐긴다. 프랑스 식민지배 이후 일반 제과점에서 바게트와 크루아상을 쉽게 구할 수 있게 되었지만 베르베르 지역에서는 여전히 자신들의 전통 빵을 고수하고 즐겨 먹는다.

길거리나 상점, 프랑스식 빵집에서 흔히 볼 수 있는 빵은 상당히 저렴하다. 프랑스식 빵과 튀니지의 '샤파티'를 제외하곤 우리 돈으로 100-150원이면 살 수 있는, 그야말로 서민을 위한 음식이다.

베르베르인에게 유명한 빵은 아그룸(Aghrum)이라 일컫는 빵으로, 중부 마그레브 지역—특히 알제리와 튀니지—에서 많이 볼 수 있다. 프랑스의 가정 음식인 납작한 갈레트(Galette)를 연상하면 될 것 같다.

사하라의 베르베르인 빵 또한 빼놓을 수 없다. 특히 모래 위에 만든 화덕에 직접 구워 먹는 타겔라(Taguella)는 그 맛이 일품이다.[12] '타겔라'는 지금도 유목민들이 즐겨 먹는 빵으로 피자 모양이다. 프랑스나 유럽만큼 빵 모양이 세련되지는 않았지만 맛은 그 어느 지역의 빵에 비해서 떨어지지 않는다.

---

12) 이 명칭은 지역마다 부르는 명칭이 각기 다르기에 여기에서는 일반적인, 사전적인 개념에서의 용어로 지칭하고자 한다.

1 튀니지 빵 '샤파티'
2 모로코 전통 빵 '마흐라쉬'
3 알제리 카빌리 전통 빵 '마트루'

■ 양고기(메슈이)

우리나라도 고기를 먹기 어려운 시절이 있었던 것처럼 베르베르인에게 고기를 먹는다는 것은 부와 사치의 징표와도 같은 것이었다. 그들에게 고기는 잔치 음식이자 과거 술탄이나 도시민이 즐겨 먹는 것이다. 힘을 주는 양식으로 남자가 '사자의 힘'을 갖게 한다고 생각한다. 마그레브 지역에서 가장 많이 먹는 고기는 단연 양고기다. 무슬림 베르베르인에게 양고기는 '아브라함의 희생'의 의미를 담고 있다. 닭이나 소, 염소 고기도 먹지만 양고기를 먹는 빈도에 비할 바가 아니다. 양고기를 먹는 방식으로는 통째로 구워 먹는 메슈이(Méchoui)를 비롯해 다양한 방식의 꼬치구이가 있다.

최근에는 귀한 손님이 오는 경우나 희생절(Aïdel-kébir)과 같은 종교 축일 때 나눔을 실천한다는 취지에서 메슈이를 많이 먹는다. 지나치게 많은 양을 먹기 때문에 탄산음료가 필수다. 우리처럼 약간의 술을 먹어주면 소화가 잘 될 수 있지만, 워낙 많은 양을 먹고 있자니 부담스럽게 느껴지기도 한다. 하지만 어떤 고기 맛도 메슈이를 따라갈 수 없을 정도로 육질이 최고다.

■ 꾸스꾸스

마그레브 지역의 대표적인 식품은 누가 뭐라 해도 꾸스꾸스(Couscous)다. 베르베르어로는 '섹수'(Seksu)라고도 일컫는다. 귀리나 조를 밑에 깔고 그 위에 양고기, 닭고기, 심지어 튀니지 동부 해안가에서는 생선을 넣은 뒤 각종 채소를 올려서 만든 스튜 요리의 일종이다. 지역마다 재료 첨가가 상이해 꾸스꾸스를 동일한 하나의 음식으로 볼 수는 없다. 음식 형태만이 동일할 뿐 제조 방식은 지역별로 다양하다. 한국인에게는 바닥에 깔린 조가 조금 퍽퍽하게 느껴질 수도 있지만, 베르베르인에게는 전혀 문제가 되지 않는 최고의 음식이다.

꾸스꾸스는 푸짐하게 먹어야 미덕이다. 특히 손님으로 접대받았을 때는 가급적 남기지 않고 먹는 게 식사를 제공해준 사람에 대한 예의고, 미덕이다. 손님에게 주는 양이 워낙 많아 금방 배가 부르지만, 배부름이 오래가지 않고 소화가 잘 된다. 약간 과식한다 싶어도 그리 큰 문제가 되지 않는다. 농경사회에서 꾸스꾸스는 사람들의 허기를 달래주는 음식이었다. 베르베르 설화에는 배고픔을 주제로 한 것이 많다. 얼마나 삶이 빠듯했으면 음식을 주제로 한 설화가 많을까. 이들의 힘들었던 삶을 짐작할 수 있을 것 같다. 꾸스꾸스는 마그레브 지역에서 온 가족이 금요일에 모여 먹는 음식이기도 하다. 금요일은 '꾸스꾸스' 먹는 날, 다른 음식은 생각할 수 없다. 금요일 저녁 지인 집에 초대를 받았다면 그날은 당연히 꾸스꾸스를 먹는 것으로 알아야 한다. 현재는 프랑스[13]를 비롯한 유럽에서도 꽤나 인기 있는 음식이 되었으며, 한국에서도 북아프리카 이주민이 있는 곳이라면 어렵지 않게 발견할 수 있는 음식이다.

---

13) 프랑스에서는 꾸스꾸스의 어휘가 153년 '꼬스꼬소'(coscosso)라는 이름으로 등장했다고 한다. 일반인에게까지 광범위하게 확산된 것은 1945년경 마그레브 지역에서 이주민이 몰려오면서부터라고 한다(Alain Rey etc, 2019, p.926)

다양한 방식의 꾸스꾸스 요리

▲ 곡물을 밑에 깔고 그 위에 닭고기를 올린 꾸스꾸스

▼ 알제리 유치원 식당에서 제공된 꾸스꾸스

꾸스꾸스는 2020년 12월 16일 공식적으로 유네스코(UNESCO) 세계무형문화재에 선정되었다. 마그레브 국가 모로코, 모리타니, 알제리, 튀니지가 공동으로 신청하고 선정되어 국가 간 결속을 다질 수 있는 기회를 만들었다. 음식이 지역민을 하나로 묶어주는 역할을 한 것이다. 유목민부터 도시나 사막, 산악지대, 디아스포라 등 지역별로 달리하는 정체성을 뒤로하고 이 4개국은 '함께 살아가기'(Live together)라는 슬로건을 공식명으로 제출해서 선정되었으니, 향후 문화를 매개로 한 지역민의 결속을 기대해도 될 듯싶다.

조금은 낯설고 신기한 '생선 꾸스꾸스' 이야기도 하고자 한다. 워낙 방대한 영토에 다양한 인종이 먹는 꾸스꾸스지만 생선 꾸스꾸스는 마그레브 지역의 다양성과 베르베르인의 분포에 대해 생각해볼 수 있는 특별한 요소다.

생선 꾸스꾸스는 매우 희귀한 음식인데, 이 음식은 오늘날 알제리 동부와 튀니지 동부 해안가에서만 볼 수 있는 음식이다. 생선 꾸스꾸스는 베르베르 부족 가운데서도 쿠타마(Kutama)[14]라고 하는 중세 중부지중해의 베르베르인 음식이었다. 쿠타마족은 오늘날 알제리 동부 산악지대와 튀니지 일대에 걸쳐 살던 베르베르의 일파다.[15]

---

14) 이들 용어는 지금은 잘 사용하지 않는 용어지만 역사적 문헌 등을 보면 쉽게 발견할 수 있는 부족명이다. '쿠타마'(Kutama), '케타마'(Ketama), '코타마'(Kotama) 등의 이름으로 불린 중세 시대 베르베르 부족이다. 베르베르어로는 이쿠타멘(Ikutamen, 단수로는 Akutam)이라 부르기도 한다(임기대, 2020).

15) 더 정확히는 카빌리의 해안가 지역 베자이아(Béjaïa)에서 튀니지 방향으로 길게 뻗어 있는 지젤(Jijel), 콩스탕틴(Constantine), 안나바(Annaba), 세티프(Sétif) 등에 걸쳐 있다(Hosni Kitouni, 2013, p.48).

이들은 압바스 왕조의 아글라비드(Aghlabid, 800-909) 왕조[16]에 저항했고, 압바스와 대결 국면에 있던 파티마(Fatimid, 909-1171) 왕조와 협력해 마그레브 지역을 장악했다. 당시 파티마 왕조는 시아파에 근거한 이슬람 왕조였고, 이런 의미에서 쿠타마족은 마그레브 지역에 시아파가 자리하는 데 혁혁한 공헌을 한 셈이다. 쿠타마족은 이후 시칠리아 침공까지 주도했다. 그러나 파티마 왕조의 충성스러운 병사였던 쿠타마족은 973년 왕조가 이집트로 수도를 옮겨가자 한동안 애매한 입장에 처했다. 중부지중해 지역에 남자니 현지 아랍인에 대립각을 세운 자신들의 처지가 곤란했고, 같은 베르베르 사이에서도 시아파를 선택한 터라 베르베르인에게 지지를 받을 수 없었다.[17] 쿠타마족은 결국 선택의 여지없이 파티마 왕조를 따라 이집트로 떠나게 된다.

이후 파티마 왕조가 멸망하자 이들은 중부지중해로 다시 돌아왔다. 베르베르인이지만 거의 아랍화되어 돌아온 이들은 오늘날의 알제리 지젤(Jijel)과 밀라(Mila) 등에 터를 잡고 도심을 형성했다. 이후 11세기 들어 아랍인 바누 힐랄(Banu Hilal)이 마그레브 지역에 들어오며 그들 속에 깊이 동화했다. 오늘날 이들에게 있던 베르베르인의 흔적은 거의 남아 있지 않다. 그들이 자랑하는 베르베르인

---

16) 중세 시대 마그레브 중부지역을 지배했던 왕조다. 특히 알제리 동부, 튀니지, 리비아 서부 일대를 중심으로 형성된 왕조다. 이 왕조와 베르베르 쿠타마족의 관계에 대해서는 임기대(2020)를 참조할 것.
17) 당시 중부지중해의 베르베르인은 수니파를 섬기거나 이바디 이슬람을 수용했다. 시아를 신봉한 쿠타마족은 파티마 왕조가 지역을 떠나자 설 자리가 애매해졌다.

의 여러 문화예술, 언어 등이 이들이 사는 지역에는 별로 남아 있지 않다. '생선 꾸스꾸스'만이 그들이 남겨놓은 유일한 문화유산이라고 할 수 있다.

베르베르인은 고기가 들어가지 않는 음식을 먹기도 하지만 남을 대접할 때에는 절대로 고기를 빼놓지 않는다. 그런 사회에서 생선으로 만든 꾸스꾸스는 매우 특별한 음식임이 틀림없다. 오늘날 시칠리아에서도 매우 유명한 음식으로 각광받고 있다.

■ 타진

타진(Tajine)은 베르베르인의 스튜 요리지만, 오늘날에는 모로코 베르베르인의 주식이 되었다.[18] 9세기 아랍어 모음집인 『천일야화』에 나타나면서 유명해졌다고 한다. 어원이 남프랑스에서도 발견되는 것을 보면 지중해 연안에서 일반적으로 먹었던 음식으로 추측해볼 수 있다. 모로코에서는 특별히 뚝배기에 담아 제공하고 있는데, 우리의 돌솥밥 용기 모양에 지붕처럼 생긴 뚜껑이 있는 것을 연상하면 된다. 타진 요리 용기는 전통예술품으로도 많이 판매된다.

모로코의 곳곳을 가다 보면 식당에서 긴 불판 혹은 가스판 위에 부글부글 끓는 요리를 볼 수 있는데, 이것이 '타진'이다. '꾸스꾸스'와 더불어 베르베르인의 양대 음식이라 해도 과언이 아닌 '타진'은

---

18) 알제리와 튀니지에도 존재하지만 모로코에서만큼 일상적으로 먹는 음식은 아닌 듯하다. 요리하는 방식에도 차이가 있다.

양고기와 닭고기가 주재료다. 꾸스꾸스나 타진에 들어가는 고기는 어느 한쪽도 낭비하지 않는다. 각종 향신료와 함께 아몬드 등의 견과류, 건포도나 대추야자, 자두 등의 말린 과일, 그리고 감자, 오이, 당근 등을 넣어 만든다. 약간의 육수도 곁들인다. 단맛을 내기 위해 꿀을 넣기도 하지만 자연스러운 단맛이 일품이다.

'타진'은 삼각 모자 같은 뚜껑과 흙으로 빚은 토기 냄비 이름에서 유래했는데, 이는 고대 옥시탕 프로방스어(Occitant provence)[19]에서 어원을 발견할 수 있다. '타진'은 토기 냄비와 요리, 두 가지 의미를 가진 용어로 이해하면 쉬울 것 같다. 가장 밑바닥에 양고기를 비롯한 육류를, 그 위에 감자와 당근, 토마토를 얹어 익혀 먹는다. 약간 국물이 있어 졸아버린 김치찌개 또는 불고기와 비슷한 맛이 나지만 지역마다 조금씩 다르다. 가장 서민적인 음식으로 호평받는 베르베르인의 음식이며 가격도 매우 저렴하다. 반면 알제리 동부와 튀니지, 리비아 일대에서는 그리 많이 먹지 않아 모로코와 알제리 서부, 모리타니 등지에서 먹는 음식으로 이해할 수 있다.

■ 후식(디저트)

마그레브 전체가 일반적으로 그렇지만 베르베르인들은 유난히 타의 추종을 불허할 정도로 풍족하게 먹는 편이다. 설사 남긴다 할

---

19) 프랑스의 남부 지역을 일컬으며, 프랑스 전체 국토의 3분의 1을 차지했다. 프랑스 사전학자 알랭 레이(Alain Rey)는 타진이 옥시탕 프로방스어와 베르베르어가 혼합한 용어라고 한다(2019, p.3752).

식사 후 여러 형태의 후식
풍족한 식사를 기본으로 하는 베르베르인들은 디저트도 푸짐하다.

지라도 이들이 제공하는 후식을 보면 메인 요리인지 후식인지 구별이 가지 않는다. 지인 가정에 초대받아 갈 때는 후식을 어느 정도 먹어주기 위해서라도 메인 요리를 적당히 조절하며 먹어야 한다. 음식을 남기는 것은 예의가 아니기 때문이다. 후식으로는 그 지역을 대표하는 각종 다과와 차, 견과류, 과일을 맛볼 수 있다. 지역마다 조금씩 다르지만 전반적으로 매우 달아 한국인이 먹기에는 부담스러운 면이 있다.

■ 올리브유

올리브유는 올리브 열매에서 추출한 식물성 기름으로, 인류가 탄생한 이후 가장 오랫동안 사용해온 기름이다. 고대에는 각종 목재 코팅용 기름, 인쇄술 발명 당시에는 구텐베르크(1394-1468)의 인쇄기 기름을 올리브유로 썼다는 사실에서 보듯 올리브유는 식용뿐만 아니라 광범위한 영역에 사용되었다.

지중해 시대를 연 로마는 상업 올리브 재배 단지를 조성했고 중세에 그리스를 제외한 스페인과 같은 유럽 국가는 올리브 대량 재배에 성공했다. 지중해 문화가 전파된 서양, 특히 프랑스를 위시한 남유럽과 마그레브 지역, 그리고 중동지역에서는 주로 식용으로 사용되기 시작했다. 올리브유에 포함된 토코페롤과 각종 항산화물질이 발견되고 지중해 사람들의 장수식품으로 여겨지면서 한국을 비롯한 동양에서도 많은 양을 수입하며 건강식품으로도 유명해졌다. 올리브나무는 마그레브 지역의 어느 곳을 가든 장관을 이룬다. 그

알제리 카빌리의 전통 올리브 제조 공장

▲ 올리브유를 만들기 위한 올리브를 모아둔 모습

▼ 올리브유 제조 기계. 카빌리에서는 여전히 전통적인 방식으로 올리브유를 만든다.

광대함이 실로 엄청나다. 주로 평지보다 구릉지대에서 더 많이 재배하기 때문에 사막을 제외한 마그레브의 어떤 지역에서든 쉽게 볼 수 있다.

모로코, 알제리, 튀니지, 리비아 일대의 음식 애호가들은 올리브에 열광한다. 가정은 물론이고 식당에서 제공하는 올리브유는 매우 진하고 향기롭기 때문에 빵에 적셔 그대로 먹을 수 있다. 각종 샐러드, 요리 등에 반드시 들어가는 요소이며, 올리브유로 참치 통조림이나 마요네즈를 만들기도 한다. 마늘이나 고추 등 향신료의 맛과 향을 기름에 입혀서 요리하는 방법을 애용하기도 한다. 심지어 현지에서는 올리브유를 그냥 마시는 사람도 심심치 않게 볼 수 있다. 그들에게 올리브유를 빼고 식사를 한다는 건 '앙꼬 없는 찐빵'과도 같다.

한국에서는 주로 스페인과 이탈리아 제품이 많이 알려졌지만, 마그레브 지역 올리브유를 먹다 보면 같은 지중해 지역 올리브유라 할지라도 차이가 있음을 알 수 있다. 대량으로 생산하는 방식과 전통 제조법에 따른 방식에서 오는 맛의 차이라고 할까. 그러다 보니 수출이 되긴 하지만 유럽의 지중해 국가에 비해 양이 많지 않다. 그나마 튀니지 제품이 북미와 유럽에서 쉽게 보인다. 다른 마그레브 지역에 비해 상대적으로 현대적인 방식으로 대량생산하고 있기 때문이다. 알제리의 경우 여전히 전통 제조 방식이 주를 이룬다. 약간은 투박하지만 유럽의 올리브유와 확연히 다른 맛의 깊이를 느낄 수 있다.

생각해볼 문제

1. 베르베르인의 정체성을 가장 잘 드러내는 축제에서 지역민은 노래와 춤을 즐긴다. 현대에 들어서며 베르베르인의 시적인 노래는 정체성을 상징하고 있다. 베르베르의 유명한 가수와 노래를 알아보자.

2. 베르베르 구전문학의 종류에는 무엇이 있는지, 그 작품 세계는 어떤 주제를 담고 있는지 대표 작가들과 더불어 살펴보자.

3. 베르베르 음악을 통해 자신들의 정체성을 알리고자 한 루네스 마투브의 생애에 대해 생각해보고, 예술가들의 사회 참여 문제를 생각해보자.

4. 베르베르인의 먹거리를 전식, 주식, 후식으로 구분해 어떤 종류의 것이 있는지, 대표적인 음식 '꾸스꾸스'가 유네스코(UNESCO) 세계무형문화유산으로 선정될 수 있던 이유가 무엇인지를 살펴보자.

5. 최근 한국에서도 마그레브 지역의 올리브유에 대한 관심이 많다. 이곳의 올리브 산지에 대해 알아보자.

참고문헌

김광수,「프랑스어권 알제리 베르베르(Berber)인의 민족적 정체성의 맥락화 고찰: 마투브 루네스(Matoub Lounés)의 노래에 나타난 문화적 정체성과 역사 의식을 중심으로」,『프랑스 문화연구』40, 2019, 135-179쪽.

김광수·임기대,「프랑스의 68혁명과 알제리의 탈중심주의: 베르베르(Berber)인의 소수자 권리」,『서양사론』138, 2018, 155-191쪽.

임기대,「알제리 식민지배 초기(1830-70)의 프랑스의 언어 문화 정책」,『프랑스학』48, 2009, 439-469쪽.

─────,「중부 마그레브 지역 베르베르 '쿠타마'족에 관한 연구」,『한국아프리카 학회지』61, 2020, 209-234쪽.

─────,「모로코와 벨기에의 베르베르 '디아스포라'와 '베르베르-되기'에 관한 연구」,『한국프랑스학논집』114, 2021a, 215-242쪽.

─────,「시칠리아 이슬람화와 '이프리키야'(Ifriquia) 베르베르인의 역할에 관한 연구」,『비교문화연구』63집, 2021b, 139-171쪽.

Alain Rey etc., *Dictionnaire historique de la langue française tome 1*, Paris: Le Robert, 2019.

Camille Risler, *La politique culturelle de la France en Algérie: Ls objectifs et les limites(1830-1962)*, Paris: L'Harmatan 2004.

Housni Kitouni, *La kabylie orientale dans l'histoire*, Paris: Harmattan, 2013.

Jean Servier, *Les Berbères*, Paris: PUF, 2017.

질문으로 살아나는 존재들

맺음말

 이슬람 학자 이븐 할둔을 비롯한 많은 학자들, 그리고 마그레브 지역 현지인들은 베르베르인이 용맹스럽고 매우 인간적이라 평한다. 여러 이민족의 침략을 견뎌낸 과정을 긍정적인 방식으로 평가받지만, 한편으로는 늘 피지배자의 자리에 머물렀던 사실 또한 부인할 수 없다.

 지배받던 위치에서 한동안 위축된 베르베르인의 존재감이 최근들어 커졌다. 단순한 인구 증가로 그 원인을 국한할 수 없을 만큼 여러 영역에서 그 존재가 드러나고 있다. 중앙집권적 국가 체제와 민족주의적 가치관이 저물어가면서 흩어져 있던 베르베르인의 존재감이 마그레브 지역을 비롯한 전 세계 곳곳에서 주목받고 있는 것이다.

 다시 마그레브 지역을 생각해보자. 마그레브 지역은 아랍·이슬람 문화가 팽배한 곳이다. 이런 지역적 특색으로 인해 한동안 '베르베르'의 존재와 그들의 문화는 이슬람이라는 '일반 문법'에 가려 있었다. 하지만 20세기를 전후한 시점에 베르베르 문제는 더 이상 간과할 수 없는 중요한 요소가 되었다. 이들의 존재가 지역의 정체성을 뒤흔들고 있다는 이야기다.

이를 소수 부족의 갑작스러운 출현으로만 치부할 수는 없을 것 같다. 앞서도 언급했듯이 베르베르인은 그 어떤 민족, 국가, 문명보다 앞서 존재했고, 그들 나름의 독자적인 문명을 일구어왔다. 베르베르인은 페니키아, 로마, 아랍 이전부터 존재한 마그레브 지역의 토착민이다. 단지 지배자들에 의해 그들의 존재가 가려졌을 뿐이었다. 베르베르인은 그들만의 문화를 만들었고, 그렇게 일궈온 문화는 기독교와 아랍이 들어오면서 훨씬 더 풍요로운 색채로 변해 갔다.

우리는 '베르베르'라는 언표를 통해 다양한 문제를 보고자 했다. 지중해 문명의 주체로서 베르베르, 마그레브 지역의 '주변'으로서의 소수문화이지만 그 수가 소수는 아닌 존재로서의 베르베르. 이런 모습은 그들이 사용하는 언어, 종교, 가치관 등에 암암리에 스며들어 다층적인 정체성을 형성하게 되었다. 베르베르인의 예술 세계와 그들의 사회 존재론적 측면 또한 이를 증명해주는 것들이다. 로마 시대 누미디아 왕조, 아랍의 도래 이후 아랍과 200년 이상 공방을 벌이며 명멸해간 베르베르 왕조들, 프랑스의 식민지배하에서도 굴하지 않던 베르베르인들, 이 모든 역사가 오늘날 베르베르인의 정체성을 형성하는 자양분이 되었다.

민중운동 '히락'이나 음자브(M'zab) 지역 등에 남아 있는 베르베르 전통은 이런 역사적 과정의 일부 유산들이다. 음악 등의 예술 세계와 '엔나예르'(Yennayer)와 같은 신년 축일, 네오-티피나그(Neo-tifinagh) 문자, 그리고 음식에까지 베르베르의 혼이 남아 마그레브 지역의 문화를 풍요롭게 해주고 있다.

이 모든 요소들은 우리가 마그레브 지역, 더 나아가 지중해와 아프리카를 보면서 놓친 '베르베르'에 대해 다시금 생각하게 하는 것들이다. 이슬람으로 개종한 베르베르인들이 사는 곳이라 하더라도 아랍·이슬람으로만 이 지역을 보는 것은 지역의 중요한 면을 간과하는 오류를 범하게 한다. 더불어 프랑스의 마그레브 이민자를 모두 '아랍'과 동일시할 수 있을 것인가도 반문해볼 수 있다.

마그레브 지역에 대한 미시적인 분석과 연구만이 이 지역을 세심하게 들여다보게 하며, 이를 통해 상호영향과 상호관계 속에서 베르베르 문화가 형성되었음을 파악할 수 있다. 문화는 어느 하나로 규정되는 것이 아닌, 주변과의 상호작용 속에서만 꽃피고 지속될 수 있는 것이다. 이런 관점은 지역 문명의 다양한 주체들이 소통하고 공존하는 방식을 다각도로 보려는 의도이기도 하다.

필자는 "베르베르라는 토착문화를 배제한 채 마그레브 지역 전체를 이해할 수 있을까?" "지중해와 아프리카에서 이들의 존재감은 왜 그다지 드러나지 않은 걸까?"라는 문명 교류 차원의 질문으로부터 이 책을 기술하고자 했다. 앞서 보았듯이 베르베르인과 베르베르 문화는 수많은 민족의 침략과 정복 과정에서 그저 수동적인 존재로 사라져간 문화가 아니었다. 이들은 지중해와 아프리카에서 문화적 감수성과 풍요로움을 더해주었다.

이 책을 통해 현대 들어 새롭게 부각되는 베르베르 문화가 어떻게 마그레브 지역·지중해·아프리카와의 문명 교류와 상호영향 관계 속에서 되살아나고 지속할 수 있었는지에 대해 새롭게 생각해보았기를 희망해본다.

찾아보기

임기대 林寄大, Lim Gidae

프랑스 파리 7대학에서 「언어의 역사와 인식론」으로 언어학 박사학위를 받았다.
알제리 국립 알제대학교 교수와 한국외국어대학교, 전북대학교,
배재대학교 연구교수를 지냈다. 현재 부산외국어대학교 지중해지역원
HK교수로서 아프리카연구센터장과 한국프랑스학회 편집위원장,
한국아프리카학회 편집위원장, 외교부 아중동 정책자문위원 분과위원장,
법무부 난민위원회 자문위원, 알제리 NGO '포렘'(FOREM) 한국 대표다.
저서로는 『시대의 지성 노암 촘스키』(2012), 공저로는 『이주와 불평등』(2021),
『공공외교 이론과 실제』(2020), 『지중해문명교류사전』(2020),
『7인 7색 아프리카』(2017) 등이 있다. 주요 논문으로는
「모로코와 벨기에의 베르베르 '디아스포라'와 '베르베르-되기'에 관한 연구」(2021),
「중부 지중해 지역의 '산하자' 베르베르족의 정체성에 관한 연구」(2020),
「모로코와 알제리에서의 '히락'과 베르베르 정체성에 관한 연구」(2020),
「안달루시아와 마그레브에서 베르베르 부족
'바누 이프렌'(Banu Ifren)에 관한 연구」(2019) 등 다수의 논문이 있다.

베르베르 문명

서구중심주의에 가려진
이슬람과 아프리카의 재발견

지은이 임기대
펴낸이 김언호

펴낸곳 (주)도서출판 한길사
등록 1976년 12월 24일 제74호
주소 10881 경기도 파주시 광인사길 37
홈페이지 www.hangilsa.co.kr
전자우편 hangilsa@hangilsa.co.kr
전화 031-955-2000 **팩스** 031-955-2005

부사장 박관순 **총괄이사** 김서영 **관리이사** 곽명호
영업이사 이경호 **경영이사** 김관영 **편집주간** 백은숙
편집 최현경 박희진 노유연 김지수 김영길
관리 이주환 문주상 이희문 원선아 이진아 **마케팅** 정아린
디자인 창포 031-955-2097
인쇄 예림 **제본** 경일제책사

제1판 제1쇄 2021년 12월 20일

값 24,000원
ISBN 978-89-356-7413-8 03930

• 잘못 만들어진 책은 구입하신 서점에서 바꿔드립니다.

이 저서는 2018년 대한민국 교육부와 한국연구재단의 지원을 받아 수행된
연구임(NRF-2018S1A6A3A02022221).